Praxis der Sportpsychologie
Mentales Training im Wettkampf- und Leistungssport

J. Beckmann, A.-M. Elbe

Über die Autoren:

Jürgen Beckmann ist Lehrstuhlinhaber für Sportpsychologie (mit venia legendi für Psychologie) an der Technischen Universität München und war von 2005 bis 2009 1. Vorsitzender der Arbeitsgemeinschaft für Sportpsychologie. Er hat Trainerlizenzen in mehreren Sportarten und betreut seit über 20 Jahren zahlreiche Spitzensportler und Nationalmannschaften (u.a. Basketball, Golf, Ski alpin).

Anne-Marie Elbe erhielt die Venia legendi für Sportwissenschaft und lehrt seit 2007 an der Universität Kopenhagen (Dänemark). Sie ist Mitglied des Managing Council der European Federation of Sport Psychology (FEPSAC) und Mit-Herausgeberin der Zeitschrift für Sportpsychologie. Sie besitzt eine Lizenz als Leichtathletiktrainerin und ist seit über zehn Jahren in der sportpsychologischen Praxis in diversen Sportarten engagiert.

Praxis der Sportpsychologie

Mentales Training im Wettkampf- und Leistungssport

J. Beckmann, A.-M. Elbe

2., überarbeitete und erweiterte Auflage

Spitta Verlag GmbH & Co. KG · Ammonitenstraße 1 · 72336 Balingen · www.spitta.de

Korrespondenzadresse:

Univ.-Prof. Dr. Jürgen Beckmann
Lehrstuhl für Sportpsychologie
Technische Universität München
Connollystraße 32
80809 München
E-Mail: juergen.beckmann@tum.de

Prof. Dr. Anne-Marie Elbe
University of Copenhagen
Dept. of Exercise and Sport Sciences
Nørse Allé 51
2200 København N
Dänemark
E-Mail: amelbe@ifi.ku.dk

Bibliografische Information der Deutschen Bibliothek
Die Deutsche Bibliothek verzeichnet diese Publikation in der Deutschen Nationalbibliografie;
detaillierte bibliografische Daten sind im Internet über http://dnb.ddb.de abrufbar.
ISBN 978-3-941964-19-8

Copyright 2011 by Spitta Verlag GmbH & Co. KG
Ammonitenstraße 1, D-72336 Balingen
www.spitta.de
www.sport.spitta.de

Das Werk ist urheberrechtlich geschützt. Die dadurch begründeten Rechte, insbesondere die der Übersetzung, der Entnahme von Abbildungen, der Funksendung, der Wiedergabe auf fotomechanischem oder ähnlichem Wege und der Speicherung in Datenverarbeitungsanlagen, bleiben, auch bei nur auszugsweiser Verwendung, vorbehalten. Die Wiedergabe von Gebrauchsnamen, Handelsnamen, Warenbezeichnungen usw. in diesem Werk berechtigt auch ohne besondere Kennzeichnung nicht zu der Annahme, dass solche Namen im Sinne der Warenzeichen- und Markenschutz-Gesetzgebung als frei zu betrachten wären und daher von jedermann benutzt werden dürften.

Projektleitung: Irina Strohecker, Sportjournalistin, Freiburg; Redaktionsbüro Jürgen Liegibel, Freiburg
Covergestaltung: Johannes Kistner
Sportfotos: Jürgen Beckmann; Theo Kiefner Sportfoto, Fürth (Abb. 12); Christopher Loch (S. 12, Abb. 7, Abb. 16); Christian Schwier, JBC Prod., Jonathan Ross/panthermedia.net; Norbert Wilhelmi; Irina Strohecker; Thomas Schreyer, Gößweinstein (Umschlagfoto)
Lektorat: Irina Strohecker
Satz: Banholzer Mediengestaltung, 78628 Rottweil
Druck: Kessler Druck und Medien, Bobingen
Printed in Germany

Inhalt

Vorworte 11

1 Sportpsychologische Perspektiven 17
Einleitung 17
Was ist mentale Stärke? 18
Definition und Inhalte der Sportpsychologie 19
Was kann die Sportpsychologie leisten? 20
Was kann die Neurowissenschaft zur sportpsychologischen Praxis beitragen? 21
Sportpsychologische Betreuung 23
    Grundvoraussetzungen 23
    Grundorientierung und Selbstverständnis des Sportpsychologen 24
    Struktur 27

2 Diagnostik 35
Verfahren und Grundprinzipien 35
Warum ist psychologische Diagnostik im Hochleistungssport so wichtig? 37
Welche Diagnostik? Allgemeine und sportspezifische Diagnostik 38
Qualitätskriterien der diagnostischen Instrumente 39
    Vor- und Nachteile standardisierter Tests 39
    Auswahlkriterien 40
Interpretation der Befunde 41
Integration der Diagnostik in den Betreuungsprozess 42
Diagnostischer Prozess als »Action-Research«-Ansatz 42
Wie sichert man die Kooperation der Beteiligten? 44
    Zusammenarbeit mit dem Trainer 44
    Zusammenarbeit mit dem Sportler 45
Auswahl diagnostischer Instrumente 46
    Test of Performance Strategies (TOPS) 47
    Erholungs-Belastungs-Fragebogen Sport (EBF-Sport) 47
    Wettkampfangst-Inventare 47

Instrumente für die Bereiche Motivation und Volition	49
Instrumente für die Bereiche Trainerverhalten	51
Diagnostik zur Evaluation der Intervention	52
Abschließende Bemerkungen	52

3 Persönlichkeit und Persönlichkeitsentwicklung — 55

Einleitung	55
Was ist Persönlichkeit?	56
Gibt es einen Zusammenhang von Sport und Persönlichkeit?	57
Selektions- und Sozialisierungshypothese	58
Befunde zur Selektionshypothese	59
Befunde zur Sozialisierungshypothese	60
Veränderung von Persönlichkeitsmerkmalen – Persönlichkeitsentwicklung	61

4 Grundlagentraining — 67

Einleitung	67
Grundlegende Psychoregulation	68
Grundposition	69
Atementspannung	71
Progressive Muskelentspannung (Progressive Muscle Relaxation)	72
Autogenes Training	73
Aktivieren	74
Teambuilding	75

5 Fertigkeitstraining — 83

Einleitung	83
Motivation und Aktivierung	84
Regulationsstrategien	84
Zielsetzungstraining	87
Mannschaftsziele	89
Erklärung von Erfolg und Misserfolg: Ursachenzuschreibung	90
Selbstwertdienliche Attribution	90
Maßnahmen bei Misserfolgsmotivierten	91
Prinzip der optimalen Passung	92
Selbstwirksamkeitsüberzeugung und Selbstvertrauen	92
Selbstgesprächsregulation	94
Optimierung des inneren Dialogs	94
Konzentrationstraining	97
Stoppen negativer Gedanken	98
Aufmerksamkeitsregulation	98

Centering-Technik	99
Umgang mit Störungen lernen	100
Embodiment	100
Imagination und Vorstellungstraining	102
Tipps für die Durchführung von mentalem Training	105
Routinen	110
Präroutine	111
Postroutine	112

6 Erholung, Belastung, Vermeiden von Übertraining

Einleitung	115
Definition und Kennzeichen von Erholung	115
Individuelle Erholungsstrategien	116
Einflussfaktoren	118
Wie kann man Erholung messen?	119
Erholungs-Belastungs-Fragebogen	120
Erholungsverlaufsprotokoll	121
Monitoring der Erholung und Beanspruchung	121
Vorteile für den Sportler	122
Vorteile für den Trainer	124
Untererholung und Übertraining als Folge mangelnder Erholung	125
Ursachen	125
Symptome	126
Intervention	126
Erholung, Beanspruchung und Persönlichkeitsfaktoren	127

Seitenzahl für Kapitel 6: 115

7 Krisenintervention

Einleitung	131
Kommunikationsstörungen	132
Was ist Kommunikation?	132
Interner Code	132
4-Ohren-Modell, Kommunikationsbarrieren	133
Grundlagen einer effektiven Kommunikation	133
Konflikte	135
Konfliktlösung	136
Psychologisches Aufbautraining nach Verletzungen	137
Zielsetzungstraining	138
Imagination und mentales Training	138
Positive Selbstgespräche	139
Modeling (Orientierung an Vorbildern)	139

Seitenzahl für Kapitel 7: 131

Entspannungsverfahren	140
Kommunikationsfertigkeiten, soziale Unterstützung	140
Karriereübergang: Vom Junior- zum Senior-Athlet	141
Aufgaben des Sportpsychologen	141
Psychische Probleme	142
Burnout	142
Depression	143
Ess-Störungen	147
Sportsucht	149
Karrierebeendigung	151

8 Mentaler Werkzeugkasten ... 155

Einleitung	155
Angst, Angstbewältigung	155
Belastende Ereignisse	156
Bewältigung von Druck, Drucksituationen	156
Burnout	157
Emotionsregulation	158
Externer Speicher	158
Furcht	159
Furcht am Start	159
Furcht vor etwas Speziellem	160
Habituation	160
Innerer Dialog	161
Konzentration, Konzentrationsstörung	161
Kopf frei atmen	161
Kummerkasten	161
Misserfolgsbewältigung	162
Positives Denken	162
Reset	162
Rituale/Routinen	162
Selbstgesprächsregulation, problematische	163
Selbstvertrauen, mangelndes	164
Startvorbereitung	164
Stopp-to-go-Technik	164
Tarnkappe	164
Übertraining	165
Verankerung	165

Anhang 166
Wer ist ein qualifizierter Sportpsychologe? 166
Wie findet man einen qualifizierten Sportpsychologen? 166
    Kontaktportal des Bundesinstituts für Sportwissenschaft 166
    Erfahrungsberichte 167
    Universitäten mit sportwissenschaftlichen Ausbildungsgängen 167
    Nationale sportpsychologische Organisationen 167

Literatur 169

Sachregister 184

Vorworte

Vorwort zur 1. Auflage

Seit einigen Jahren erfreut sich die Sportpsychologie eines zunehmenden Interesses. In weiten Teilen des Sports setzte sich auch im deutschsprachigen Raum die Erkenntnis durch, dass „mental voll da zu sein, wenn es darauf ankommt", den entscheidenden Vorsprung im Wettkampf liefern kann. Dennoch sind die Meinungen von Sporttreibenden über die Rolle der Psyche und Psychologie im Sport immer noch geteilt. Manche halten die Beschäftigung mit Psychologie für reine Zeitverschwendung oder für ein Alibi für schlechte Leistung. Oft hört man auch von Trainern die Ansicht, dass sie selbst ihre Athleten ausreichend psychologisch unterstützen könnten, man müsse eben Einfühlungsvermögen haben, zuhören und mit den Leuten reden können.

Letzteres sind natürlich wichtige Fähigkeiten, die von großer psychologischer Bedeutung sind. Die moderne Sportpsychologie geht aber weit über diese Grundfertigkeiten hinaus. Sie kann die psychischen Hintergründe verschiedener Abläufe im sportlichen Geschehen fundiert erklären und auf der Grundlage dieser Erklärungen systematisch Maßnahmen herleiten, wie dem Sportler in seiner Problemsituation zu helfen ist. Bei vielen Sportlern und Trainern hat sich zudem die Erkenntnis durchgesetzt, dass mithilfe der Psychologie zwar kein mittelmäßig talentierter Athlet zum Weltmeistertitel gebracht werden kann, aber psychologische Fertigkeiten bei zwei gleichermaßen talentierten und trainierten Sportlern den entscheidenden Vorteil zum Sieg liefern können.

Häufig ist der Vorwurf zu hören, die Psychologie liefere nur Erkenntnisse, die ohnehin schon bekannt sind. In der Tat finden sich nur selten Erkenntnisse der Psychologie, die dem Alltagsverstand nicht plausibel sind und nahe legen „das habe ich schon immer gewusst". Führt man sich aber das Alltagswissen um psychische Vorgänge vor Augen, so wird schnell klar, dass dies als sicheres Rezept für das Handeln kaum herhalten kann. Zu fast jedem Sprichwort gibt es ein weiteres mit gegenteiliger Aussage: Wächst nun die Liebe durch die Zeit der Trennung oder gilt „aus den Augen, aus dem Sinn"? Die systematische psychologische Forschung klärt die Umstände, unter denen bestimmte Aussagen gelten, so dass man immer sagen kann: Wenn die Umstände X gegeben sind, dann ist die Reaktion Y zu erwarten. Psychologen Leistungspotenzials im Wettkampf zu optimieren. Aber auch für den Sportpsychologen ist es wichtig, Krisensituationen, wie z.B. das Auftreten einer depressiven Episode möglichst frühzeitig zu erkennen und sensibel darauf zu reagieren, sodass die Betroffenen eine Chance auf fachkundige Hilfe erhalten.

In der Neuauflage gehen wir auf die wichtigsten Themen ein. Dies geschieht teilweise in größerer Ausführlichkeit als in der ersten Auflage. Wir haben aber darauf geachtet, dass dadurch nicht der bewährte Charakter des Buches verändert wird. Der Fokus liegt nach wie vor darauf, wissenschaftlich fundiertes Wissen zu vermitteln, das unmittelbar praktisch eingesetzt werden kann.

München und Kopenhagen im Sommer 2011

Sportpsychologische Perspektiven

Einleitung

Was ist eigentlich Sportpsychologie? Wer ist Sportpsychologe? Was macht ein Sportpsychologe? Brauchen wir überhaupt Sportpsychologie? Mit diesen Fragen werden wir in unserer sportpsychologischen Praxis und auch von Studierenden der Sportwissenschaft und der Psychologie häufig konfrontiert. Die Bekanntheit und das Wissen über Sportpsychologie in der Öffentlichkeit haben in den letzten Jahren zugenommen. Die meisten Sportler und Trainer erwarten heute nicht mehr, dass man beim Sportpsychologen auf die Couch gelegt wird. Noch 1991 titelte eine Boulevardzeitung, als einer der beiden Autoren die sportpsychologische Betreuung der deutschen alpinen Skinationalmannschaft der Herren übernahm: „Skimannschaft holt Psychiater". Eine solche Schlagzeile wäre heute kaum noch zu erwarten. Spätestens seit *Jürgen Klinsmann* vor der Fußballweltmeisterschaft 2006 einen Sportpsychologen zur Mannschaft holte, sollte der Sportpsychologe nicht mehr mit einem Psychiater verwechselt werden, und die Gleichsetzung von Sportpsychologie mit klinischer Psychologie dürfte inzwischen passé sein. Zum Sportpsychologen geht man nicht, um ein psychisches Leiden behandeln zu lassen. Aber wozu sollen Sportler und Trainer dann zum Sportpsychologen gehen?

Die Autoren haben in ihrer sportpsychologischen Praxis auf diese Frage schon die unterschiedlichsten Antworten bekommen. Entweder werden ganz spezielle Dinge genannt, wie „um das Teamklima in meiner Mannschaft zu verbessern", „meine Nervosität am Start in den Griff zu kriegen" oder auch „um den Abstieg zu vermeiden". Nicht immer werden jedoch Probleme so konkret benannt. Außerdem müssen von Trainern oder Athleten benannte Probleme nicht unbedingt die tatsächlich leistungsbehindernden Faktoren sein. Bevor der Sportpsychologe für einen Athleten ein Trainingsprogramm für mentale Fertigkeiten aufstellt, muss er zunächst wissen, wo überhaupt der Bedarf bzw. das Problem liegt. Dazu dient die sportpsychologische Diagnose, auf deren Grundlage der Sportpsychologe gezielt ein Trainingsprogramm aufstellen kann, das auf den wissenschaftlichen Erkenntnissen der Sportpsychologie beruht. Doch kommen Sportler nicht immer erst dann zum Sportpsychologen, wenn sie ein Problem feststellen. Denn in vielen Sporterfolgszuversichtlichen Personen die größte Motivation, wenn größte Unsicherheit über das Ergebnis (Erfolg oder Misserfolg) vorliegt (dies ist bei einer Erfolgswahrscheinlichkeit von 50 Prozent gegeben). In Übereinstimmung mit den alten Motivationstheorien zeigen die aktuellen neurowissenschaftlichen Befunde auch, dass nach längeren Trainingsphasen eine vermehrte Dopamin-Ausschüttung bereits dann einsetzt, wenn tätigkeitsbezogene Reize die Belohnung lediglich ankündigen. Hier entstehen also motivationale Anreize.

Selbstregulation spielt im Wettkampf- und Leistungssport eine große Rolle. Sowohl wenn es beispielsweise im Wettkampf darum geht, den eigenen Wettkampfplan einzuhalten, nicht aufzugeben, sondern zusätzliche Energien zu mobilisieren als auch wenn es darum geht, ein nicht immer anregendes, sondern anstrengendes Training über lange Zeiträume aufrecht zu erhalten. Nach den vorliegenden Forschungserkenntnissen spielt der Neurotransmitter Dopamin hierbei ebenfalls eine wesentliche Rolle. Für Selbstregulation ist vor allem der vordere Teil des Großhirns, der so genannte präfrontale Kortex zuständig. Eine größere Dopamin-Verfügbarkeit in diesem Gehirnbereich ist allerdings, wie die Forschung zeigt, nicht nur positiv zu sehen. Steigt das Dopamin-Niveau an, nimmt also die Motivation zu, so macht dies gleichzeitig anfälliger für Stress. Diesen Befund kann man als eine neurophysiologische Erklärung für das so genannte Phänomen der „Übermotivation" ansehen. Interessanterweise gibt es genetische Unterschiede, wie anfällig Sportler für diese „Übermotivation" sind (*Diamond* 2007).

Auch die Wirksamkeit des mentalen Trainings findet über die Neurowissenschaft Bestätigung. Verschiedene Studien belegen, dass das Anschauen aber auch das Vorstellen von gelernten Bewegungen zu einer vermehrten Aktivierung der für diese Bewegungen relevanten Gehirnstrukturen führt. Darüber verbessert ein mentales Training die Ausführung und die Planung zuvor trainierter als auch neuer Aufgaben (*Cross, Hamilton* und *Grafton* 2006).

Ähnlich ist es bei der Entwicklung von Techniken zur Voraktivierung (Priming) der Hirnbereiche, die an der Ausführung einer sportlichen Aktivität beteiligt sind (z.B. räumliche Orientierung). Die aktuelle Forschung legt nahe, dass insbesondere bei Wettkampfstress solche leistungsbedeutsamen Gehirnbereiche aufgrund einer erhöhten Aktivierung anderer Gehirnbereiche gehemmt werden können. Dem kann man durch gehirngerechte Aktivierungstechniken entgegenwirken (siehe dazu den Abschnitt „Embodiment" in Kap. 5).

Noch Zukunftsmusik ist es, die optimale Aktivierung für die Ausführung einer sportlichen Aktivität über ein Biofeedback mittels Elektroenzephalogramm (EEG-Feedback Training) herbeizuführen. Hier geht man allerdings nicht von der allzu einfachen *Yerkes-Dodson*-Regel eines umgekehrt u-förmigen Zusammenhangs von Erregung und Leistung aus (siehe dazu Kap. 5, Abschnitt Motivation und Aktivierung). Vielmehr ist ein Leitgedanke die Annahme einer individuellen Zone optimalen Funktionierens (IZOF) nach *Hanin* (2000). Es wird angenommen, dass sich diese IZOF auf eine individuell optimale Aktivierung bestimmter Gehirnbereiche bezieht. In der Praxis muss im ersten Schritt über EEG die individuelle Zone optimalen Funktionierens ermittelt werden. Danach könnte der Athlet durch EEG-Biofeedbacktraining dazu gebracht werden, diese IZOF gezielt vor dem Wettkampf herbeizuführen. Verschiedene sportpsychologische Labore arbeiten derzeit bereits an dieser Vision. Allerdings wird es wohl noch einige Zeit brauchen, bis diese „Science Fiction" für die Praxis effektiv nutzbar sein dürfte. Dieser Forschungsbereich zeigt aber exemplarisch, dass die Neurowissenschaft in der sportpsychologischen Praxis nicht nur Erklärungen für bekannte Sachverhalte liefert, sondern auch zu neuartigen Lösungen alter Praxisprobleme führen kann. Man kann davon ausgehen, dass die rasante Weiterentwicklung der neurowissenschaftlichen Forschung im Bereich von Sport und Bewegung in den nächsten Jahren noch tiefer gehende Einblicke in die sportliche Leistung bestimmenden Prozesse im Gehirn liefern wird (siehe dazu auch *Jansen-Osmann* 2008). Davon sind auch weitere Impulse für die sportpsychologische Praxis zu erwarten.

Sportpsychologische Betreuung

Grundvoraussetzungen

Damit eine sportpsychologische Betreuung effektiv realisiert werden und zu den gewünschten Ergebnissen führen kann, müssen einige Grundvoraussetzungen erfüllt sein. Vor Beginn einer Betreuung sollten alle Beteiligten daher sicherstellen, dass diese Voraussetzungen erfüllt sind.

> **Grundvoraussetzungen der sportpsychologischen Betreuung**
> - Jede sportpsychologische Intervention beginnt mit einer vertrauensbildenden Phase, in der die Athleten und Trainer den Sportpsychologen kennen und ihm vertrauen lernen.
> - Jede sportpsychologische Handlung sollte die Unterstützung des Top-Managements des Teams und des Cheftrainers erfahren.
> - Die sportpsychologischen Handlungen sollten in den regulären Trainingsplan integriert werden.

Dabei sollte berücksichtigt werden, dass eine sportpsychologische Betreuung mit einer großen Verantwortung und Fürsorgepflicht einhergeht sowie berufsethischen Grundsätzen unterliegt. Diese Grundsätze stellen das Wohlergehen aller Beteiligten sicher und sind beispielsweise bei der FEPSAC (www.fepsac.eu) oder der Association for Applied Sport Psychology (www.appliedsportpsych.org) nachzulesen. Zu diesen ethischen Grundsätzen gehören u. a.:
Sportpsychologen streben in allen Bereichen ihrer Arbeit nach einer hohen Kompetenz. Hierzu gehört u. a. eine kontinuierliche Weiterbildung. Ferner bedeutet dies, dass sie die Grenzen ihrer Expertise sowie ihrer angewandten Techniken und Methoden kennen und dann ggf. bei spezifischen Problemstellungen an Spezialisten weiter verweisen.
- Sportpsychologen beginnen erst mit ihrer Arbeit, wenn sie alle Beteiligten darüber aufgeklärt und deren Einwilligung erhalten haben.
- Sportpsychologen unterliegen der Schweigepflicht und dürfen ohne vorherige schriftliche Einwilligung keine Informationen an Dritte weitergeben.
- Sportpsychologen sind integer, d.h. dass sie sich ehrlich, fair und respektvoll anderen Kollegen, Klienten sowie der Öffentlichkeit gegenüber verhalten.

- Sportpsychologen verhalten sich standesgemäß und fördern den Berufsstand. Sie haben eine Verpflichtung ihrem Berufsstand und der Öffentlichkeit gegenüber, andere vor unethischem Verhalten zu schützen.

Es ist zu ergänzen, dass die Berufsbezeichnung Psychologe nach einem Urteil des deutschen Bundesgerichtshofes aus dem Jahre 1983 nur von Personen geführt werden darf, die ein Hochschulstudium der Psychologie abgeschlossen haben. Der Berufsverband Deutscher Psychologinnen und Psychologen (bdp) ist der Ansicht, dass davon auch alle Bezeichnungen betroffen sind, in denen Psychologe vorkommt. Danach darf sich jemand der nicht Psychologie, sondern z.B. Sportwissenschaft studiert hat, nicht Sportpsychologe nennen, auch wenn er sich im Studium und in Fort- und Weiterbildungen auf Sportpsychologie spezialisiert hat. Eine unrechtmäßige Bezeichnung als Sportpsychologe ist nach Paragraf 132a, Abs. 2 des Strafgesetzbuches (StGB) strafbar. Diplom-Psychologen unterliegen gemäß Paragraf 203 des StGB der Schweigepflicht. Das österreichische Psychologengesetz spezifiziert in Paragraf 14, dass alle Psychologen zur Verschwiegenheit über alle in Ausübung des Berufs bekannt gewordenen Geheimnisse verpflichtet sind. Diese Schweigepflicht ist auch im sportpsychologischen Kontext von besonderer Bedeutung, geht es doch nicht selten um Mitteilungen, die der Betroffene als sehr persönlich und intim empfindet und häufig nicht einmal dem engsten Familien- oder Freundeskreis anvertraut. Insbesondere besteht im Leistungssport oft die Sorge, dass Trainer oder Funktionäre etwas von den dem Sportpsychologen gegenüber gemachten Aussagen erfahren könnten. Die Verpflichtung auf Verschwiegenheit ist daher für die Arbeit des Sportpsychologen von ganz grundlegender Bedeutung. Dies gilt selbstverständlich auch für alle, die nicht die Bezeichnung „Sportpsychologe" führen dürfen, aber in diesem Bereich arbeiten. Wer in der Sportpsychologie tätig ist, sollte sich auf die genannten professionellen Standards verpflichten und sich seiner besonderen Verantwortung gegenüber den Klienten stets bewusst sein.

Grundorientierung und Selbstverständnis des Sportpsychologen

Da es momentan keine einheitliche Ausbildung zum Sportpsychologen gibt – das Curriculum „Sportpsychologie im Leistungssport" der Arbeitsgemeinschaft für Sportpsychologie (asp) baut lediglich auf einem Studium der Psychologie oder Sportwissenschaft auf – haben verschiedene Sportpsychologen durchaus unterschiedliche Grundorientierungen. Ein Sportpsychologe mag beispielsweise verhaltenstherapeutisch ausgerichtet sein, eine andere kommt vielleicht aus der systemischen Therapie, ein Dritter hat seinen Hintergrund möglicherweise in der sportwissenschaftlichen Trainingslehre. Bei all der unterschiedlichen Herkunft ist ganz entscheidend, dass eine Ausrichtung am Sportler, ein Eingehen auf dessen individuelle Persönlichkeit und gegebene Bedürfnislage erfolgt.

In letzter Zeit wird gelegentlich ein „achtsamkeitsorientierter Ansatz" in der Sportpsychologie als Gegenpol zu einer fertigkeitsorientierten Sportpsychologie postuliert. Wir sind der Meinung, dass hier nicht notwendigerweise ein Gegenpol zu sehen ist. Die besondere Problemlage im Wettkampf- und Leistungssport benötigt vielfältige, flexible Betreuungsansätze. Auch eine moderne Psychotherapie macht sich verschiedene therapeutische Ansätze zunutze

(*Grawe* 1998). Entscheidend ist, dass primär problem- und klientenorientiert vorgegangen wird.

Die Grundorientierung der „Achtsamkeitstherapie" ist, die „Störung des Hier-und-Jetzt-Erlebens" zu beseitigen. Achtsamkeit (mindfulness) hat sich als Therapieansatz im Bereich von Stress und Angst in den letzten 10 Jahren bewährt (*Evans*, *Baer* und *Segerstrom* 2009). Im Kern geht es darum, zu lernen, nicht auf das zu reagieren (nonreactivity), was in einem vorgeht und es erst recht nicht zu bewerten (nonjudging), sondern darauf zu achten und es zu akzeptieren. Ein „achtsamkeitsorientierter Ansatz" kann auch in der Sportpsychologie sehr hilfreich sein. Doch kann er nicht das gesamte Spektrum erforderlicher oder nachgefragter Betreuungsarbeit abdecken. Bei der Übernahme sportpsychologischer Aufträge besteht häufig Zeitdruck. Die Auftraggeber fordern schnelle Lösungen. Die Rollenerwartung an den Sportpsychologen ist hier oft ganz klar: Es werden konkrete Hilfen, Trainingsmaßnahmen, Fertigkeiten zur Lösung eines Problems beim anstehenden Wettkampf erwartet. Natürlich kann und müssen sich Sportpsychologen immer fragen, ob sie solche Aufträge annehmen wollen. Diese sind aber gerade für die Erstkontakte charakteristisch. Wird der Auftrag nicht angenommen, so besteht die Gefahr der Wahrnehmung, dass Sportpsychologie, dort wo sie der Sport braucht, nicht helfen könne. Außerdem sollte man bedenken, dass Athleten und Trainer, die eine sportpsychologische Beratung aufsuchen, sich in den meisten Fällen Orientierung und Sicherheit wünschen. Eine ergebnisoffene achtsamkeitsorientierte Beratung kann diese Bedürfnisse naturgemäß nicht befriedigen. Hinzu kommt, so erleben wir es in unserer Praxis häufig, dass die Übernahme inhaltlicher Verantwortung für Athleten oft gänzlich ungewohnt und auch unangenehm ist. Ein „achtsamkeitsorientierter Ansatz" ist daher für die Anfangsphase von Betreuungen und sehr konkreter Problemsituationen eher nicht geeignet. Er kann jedoch gewinnbringend in ein umfassenderes Konzept integriert werden. Dafür liefert beispielsweise der systemische Ansatz einen guten Rahmen.

Der systemische Ansatz: Im systemischen Ansatz (siehe z.B. *Mücke* 2003) werden Sportler als beziehungsorientierte Menschen betrachtet. Jedes Individuum lebt in einem Kontext mit vielfältigen psychosozialen Bedingungen und Interaktionsmustern. So stellt das Handeln der Sportler Aktion und Reaktion dar in einem System aus eigenen Erfahrungen, den Rahmenbedingungen des Sporttreibens und aus für sie in diesem System bedeutsamen Personen wie Trainern, Funktionären, Freunden und Bekannten.

Der systemische Ansatz geht davon aus, dass es für die jeweilige Problemsituation keine objektive Beurteilung geben kann. Insbesondere kann der Sportpsychologe nie wissen, was für den Klienten „wirklich" bzw. „objektiv" oder „gut" ist. Daraus folgt, dass im systemischen Ansatz der Sportler als der Experte für sich selbst angesehen wird. Der Sportpsychologe ist neutraler Prozessbegleiter und nicht Entscheider für den Sportler. Wenn der Athlet beispielsweise Probleme damit hat, vor dem Start die notwendige Konzentration und Wettkampfspannung aufzubauen, wird der Sportpsychologe (aufbauend auf einer gezielten Gesprächsführung) dem Athleten unterschiedliche Vorschläge, so genannte Einladungen, unterbreiten, aus denen dieser sich diejenigen herausgreifen kann, die am besten zu ihm passen. Diese Vorschläge beschreibt die sportpsychologische Praxis als ein systematisches Vorgehen, bei dem einerseits grundlegende mentale Fertigkeiten vermittelt und trainiert werden. Andererseits wird aufgrund einer Stärken-Schwächen-Diagnostik der spezielle Bedarf an bestimmten Maßnahmen ermittelt. Dies kann an einem Problem ansetzen, um dann zu ermitteln, warum beispielsweise der „Trainingsweltmeister" im Training überragende Leistungen zeigt, diese aber nicht im Wettkampf erbringen kann. Aber auch der Athlet ohne aktuelle Probleme kann sich durch das Training optimieren, stabilisieren und für eventuell auftretende kritische Situationen präparieren. Demzufolge umfasst angewandte sportpsychologische Arbeit einen *Präventions-, einen Trainings- und einen Interventionsaspekt*.

Diese Systematisierung und Strukturierung bedeutet jedoch keinesfalls, dass Sportpsychologen jeden Einzelfall nach „Schema F" behandeln. Auch wenn hier versucht wird, dem sportpsychologischen Training eine allgemeine Struktur zu geben, ist stets zu berücksichtigen, dass Athleten Individuen mit jeweils spezifischen Merkmalen sind. Unter anderem werden diese individuellen Merkmale über die psychologische Diagnostik erfasst.

Die beschriebene Struktur liefert den allgemeinen Orientierungsrahmen dafür, wie systematische, qualitativ hochwertige sportpsychologische Betreuung aussehen soll. Gefüllt wird dieser Rahmen jedoch auf Basis der Diagnostik mit einem für jeden Athleten maßgeschneiderten Interventions- oder Trainingsprogramm. Genau genommen handelt es sich, wie in Abbildung 2 dargestellt, sogar um einen fortgesetzten Prozess des Maßschneiderns. In Abbildung 1 ist die grundlegende Struktur sportpsychologischer Betreuung aus inhaltlicher und zeitlicher Sicht dargestellt.

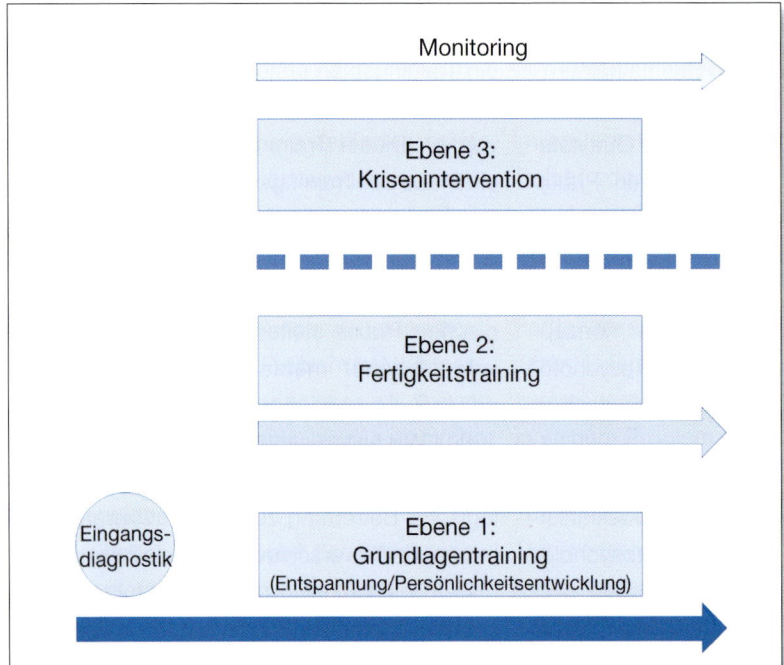

Abb. 1:
Struktur einer sportpsychologischen Betreuung, veranschaulicht aus inhaltlicher und zeitlicher Sicht. Die oberste Ebene „Monitoring" stellt als Pfeil ein zeitliches Kontinuum dar, das den gesamten Betreuungsprozess auf allen drei Ebenen begleiten sollte.

Problembezogene Diagnostik

Am Beginn jeder sportpsychologischen Arbeit sollte nach der Kontaktaufnahme und dem Erstgespräch eine problembezogene Diagnostik stehen. Auch wenn der Athlet nicht mit einem speziellen Problem zum Sportpsychologen kommt, ist es sinnvoll, zunächst eine Stärken-Schwächen-Analyse vorzunehmen (z.B. regelmäßige Leistungseinbrüche im 2. Satz eines Tennismatchs). Im Allgemeinen geht es hierbei darum, den Bedarf dieses Athleten an spezifischen Trainingsmaßnahmen festzustellen. Abbildung 2 zeigt beispielsweise das mit dem Profil Golf Mental (PGM, *Beckmann* 2004) bestimmte Stärken-Schwächen-Profil eines Golfers. Der PGM umfasst für das Golfspiel besonders relevante Persönlichkeitsmerkmale.

Auf der Basis einer solchen Diagnostik kann der Sportpsychologe dann gezielte Trainingsmaßnahmen planen. Wenn wir von sportpsychologischer Diagnostik sprechen, meinen wir (sport-)psychologische Interviews, systematische Beobachtung von Athleten, Trainern und Gruppenverhalten und (sport-)psychologische Tests (Fragebögen sowie computergesteuerte Tests, z. B. zur Aufmerksamkeit).

Die psychologische Diagnostik hat vielfältige Funktionen im Sport, wie beispielsweise die Identifikation von Problemen im Hinblick etwa auf die Konzentration, die Motivation usw. Weiterhin profitiert die Interventionsplanung vom Einsatz psychologischer Instrumente, z. B. der „Test of Attentional and Interpersonal Style" (*Nideffer* 1976) oder dem „Psychological Skills Inventory" (*Mahoney* et al. 1987), um nur zwei zu nennen. Es besteht noch ein Mangel an geprüften sportspezifischen Diagnostikinstrumenten in deutscher Sprache. Das Bundesinstitut für Sportwissenschaft fördert daher die Entwicklung solcher Instrumente und hat eine entsprechende Datenbank eingerichtet. Im Internet findet sich ein Diagnostikportal, das diese sportspezifischen psychologischen Fragebögen zugänglich macht (*www.bisp-sportpsychologie.de*). Dazu wird zukünftig auch eine Datenbank mit Normwerten eingestellt werden,

Abb. 2 Stärken-Schwächen-Profil eines Golfers erhoben über das Profil Golf Mental (PGM, *Beckmann* 2004).

sodass der Sportpsychologe in der Praxis beim Einsatz dieser Diagnostikinstrumente aus den Daten eines einzelnen betreuten Sportlers anhand der Normdaten Schlussfolgerungen einstufen kann, was der Testwert im Vergleich aussagt.

Zu den Fragebögen im Diagnostikportal gehören derzeit ein sportspezifischer Leistungsmotivfragebogen (AMS-Sport, *Elbe* et al. 2005), ein Fragebogen zur situativen und dispositionellen Wettkampfangst (WAI-S, *Ehrlenspiel* et al. 2009; WAI-T, *Brand* et al. 2009). Ferner findet sich eine deutsche, teststatistisch geprüfte Fassung des Sport-Orientierungsfragebogens (SOQ, *Elbe* 2004; im englischen Original *Gill* und *Deeter* 1988). Zur Diagnostik der Willensfertigkeiten gibt es den Fragebogen zur Handlungsorientierung im Sport (HOSP, *Beckmann* und *Wenhold* 2009) sowie den Fragebogen zur Erfassung volitionaler Komponenten im Sport (VKS, *Elbe* und *Wenhold* 2005). Ferner liegt ein Fragebogen zum Pausenverhalten von Trainern vor (*Kellmann* und *Weidig* 2010). Zu diesen Fragebögen sind ebenfalls Manuale erschienen, die über das Bundesinstitut für Sportwissenschaft erworben werden können. In Kapitel 2 wird ausführlich auf das wichtige Thema der sportpsychologischen Diagnostik eingegangen.

Im Modell der systematischen sportpsychologischen Intervention werden – wie in Abbildung 1 beschrieben – drei grundlegende Ebenen unterschieden:
- Grundlagentraining,
- Fertigkeitstraining
- Krisenintervention.

Auf diesen drei Ebenen werden die in Tabelle 1 beschriebenen Inhalte vermittelt.

Grundlagentraining

Beim Grundlagentraining werden aufeinander aufbauend verschiedene Entspannungstechniken (siehe Kap. 4) vermittelt (siehe auch *Kellmann* und *Beckmann* 2004). Die erste Form stellt die *Atementspannung* dar. Diese ist leicht zu erlernen und kann auch in Wettkämpfen zur Entspannung und Konzentration eingesetzt werden, ohne dass dabei die notwendige Wettkampfspannung verloren geht. Daran schließt sich die *progressive Muskelentspannung* an, die über die „Kultivierung der Muskelsinne" auch auf die Entwicklung des Bewegungsgefühls Einfluss nehmen soll. Erst beim sicheren Beherrschen dieser Techniken erlernt der Sportler ein schwierigeres Entspannungsverfahren, das *autogene Training*. Da dieses die stärksten psychotropen Wirkungen der drei

Grundlagentraining	Fertigkeitstraining	Krisenintervention
Atemübungen	Zielsetzung	Rehabilitation nach Verletzungen
progressive Muskelentspannung	Selbstgesprächsregulation	Misserfolgsverarbeitung
autogenes Training	Entwicklung des Bewegungsgefühls	Psychotherapie
Teambuilding	Selbstwirksamkeitsüberzeugung	Karriereende
	Aufmerksamkeitsregulation	Konflikte in der Mannschaft
	Vorstellungsregulation	

Tab. 1: Themen auf den unterschiedlichen Ebenen sportpsychologischer Intervention.

Verfahren hat, kann es langfristig zur Entwicklung einer ausgeglichenen Persönlichkeit beitragen.

Das Grundlagentraining bedarf keiner vorangehenden Diagnostik. Hier wird davon ausgegangen, dass es sich um allgemeine Grundlagen handelt, über die jeder Sportler verfügen sollte. Ein weiterer wichtiger Bestandteil des Grundlagentrainings ist das Teambuilding, das in Kapitel 4 näher erläutert wird.

Fertigkeitstraining

Die zweite Ebene, das Fertigkeitstraining, ist hingegen eng an die Diagnose gebunden. Die Diagnose dient der Ermittlung mentaler Stärken und Schwächen von Sportlern. So kann man gezielt die beispielsweise von *Eberspächer* (2007) aufgeführten mentalen Fertigkeiten über Trainingsmaßnahmen für die diagnostizierten mentalen Schwächen vermitteln. Werden aufgrund einer fehlenden Stärken-Schwächen-Diagnose Fertigkeitstrainingsformen für Bereiche vorgenommen, in denen ein Sportler bereits über effektive Fertigkeiten verfügt, so kann es zu Interferenzen kommen, d.h., konkurrierende Fertigkeiten können sich gegenseitig blockieren. Es kommt zur Verwirrung, die Selbstregulation und letztlich die Leistung werden beeinträchtigt. Vor allem Sportler mit einer Disposition zur Handlungsorientierung verfügen in der Regel über gute Selbstregulationsfertigkeiten. Versucht man, diesen Sportlern andere Fertigkeiten nahe zu bringen, kann dies zu einer Blockadehaltung (Reaktanz: *Antoni* und *Beckmann* 1989) oder einem völligen Ausstieg führen (*Elbe* et al. 2003 a). Fertigkeitstrainings werden anwendungsbezogen in Kapitel 5 und Kapitel 8 ausführlich behandelt.

Krisenintervention

Während sich die ersten beiden Ebenen kontinuierlich durch den Betreuungsprozess ziehen, ist die dritte Ebene, die Krisenintervention, unmittelbar am Bedarf für eine solche Intervention orientiert. Kriseninterventionen setzen beispielsweise bei Konflikten innerhalb einer Mannschaft oder zwischen Athlet und Trainer sowie bei Verletzungen an. Die dritte Ebene nutzt dabei sowohl die Entspannungstechniken des Grundlagentrainings als auch die im Fertigkeitstraining erlernten Fertigkeiten. Verschiedene Formen von Kriseninterventionen werden in Kapitel 7 erläutert.

Monitoring

Der gesamte Betreuungsprozess ist sinnvollerweise zusätzlich durch ein kontinuierliches Monitoring des Erholungs-Beanspruchungs-Zustands zu ergänzen. So können Dysbalancen von Erholung und Beanspruchung rechtzeitig erkannt und Konflikte identifiziert werden. Nicht zuletzt kann man durch einen regelmäßigen Einsatz des Erholungs-Belastungs-Fragebogens von *Kellmann* und *Kallus* (2000) auch die Effekte der sportpsychologischen Intervention evaluieren, so wie dies das Prozessmodell in Abbildung 3 beschreibt.

Weiterführende Literatur
Beckmann, J., Kellmann, M. (Hrsg., 2008). Enzyklopädie der Psychologie. Anwendungen der Sportpsychologie. Göttingen: Hogrefe.
Jansen-Osmann, P. (2008). Die Bedeutung der Neurowissenschaft für die Sportwissenschaft. Sportwissenschaft, 38, S. 24-35.
Mücke, K. (2003). Probleme sind Lösungen. Potsdam: Klaus Mücke Ökosysteme Verlag.

Abb. 3: Prozessmodell sportpsychologischer Intervention.

Diagnostik

Verfahren und Grundprinzipien

Wie in Kapitel 1 beschrieben wurde, ist die Diagnostik ein wesentliches Element einer systematischen sportpsychologischen Betreuung. Der Sportpsychologe muss sich ein Bild über den zu betreuenden Sportler machen und wissen, wo seine mentalen Stärken, insbesondere aber auch seine Schwächen liegen. Auf der Grundlage dieser Informationen kann er gezielt ein auf den Sportler abgestimmtes Fertigkeitstraining empfehlen. Bei einer sportpsychologischen Diagnostik können verschiedene Verfahren zur Anwendung kommen. So können apparative Messungen vorgenommen werden, die den momentanen Aktivierungszustand (z.B. über die Hautleitfähigkeit oder das EEG), die koordinativen Fähigkeiten oder die Wahrnehmung messen.

Größtenteils kommen *Fragebögen* zum Einsatz, vornehmlich wegen ihrer leichten und ökonomischen Einsetzbarkeit. Bei den in der psychologischen Diagnostik eingesetzten Fragebögen handelt es sich in der Regel um „Tests". Ein Test zeichnet sich dadurch aus, dass er systematisch entwickelt wurde und seine Zuverlässigkeit ebenso geprüft wurde wie die Frage, ob der Test auch tatsächlich das misst, was er messen soll. Zum Einsatz sollten nur solche Tests kommen, deren Gütekriterien festgesetzten Standards entsprechen (siehe dazu das Diagnostikportal des Bundesinstituts für Sportwissenschaft im Internet unter *www.bisp-sportpsychologie.de*).

Viele Sportler mögen jedoch Papierkram nicht und reagieren abweisend, wenn Sportpsychologen Fragebögen an sie verteilen. Deshalb greifen manche Sportpsychologen lieber auf *Beobachtung* und *systematische Interviews* zurück. Im Gegensatz dazu stehen die sehr positiven Erfahrungen der Autoren dieses Buches beim Einsatz von Fragebögen. Auch wenn Sportler wegen des Ausfüllens vielleicht zunächst protestieren, schätzen sie es dennoch, wenn sie ausführliche Rückmeldungen zu den von ihnen ausgefüllten Fragebögen sowie eine Übersicht über ihre mentalen Stärken und Schwächen erhalten. Klare Vorweginformationen über den persönlichen Nutzen erhöhen die Bereitschaft zum Ausfüllen von Fragebögen deutlich. Bei Fragebögen, die Zustände messen (z.B. Erholungs-Belastungs-Fragebogen für Sportler), äußern manche Athleten im Rahmen einer Betreuung manchmal von sich aus, dass sie wieder einen derartigen Fragebogen ausfüllen möchten, um zu überprüfen, ob sich etwas verändert hat. Nach einer Studie von *Vealey* und *Garner-Holmans* (1998) verwenden 75 Prozent der Sportpsychologen psychologische Inventare oder Fragebögen in ihrer angewandten Arbeit mit Sportlern. Einer deutschen Studie zufolge setzen sogar 88 Prozent der dortigen Sportpsychologen diagnostische Inventare ein (*Ziemainz* et al. 2006).

Die Autoren dieses Buches sind der Auffassung, dass die psychologische Diagnostik ein unerlässliches Arbeitsmittel für die korrekte Auswahl von Interventionsmaßnahmen ist. Wie bereits gesagt, können bei der sportpsychologischen Diagnostik (sport-)psychologische Interviews, systematische Beobachtung von Athleten, Trainern und Gruppenverhalten sowie (sport-)psychologische Tests (Fragebögen und apparative Tests, z.B. zur Aufmerksamkeit) zum Einsatz kommen.

> (Sport-)psychologische Diagnostik ist ein systematisches Sammeln und Aufbereiten von Informationen mit dem Ziel, Entscheidungen und daraus resultierende Handlungen zu begründen, zu kontrollieren und zu optimieren (vgl. *Jäger* u. *Petermann* 1999).

Diagnostik und Intervention können als Phasen eines psychologischen Prozesses verstanden werden, eines Prozesses, bei dem sich die Intervention (treatment) aus der Diagnose ableitet. Die Effektivität einer psychologischen Intervention hängt maßgeblich von der Genauigkeit, Zuverlässigkeit und Problemrelevanz der Eingangsdiagnose ab. Eine Vernachlässigung des diagnostischen Prozesses führt zwangsläufig zu Spekulationen und Fehleinschätzungen im Hinblick auf das vorliegende Problem. Nicht umsonst stellt die Diagnostik daher auch einen entscheidenden Baustein in unserem Modell zur systematischen sportpsychologischen Betreuung dar (siehe Kapitel 1).

> **Grundprinzipien einer Diagnostik im Sport**
> - präzise und angemessene Fragestellung
> - Diagnostikverfahren auswählen, die für die Beantwortung der Fragestellung geeignet sind
> - zuverlässige und gültige Testverfahren einsetzen
> - mehrere Arten von Informationsquellen nutzen
> - Verhältnis von Aufwand und Ertrag muss stimmen
> - Akzeptanz der Verfahren durch die Sportler beachten

Warum ist psychologische Diagnostik im Hochleistungssport so wichtig?

Eine umfangreiche, problemorientierte, systematische Diagnostik sollte am Anfang jeder sportpsychologischen Intervention stehen. Das folgende Beispiel verdeutlicht, wie wichtig eine korrekte Diagnose für die praktische Arbeit des Sportpsychologen ist.

Aus dem Beispiel leitet sich aber gleichzeitig die Frage ab, welche Diagnostik in der Praxis eingesetzt werden soll und eventuell in dieser Situation weitergeholfen hätte.

Praxisbeispiel

Konsequenzen versäumter Motivdiagnostik

Während seiner Tätigkeit als psychologischer Berater für eine Frauen-Bundesliga-Basketballmannschaft wurde der Erstautor mit folgendem Problem konfrontiert: Der Trainer hatte den Donnerstagabend ausgewählt, um ein Trainingsspiel innerhalb der eigenen Mannschaft in Vorbereitung auf das eigentliche Bundesligaspiel am Sonnabend oder Sonntag durchzuführen. Sein Hintergedanke dabei war, dass die Durchführung eines Trainingsspiels die Motivation der Spielerinnen positiv beeinflussen würde. Den Spielerinnen hingegen schien das Spiel am Donnerstagabend nicht zu gefallen. Im Lauf der Saison meldeten sich immer mehr Spielerinnen für das Donnerstagstraining krank. Nach der Hälfte der Saison wurde das Problem während einer Mannschaftsbesprechung thematisiert. Die Spielerinnen äußerten, dass sie die Situation des Trainingsspiels als feindlich empfanden und nicht verstehen konnten, warum einige Spielerinnen so grob spielten. Sie sagten, dass sie sich als harmonische und konfliktfreie Mannschaft fühlen möchten, dass jedoch das Donnerstagstraining einen gegenteiligen Effekt hätte. Dieses Trainingsspiel nahm ihnen den ganzen Spaß am Sport. Psychologisch ausgedrückt sagten sie, dass ihr Motiv für das Basketballspiel sozialer Natur war. Dies war sowohl für den Trainer als auch für den Sportpsychologen sehr überraschend, da beide angenommen hatten, dass Hochleistungssportlerinnen vor allem leistungsmotiviert seien. Wären vor Beginn der Saison die Motive der Spielerinnen erhoben worden, hätte man das Problem eventuell vorausahnen können. Das Trainingsspiel hätte dann mit entsprechender sportpsychologischer Hilfe vorsichtiger in das Training integriert werden können.

Welche Diagnostik? Allgemeine und sportspezifische Diagnostik

Bei der Diagnostik geht es nicht nur darum, das für die jeweilige Fragestellung angemessene Verfahren auszuwählen, sondern auch die Passung von ausgewähltem Verfahren sowie den jeweiligen Sportarten und Sportlern zu beachten. Zunächst gilt es zu klären, ob allgemeinpsychologische Instrumente für die Untersuchung der Fragestellung überhaupt geeignet sind oder der interessierende Aspekt sportspezifisch gemessen werden müsste. Zum Beispiel kann man sich fragen, ob ein allgemeines Leistungsmotiv für sportliche Situationen relevant ist. Die Leistungsmotivation eines Sportlers könnte ja bei Mathematikaufgaben eher gering, bei sportlichen Aufgaben aber hoch sein.

Conzelmann (2001) führt die zum Teil sehr uneinheitlichen und unbefriedigenden Ergebnisse älterer Untersuchungen zum Zusammenhang von Sport und Persönlichkeit auf die Auswahl allgemeiner Verfahren aus der Persönlichkeitspsychologie zurück, die den spezifischen Rahmenbedingungen des Sports nicht gerecht werden. So fanden *Elbe* et al. (2003 b) tatsächlich einen bedeutsamen Zusammenhang zwischen dem sportspezifischen Leistungsmotiv und der zukünftigen sportlichen Leistung von Sporttalenten. Das gleichzeitig erhobene und ebenfalls stabile allgemeine Leistungsmotiv zeigt jedoch keinen entsprechenden Zusammenhang mit der aktuellen oder zukünftigen sportlichen Leistung. Dieser Befund verdeutlicht, dass die sportspezifische Erhebung einer allgemeinen Erhebung für die bereichsspezifische Leistungsprognose überlegen sein kann. Selbst eine Unterscheidung zwischen allgemeinen und sportartspezifischen Diagnostiken kann unter Umständen noch nicht ausreichend sein. Die Anforderungen in den verschiedenen Sportarten können sehr unterschiedlich sein, so dass z.B. kontrollierte Aggression in Kampfsportarten, Risikobereitschaft beim Skifahren und Selbstkontrolle beim Golfen benötigt werden (vgl. *Singer* u. *Janelle* 1999). Die Diagnostik sollte sich daher immer auf die Anforderungen in der bestimmten Sportart beziehen und problemfokussiert erfolgen. Darüber hinaus sind auch innerhalb einer Sportart Unterschiede zu berücksichtigen. Zum einen gilt dies bei unterschiedlichen Disziplinen innerhalb einer Sportart, z.B. Kurz- oder Langstrecken in der Leichtathletik oder beim Schwimmen. Zum anderen können auch innerhalb einer Mannschaftssportart Unterschiede bei den verschiedenen Spielpositionen vorherrschen.

Ein Beispiel hierfür sind die Persönlichkeitsunterschiede im Hinblick auf Handlungs- und Lageorientierung (siehe dazu ausführlicher Kapitel 3). Eine als handlungsorientiert eingestufte Person kommt relativ zügig zu Entscheidungen und setzt diese auch in die Tat um. Eine lageorientierte Person grübelt hingegen über verschiedene Möglichkeiten und Alternativen nach. Lageorientierung bildet eine günstige Voraussetzung für die Spielmacherposition, aber eine schlechte für den Torjäger (vgl. *Beckmann* und *Trux* 1991). Handlungsorientierte Basketballspieler verwerten Korbchancen insbesondere in kritischen Situationen besser als ihre lageorientierten Mitspieler, die wiederum bei „Zubringerdiensten" aktiver sind (*Sahre* 1991). Außerdem verfügen Lageorientierte über eine größere Variabilität von Spielzügen und sind eher als Handlungsorientierte der verlängerte

Arm des Trainers auf dem Spielfeld. Die spezifischen Anforderungsprofile einer sportlichen Tätigkeit müssen bei der Auswahl von diagnostischen Instrumenten stets Berücksichtigung finden.

Auch wenn in den letzten Jahren zahlreiche Forschungsprojekte zur sportpsychologischen Diagnostik durchgeführt wurden, so besteht insgesamt im deutschsprachigen Raum nach wie vor ein Mangel an standardisierten sportspezifischen und normierten Verfahren, die gut dokumentiert und verfügbar sind. Dies zeigt ein Blick in das umfangreiche Kompendium zu diagnostischen Instrumenten in der Sportpsychologie, das „Handbuch Sportmotorische Tests", welches von *Bös* (2001) herausgegeben wurde. Darüber hinaus sind die allermeisten der dort aufgeführten Verfahren nur unzureichend publiziert und oft nur über die Testautoren zu beziehen. So verwundert auch der Befund nicht, dass die mit der Auswahl von Sportschülern und Kaderathleten betrauten Fachleute zwar sehr gerne psychologische Verfahren zusätzlich einsetzen würden, sich jedoch äußerst mangelhaft informiert sehen (*Elbe* und *Seidel* 2003).

Qualitätskriterien der diagnostischen Instrumente

Wenn Sportpsychologen mit Athleten arbeiten und keine fundierten Kenntnisse über die Athleten und die jeweilige Situation haben, werden sie anfangs meist eher offene, nur gering strukturierte Ansätze wählen (z.B. Beobachtungen und Interviews). Wenn die Vertrautheit mit der Situation zunimmt und sich spezifische Hypothesen über die Problemlage herausbilden, können formalere und stärker problembezogene Ansätze gewählt werden. Wenn zum Beispiel die Kommunikation zwischen Trainern und Athleten von Interesse ist, wird eine systematische Beobachtung des Kommunikationsverhaltens unter Anwendung von *Beobachtungsprotokollen* erfolgen, auf denen spezifische Kategorien der Kommunikation vorgegeben sind. *Strukturierte Interviews* können an dieser Stelle ebenfalls angewandt werden.

Vor- und Nachteile standardisierter Tests

Die formalsten Erhebungsinstrumente sind standardisierte Tests; bei ihnen ist das Vorgehen genau festgelegt: Inhalt, Reihenfolge der Frage, Antwortformat bzw. Antwortkategorien. Die Standardisierung ist für die Testgüte ein grundlegendes Kriterium. Bei hoher Standardisierung gibt es keinen Spielraum für unterschiedliche Auswertungen. Man spricht hier von Durchführungs- und Auswertungsobjektivität. Nur so sind die für verschiedene Personen erhobenen Merkmale tatsächlich miteinander vergleichbar. Außerdem sind die Anwendung und die Auswertung standardisierter Verfahren erheblich ökonomischer als bei nicht standardisierten Verfahren.

Je formaler und standardisierter die Erhebung ist, desto einfacher lassen sich interindividuelle Unterschiede heraus kristallisieren und die jeweilige Situation auf eine generelle, theoretische sportpsychologische Ebene übertragen, um daraus geeignete Interventionen abzuleiten, die sich bereits in solchen Situationen als erfolgreich erwiesen haben. Standardisierte Tests sind sehr zuverlässige und gültige Instrumente (vgl. Standards für Erziehungswissenschaftliche und Psychologische Tests der American

Psychological Association, 1999). Dennoch sollten die Ergebnisse eines einzelnen Tests für den Einzelfall nicht überbewertet und das in Abhängigkeit von der Messgenauigkeit gegebene Irrtumsrisiko beachtet werden.

> **Potenzielle Vorteile standardisierter Diagnostikverfahren**
> - Objektivität (die Ergebnisse sind unabhängig von der Person, die den Test erhebt)
> - Reliabilität (hohe Messgenauigkeit)
> - Validität (liefert gültige Aussagen hinsichtlich des zu messenden Merkmals)
> - Ökonomie (die Kosten bezüglich der Durchführung, Auswertung und die Handhabbarkeit sind vergleichsweise gering)
> - Normen (individuelle Testergebnisse lassen sich in einen Bezugsrahmen einordnen)

Bei allen potenziellen Vorteilen standardisierter Tests sollte auch auf deren mögliche *Nachteile* hingewiesen werden. So erhält man eventuell genau die zur Lösung eines Problems relevante Information nicht, weil der Rahmen für die Informationserhebung durch die festgelegten Fragen zu sehr eingeengt ist. Eine offene Verhaltensbeobachtung und ein halbstrukturiertes Interview sind daher im Vorfeld des Einsatzes der standardisierten Verfahren zu empfehlen, um dann schließlich die tatsächlich geeignete, problemrelevante Diagnostik auf der Grundlage dieser Information in standardisierter Form einzusetzen. Generell wird man auch (unter Beachtung der Ökonomie) mehrere Verfahren parallel einsetzen.

Oft, aber bedauerlicherweise nicht immer, sind für standardisierte Tests Norminformationen vorhanden, die Aussagen über die individuelle Position in Bezug zur Verteilung in der Gesamtbevölkerung ermöglichen. Leider beziehen sich diese Normen selten auf Stichproben von Sportlern. Bei den allgemeinpsychologischen Fragebögen ist dies die Regel. Vergleiche mit Normen rein psychologischer Tests können im Feld der Sportpsychologie besonders irreführend sein. Athleten erzielen meist andere Ergebnisse als Nichtsportler. Gibt es zur diagnostizierenden Frage ein sportspezifisches Instrument und für dieses Instrument auch noch Normen, dann sind diese naturgemäß auf Sportler bezogen.

Kritisch anzumerken ist an dieser Stelle ferner, dass ein Test, für den Normen vorliegen, nicht unbedingt etwas Bedeutsames erhebt. Außerdem hat das Vorhandensein von Normen nichts mit den sonstigen Gütekriterien des Tests zu tun: Ein Test, der eine unzureichende Objektivität, Reliabilität und Validität aufweist, kann trotzdem Normen haben (*Rost* 1996).

Auswahlkriterien

Generell mag es wünschenswert erscheinen, ausschließlich standardisierte Tests anzuwenden, die den oben aufgeführten Kriterien entsprechen. Angewandte Arbeit erfordert aber zusätzliche Kriterien. Eine hohe Reliabilität und Validität, die auf Gruppenebene erhoben wurde, garantiert dies nicht gleichzeitig für den einzelnen Athleten (vgl. *Wottawa* 1980). Tests mit einer niedrigen Reliabilität und niedrigen Validitätswerten müssen nicht unbedingt als nutzlos eingestuft werden. Es hängt immer von der Zielsetzung der Erhebung ab. Darauf wird im nächsten Abschnitt näher eingegangen.

Oft gibt es aber gar keinen standardisierten Test für das jeweilige auftretende Problem, mit dem der Sportpsychologe gerade konfrontiert ist. Anstatt standardisierte Tests zu verwenden, setzen Sportpsychologen daher häufig Fragebögen ein, die weder eine nachgewiesene hohe Reliabilität noch Validität haben. Weil Testergebnisse bei niedrigen Reliabilitäten und Validitäten eher vage sind und zu Fehlinterpretationen führen können, empfiehlt *Brickenkamp* (1997) dem praktisch tätigen Sportpsychologen zusätzliche Daten zu erheben (multitrait-multimethod), um die Daten des Fragebogens untermauern zu können.

Bei der Auswahl eines Tests sollte der Sportpsychologe sowohl den spezifischen Zweck als auch die psychometrischen Eigenschaften beachten (vgl. *Ostrow* 1996). Ein unsystematischer Einsatz von Tests, mit denen der Sportpsychologe vertraut ist, ist meist nicht sehr hilfreich (z.B. identische Erhebung in jeder Situation). Und – dies soll noch einmal betont werden – bevor standardisierte Instrumente ausgewählt werden können, muss zuerst ein Verständnis für die Anforderungen in der bestimmten Sportart und der spezifischen Problemsituation erworben werden.

Interpretation der Befunde

Bevor weit reichende Entscheidungen für einzelne Sportler auf der Grundlage der diagnostischen Befunde getroffen werden, z.B. ob ein sportliches Talent in eine Fördermaßnahme aufgenommen wird oder nicht, sollte man sich darüber im Klaren sein, welche Aussagen überhaupt getroffen werden, wie Trennscharf etwa ein diagnostisches Maß ist. Es geht also letztlich um die Frage, ob mittels dieses Merkmales eine diagnostische Entscheidung mit entsprechender Güte getroffen werden kann. Einerseits ist für die Entscheidung das Vorliegen von relevanten Normen oder zumindest Prozenträngen notwendig, um eine Aussage treffen zu können, was der Testwert einer Person relativ zu anderen eigentlich bedeutet. Erst an Hand einer Normverteilung (oder eines Prozentranges) wird beispielsweise deutlich, dass ein Wert von 45, der sich für einen Sportler in der Skala Wettkampforientierung des Sportorientierungsfragebogens (SOQ) ergab, unterhalb des mittleren Normbereiches für diese Skala liegt. Heißt das nun, dass dieser Sportler eine unterdurchschnittliche Wettkampforientierung aufweist und deshalb nicht in einen Leistungskader aufgenommen werden sollte? Auch mittels der Information über die Vergleichswerte ist noch nicht sicher gestellt, dass eine vertretbare Entscheidung getroffen werden kann. Dazu muss die Zuverlässigkeit des Messinstrumentes (Reliabilität) einbezogen werden. Über den Reliabilitätskoeffizienten kann ein Vertrauensintervall (Konfidenzintervall) für einzelne Messwerte berechnet werden. Bei hundertprozentiger Messgenauigkeit (Reliabilitätskoeffizient = 1.0) entspricht das Konfidenzintervall dem Messwert. Dies ist aber bei den typischen psychologischen Maßen nie gegeben. Selbst wenn die Zuverlässigkeit dieses Messinstrumentes nach konventionellen Standards optimal ist (Reliabilitätskoeffizient > .90), gibt es dennoch ein Intervall, innerhalb dessen sich der „wahre Wert" unseres Sportlers bewegt. Dieses Intervall könnte zwischen 44 und 46 liegen. Läge der „wahre

Wert" aber bei 46, wäre die Wettkamporientierung unseres Sportlers noch im mittleren und nicht im unterdurchschnittlichen Normbereich angesiedelt. Hätte das Messinstrument eine nach allgemeinen Konventionen gute Zuverlässigkeit (Reliabilitätskoeffizient zwischen .70 und .80), würde sich unser Konfidenzintervall deutlich verbreitern. Der „wahre Wert" läge dann vielleicht irgendwo zwischen 40 und 50. Die Aussage, die wir hier noch treffen können, ist, dass die Wettkamporientierung durchschnittlich bis unterdurchschnittlich ausfällt. Für die psychologische Betreuung ist diese Information, insbesondere im Zusammenhang mit anderen diagnostischen Maßnahmen, durchaus hilfreich. Eine Selektionsentscheidung gegen die Aufnahme dieses Sportlers in den Leistungskader ließe sich nur treffen, wenn als Kriterium eine überdurchschnittliche Wettkamporientierung gefordert wäre.

Integration der Diagnostik in den Betreuungsprozess

Diagnostik und Intervention sind als fortgesetzter Prozess aufzufassen, wie er in Abbildung 4 dargestellt ist.

Die Abbildung verweist darauf, dass der diagnostische Prozess nicht auf nur einen Durchlauf beschränkt sein muss. Im Verlauf des Prozesses kann die Fragestellung eventuell präzisiert werden, zum Teil werden Annahmen widerlegt, zum Teil werden neue Hypothesen entstehen.

Gelegentlich wird dies durch widersprüchliche Ergebnisse der verschiedenen eingesetzten diagnostischen Instrumente veranlasst sein. Dafür kann es verschiedene Gründe geben: die begrenzte Messgenauigkeit der Verfahren, ungünstige Durchführungsbedingungen bei einzelnen Tests. Manchmal sind, wie schon erwähnt, die Bezugssysteme (Normen) allgemeinpsychologischer Verfahren für Sportler nicht aussagekräftig.

Diagnostischer Prozess als „Action-Research"-Ansatz

Beckmann und *Kellmann* (2008 b) diskutieren als eine mögliche Form des diagnostischen Prozesses auch den so genannten „Action-Research"-Ansatz. Charakteristisch für diesen Ansatz ist, dass Diagnostik und Intervention aus einem gemeinschaftlichen Vorgehen aller Beteiligten, also Sportpsychologen, Sportlern und Trainern, bestehen. Ein wichtiger Bestandteil ist ferner der offene Diskurs über die Ziele und Durchführung der Maßnahmen. Dadurch werden auch die Zustimmung und das Engagement aller Beteiligten gewährleistet. Sportler und Trainer sind nicht nur über die Zielsetzung der Maßnahmen informiert, sondern erhalten die Möglichkeit, sich an den Entscheidungen bezüglich der Ziele und Auswertungen zu beteiligen.

Dieser Prozess kann einen zyklischen Charakter haben und folgende 8 Phasen umfassen (vgl. *Moser* 1977):

Diagnostischer Prozess als „Action-Research"-Ansatz

Abb. 4: Schema des diagnostischen Prozesses in der Sportpsychologie.

Phasen eines „Action-Research"- Ansatzes
- Identifikation des Problems
- Konsultation eines Sportpsychologen
- Datenerhebung und vorläufige Diagnose
- Rückmeldung an Sportler und Trainer
- gemeinsame Diagnose des Problems
- gemeinsame Interventionsplanung
- Intervention
- Evaluation der Intervention

Von besonderer Bedeutung bei diesem Ansatz ist die kontinuierliche Verbindung zwischen den Phasen der Datenerhebung und der vorläufigen Diagnose sowie der Handlung.
Weiterhin betont *Moser* (1977, S. 18) die Wichtigkeit folgender Kriterien:
- *Transparenz:* Nachvollziehbarkeit des Forschungsprozesses für alle Beteiligten durch Offenlegung von Funktionen, Zielen und Methoden der Forschungsarbeit,
- *Stimmigkeit:* Vereinbarkeit von Zielen und Methoden der Forschungsarbeit,
- *Einfluss des Forschers:* Der Forscher darf bei der Datensammlung nicht bewusst verzerrend auf den Forschungsprozess Einfluss nehmen.

Wie sichert man die Kooperation der Beteiligten?

Athleten sollten nicht gleich beim ersten Treffen mit Stapeln von Fragebögen bombardiert werden. Es sollten auch keine persönlichen Informationen erhoben werden, die nicht im Zusammenhang mit der spezifischen Situation stehen. So würde man höchstwahrscheinlich nur die am Anfang dieses Kapitels angesprochene Ablehnung der Diagnostik provozieren. Dem Sportler muss einsichtig werden, dass die Diagnostik sinnvoll ist, weil sie ihm hilft, sein Problem gezielt zu verstehen und zu lösen. Eine problemzentrierte Diagnostik ist angebracht, um geeignete Lösungen anhand der vor Ort gewonnenen Information zu finden. So scheint es beispielsweise nicht sinnvoll, die Auge-Hand-Koordination im Abfahrtsski zu testen, wobei diese Erhebung im Schießsport hilfreich sein könnte.

Zusammenarbeit mit dem Trainer

Es wurde schon mehrfach angesprochen, wie wichtig die Vertrauensbeziehung zwischen Sportler und Sportpsychologen ist. Am Anfang eines diagnostischen Prozesses im Rahmen einer sportpsychologischen Betreuung im Leistungssport sollten daher vertrauensbildende Maßnahmen stehen. Diese Vertrauensbildung ist die Grundlage, damit sich die Sportler auf den diagnostischen Prozess einlassen und kooperieren. Bevor Athleten und Trainer in das Diagnoseverfahren einwilligen, sollten sie überzeugt sein, dass der Sportpsychologe sein Handwerk versteht, vertrauenswürdig ist und eine systematische Erhebung Vorteile mit sich bringt.

Es ist sinnvoll, zunächst das Engagement des Trainers bezüglich der Erhebung und den eingesetzten Verfahren abzuklären (siehe Abb. 4). Der Cheftrainer ist dabei die wichtigste Person, so dass eine konstruktive Kooperation notwendig ist, wenn eine erfolgreiche Umsetzung und auch eine Integration des Sportpsychologen in die Mannschaft erfolgen sollen.

Nur wenn der (Chef-)Trainer von der Notwendigkeit und Wirksamkeit der sportpsychologischen Maßnahmen überzeugt ist, sind die notwendigen Zeiträume für Diagnostik und Intervention sicherzustellen. Der Trainer sollte, möglichst sogar vor dem Athleten, seine Verpflichtung (commitment) für eine konsequente Durchführung der sportpsychologischen Maßnahmen klar bekunden. Idealerweise erläutert er, dass für ihn sportpsychologische Maßnahmen ein Teil des regulären Trainings sind und räumt ihnen auch entsprechend Trainingszeit ein. Es funktioniert in der Regel nicht, wenn beispielsweise der Präsident sportpsychologische Maßnahmen über den Kopf des Trainers hinweg „verordnet", wie die Autoren es erlebt haben. In einem solchen Fall konnten sportpsychologische Teambildungsmaßnahmen mit einer Fußballmannschaft nicht realisiert werden, weil der Trainer nicht bereit war, dafür Trainingszeit zu reservieren.

Das entsprechende Engagement des Trainers muss daher in vorab geführten Gesprächen geklärt sein. In einem solchen Gespräch kann der Trainer Vertrauen in die Expertise des Sportspsychologen gewinnen und beide können ein gegenseitiges Verständnis für das gegenwärtige Problem entwickeln. Transparenz und Klarheit sind dabei oberstes Gebot. Um die Unterstützung des Trainers zu gewinnen, kann es manchmal hilfreich sein, ihn den jeweiligen Fragebogen ausfüllen zu lassen und ihm ein Feedback über die erhobenen Informationen zu geben. So kann man den Trainer beispielsweise beim Erholungs-Belastungs-Fragebogen für Sportler (siehe auch Kap. 6) eine spezifische Version für Trainer zu einer so genannten Selbstuntersuchung ausfüllen lassen (Kellmann, in Vorb.). Das Feedback über seinen individuellen Erholungs-Belastungs-Zustand ermöglicht es, dass Trainer schnell ein Verständnis dafür zu bekommen, welche Informationen aus einem Test herausgezogen werden können und was damit gemacht werden kann. Sportpsychologe und Trainer können sich dann darüber verständigen, wie weiter verfahren wird und welche Themen angesprochen werden sollten.

Die Interaktion mit dem Trainer ist für den Sportpsychologen auch deshalb elementar, weil er dadurch eine erste Orientierung und eine Idee erhält, worauf zu achten ist. Wie bereits oben beschrieben, sollten die nächsten Schritte informelle, explorative Beobachtungen und Interviews beinhalten. Es ist vorteilhaft, die Sichtweise, die man durch das Gespräch mit dem Trainer erworben hat, als Arbeitshypothese anzusehen, die einer Überprüfung bedarf. Es ist jedoch wichtig, einen gewissen Grad an Offenheit bezüglich der Definition der Problemsituation beizubehalten. Manchmal stellt sich heraus, dass die Sicht des Trainers nur eine von mehreren möglichen „Sichtweisen" ist.

Zusammenarbeit mit dem Sportler

Bei der ersten Besprechung mit der Trainingsgruppe oder Mannschaft sollte eine kurze Darstellung des Zieles der Erhebung erfolgen. Sinn dieser Präsentation ist nicht, den Athleten Vorgaben für ihre späteren Antworten zu geben, sondern sie sowohl über die Ziele der Erhebung als auch darüber, wie sie davon profitieren können, zu informieren. Die besten sportpsychologischen Ergebnisse werden in Zusammenarbeit mit solchen Trainern erzielt, die vollständig in den Betreuungsprozess einbezogen werden und die Sportpsychologie als einen integralen Teil des Trainingsprozesses ansehen.

Es ist weiterhin wichtig, den richtigen Zeitpunkt für die Durchführung der Erhebungen zu finden. Die Motivation der Athleten, eine Fülle von Fragebögen nach einem anstrengenden Training oder nach einer Niederlage auszufüllen, ist minimal. Eine diagnostische Trainingseinheit wird am besten von den Athleten angenommen, wenn es als reguläre Trainingszeit angekündigt wird, bei der es um mentale Aspekte ihres Sports geht.

Ein weiterer Hinweis auf den richtigen Zeitpunkt für die Erhebung ist der tatsächliche Trainingsplan, der beispielsweise eine Periodisierung vorsieht. Es gibt bestimmte Zeitpunkte während der Trainingsperioden, die als besonders kritisch eingestuft werden und zu denen Psychologen, Trainer und auch Athleten mehr darüber erfahren möchten, was gerade vor sich geht. Dies ist vor allem dann der Fall, wenn Fragebögen eingesetzt werden, die Zustände messen.

Die Qualität der erhobenen Daten wird durch eine Erhebung in einer entspannten Atmosphäre verbessert. Daher ist es ratsam, die Fragebögen in einer ungestörten Umgebung ausfüllen zu lassen. Jedoch ist das kaum umsetzbar, wenn der Psychologe mit einer großen Mannschaft arbeitet.

Wichtig ist aber, den Sportlern vor dem Ausfüllen hinreichende Information darüber zu geben, was der Zweck der Diagnose ist. Dies heißt in erster Linie, bei ihnen ein Verständnis zu entwickeln, dass ehrlich ausgefüllte Fragebögen von Nutzen für ihre Leistungsentwicklung sein können. Wenn unzureichende Information erteilt werden, könnten die Sportler auf eine falsche Fährte gelangen. Ein Negativbeispiel berichtet *Halliwell* (1990), der einen jungen Spieler beschreibt, der die Antworten eines erfahrenen Spielers abschrieb, um bei dem Test gut abzuschneiden. Seine Annahme war, dass der erfahrene Spieler wusste, welches die besten Antworten seien. Dieser Fall klingt vielleicht amüsant, ist aber ein gutes Beispiel dafür, was passieren kann, wenn der Sinn der Diagnose dem Sportler nicht hinreichend klar ist.

In die Argumentationslinie zur Überzeugung der Sportler gehört, dass diese darauf vertrauen können, nach der Erhebungswelle Informationen und Rückmeldungen zu bekommen und ihre Daten nicht „in falsche Hände" geraten. Das Wissen, dass man eine Rückmeldung erhält und nicht lediglich als „Datenobjekt" verwendet wird, verstärkt die Bereitschaft, mit der Erhebung zu beginnen und diese auch fortzuführen. Hierzu gehört auch, mit dem Sportler vorab zu klären, mit wem die Ergebnisse sonst noch besprochen werden dürfen, und auch ein Einverständnis des Sportlers zu erhalten, wenn die Befunde beispielsweise mit einem Mediziner oder Trainer besprochen werden sollen.

Auswahl diagnostischer Instrumente

Als Nächstes stellt sich die Frage, wie man als Sportpsychologe herausfindet, welche diagnostischen Instrumente für welches Problem eingesetzt werden können bzw. welche deutschsprachigen sportspezifischen Instrumente überhaupt existieren. Leider gibt es kein deutschsprachiges Werk, das mit dem im englischsprachigen Raum weit verbreiteten Kompendium von *Ostrow* (1996) vergleichbar ist, welches einige hundert Instrumente enthält. Für den deutschsprachigen Raum existiert das bereits genannte „Handbuch Sportmotorische Tests" (*Bös* 2001).

Allerdings sind, wie bereits erläutert, die meisten der dort aufgeführten Verfahren nur unzureichend publiziert und oft nur über die Testautoren zu beziehen. Aktuellere Informationen zu neu entwickelten diagnostischen Verfahren sind den Publikationen in der Zeitschrift für Sportpsychologie zu entnehmen. Zusätzlich befindet sich auch auf den Webseiten des Bundesinstituts für Sportwissenschaft ein Diagnostikportal (*www.bisp-sportpsychologie.de*). Mit diesem Portal werden den in der Praxis des Spitzensports tätigen Sportpsychologen normierte und für den Spitzensport angelegte sportpsychologische Diagnostikverfahren zur Verfügung gestellt. Die Fragebögen sind themenbezogen (z.B. Angst, Motivation) und nach der jeweiligen Zielgruppe (Trainerinnen/Trainer und Sportlerinnen/Sportler) unterteilt.

Im Folgenden wird eine Auswahl von für den Leistungssport geeigneten „diagnostischen" Instrumenten aufgeführt, die von den Autoren dieses Buches in ihrer Praxis eingesetzt werden. Dabei ist zunächst die Unterscheidung nach der Diagnose einer *Persönlichkeitseigenschaft* oder eines *Zustandes* zu treffen. Für die Diagnose von individuellen Unterschieden kommt es darauf an, ob aktuelle Zustände oder überdauernde Persönlichkeitseigenschaften (z.B. Ängstlichkeit) für das konkret anliegende Problem relevant sind.

Zur Diagnose von Zuständen gibt es erheblich weniger Fragebogenmaße als hinsichtlich stabiler Persönlichkeitseigenschaften. Zwei Verfahren seien hier angeführt, die nach der Vorstellung der Autoren besondere Bedeutung im Leistungssport haben.

Test of Performance Strategies (TOPS)

Der Test of Performance Strategies (*Thomas*, *Murphy* und *Hardy* 1999) wurde kürzlich ins Deutsche übersetzt (*Schmid*, *Birrer*, *Kaiser* und *Seiler* 2010). Der Fragebogen erfasst insgesamt 16 psychische Techniken und Fertigkeiten, die von Athleten in der Wettkampf- sowie der Trainingssituation verwendet werden. Sieben der Skalen werden sowohl für die Trainings- als auch für die Wettkampfsituation erfasst (Aktivierung, Emotionale Kontrolle, Automatisierung, Selbstgespräch, Zielsetzung, Visualisierung und Entspannung). Die Aufmerksamkeitskontrolle wird nur für den Trainingskontext und Negative Kognitionen nur für den Wettkampf erfragt. Der TOPS besteht insgesamt aus 64 Items (vier pro Subskala), die auf einer fünfstufigen Skala zu beantworten sind

Erholungs-Belastungs-Fragebogen Sport (EBF-Sport)

Der Erholungs-Belastungs-Fragebogen für Sportler (*Kellmann* und *Kallus* 2000) ist ein Verfahren, das gleichzeitig Aspekte von Erholung und Beanspruchung erfasst. Die Auswertung der insgesamt 19 Subtests und 72 Items liefert ein quantitatives Profil des aktuellen Beanspruchungs- und Erholungszustands. Der EBF kann zum kontinuierlichen Monitoring der Erholungs-Belastungs-Bilanz von Athleten mit dem Ziel eingesetzt werden, Übertraining zu vermeiden. Da er auch psychologisch relevante Zustände misst (Selbstwirksamkeitsüberzeugung, persönliche Verwirklichung, Selbstregulation), kann der EBF ebenso zur Evaluation der Wirksamkeit sportpsychologischer Maßnahmen herangezogen werden. Auf den EBF wird ausführlich in Kapitel 6 eingegangen.

Wettkampfangst-Inventare

Wettkampfangst-Inventar-State (WAI-S)

Mit diesem Verfahren lässt sich die unmittelbare Angst (der Angstzustand) vor und in einem Wettkampf erfassen. In Anlehnung an das „Competitive Sport Anxiety Inventory-2" (CSAI-2; *Martens* et al. 1990) wurde ein deutscher Fragebogen zur Erfassung des aktuellen, momentanen Erlebens eines Angstzustandes in einer Wettkampfsituation entwickelt.

Das Wettkampfangst-Inventar-State (*Brand* et al. 2008) unterscheidet zwischen 3 Komponenten, nämlich der somatischen, der kognitiven und der Zuversichtskomponente.

- Auf der *somatischen Komponente* machen sich die körperlich-physiologischen Reaktionen wie Schwitzen, Herzpochen oder Zittern bemerkbar.
- Die *kognitive Komponente* bezieht sich auf gedanklich-mentale Reaktionen. Dazu gehören einerseits Sorgen, etwa über den Wettkampfausgang oder die eigene Leistung, und andererseits Konzentrationsstörungen, die von der eigentlichen Aufgabe ablenken.
- Die dritte Komponente erfasst geringes Selbstvertrauen und mangelnde *Zuversicht*.

Der WAI-S besteht insgesamt aus 12 Fragen, von denen sich jeweils 4 Items den 3 Komponenten somatische Angst, Kognition und Zuversicht zuordnen lassen.

Zur Diagnose von stabilen Persönlichkeitseigenschaften gibt es für den Leistungssport verschiedene Instrumente, die sich einerseits auf

Diagnostik

Abb. 5: Veränderung psychologischer Kennwerte nach 4 Wochen sportpsychologischer Intervention, gemessen über den EBF.

den Bereich Ängstlichkeit und andererseits auf die Bereiche Motivation und Volition beziehen. Im Folgenden werden Persönlichkeitsmaße zur Ängstlichkeit, Motivation und Volition beschrieben.

Wettkampfangst-Inventar-Trait (WAI-T)
Die Neigung oder Disposition, auf Wettkampfsituationen mit Angst zu reagieren, ist bei verschiedenen Sportlern unterschiedlich stark ausgeprägt. Das Wettkampfangst-Inventar-Trait (WAI-T; *Brand* et al. 2008) misst diese Neigung von Sportlern, auf Wettkampfsituationen mit Anzeichen von Angst zu reagieren. Unterschieden werden dabei in Anlehnung an die Sport Anxiety Scale (*Smith* et al. 1990) 3 Komponenten von Wettkampfängstlichkeit:
- Die *somatische Angst* beschreibt die persönliche Veranlagung von Personen, in Wettkampfsituationen körperlich spürbare Aufgeregtheit zu empfinden (z.B. feuchte Hände, Herzklopfen).
- Die *Besorgnis* charakterisiert demgegenüber die Veranlagung von Personen, in Wettkampfsituationen Selbstzweifel und spezifische Sorgen zu entwickeln oder negative Erwartungen zu bilden.
- *Konzentrationsstörungen* beschreiben die Neigung einer Person, sich im laufenden Wettkampf von irrelevanten Störungen ablenken zu lassen. Diese Störungen können beispielsweise Äußerungen oder Reaktionen von Zuschauern sein.

Das WAI-T besteht aus insgesamt 12 Fragen, von denen jeweils 4 Items den einzelnen Subskalen zugeordnet werden können.

Instrumente für die Bereiche Motivation und Volition
Volitionale Komponenten-Sport (VK-Sport)
Ziel des Fragebogens von *Wenhold, Elbe und Beckmann* (2009) ist es, die für den Leistungssport bedeutsamen Willenseigenschaften zu erfassen und dabei Fertigkeiten und Defizite in der Selbstregulation zu diagnostizieren. Der neu entwickelte Fragebogen unterscheidet zwischen Selbstoptimierung (29 Fragen), Selbstblockierung (9 Fragen), Aktivierungsmangel (13 Fragen) und Fokusverlust (9 Fragen) im Sport. Der Fragebogen besteht insgesamt aus 60 Fragen.
- Die *Selbstoptimierung* umfasst 11 Subskalen und erfasst Willenseigenschaften, die wichtig für eine Zielerreichung sind, wie z.B. positive Selbstbestimmung, Initiative, Entscheidungsfähigkeit und Zielsetzung. In einigen Skalen wird zwischen der Trainings- und Wettkampfsituation unterschieden.
- Der Bereich *Selbstblockierung* umfasst 3 allgemeine Subskalen, die der Zielerreichung im Weg stehen, nämlich Introjektionsneigung, ängstliche Selbstmotivierung und negative Emotionalität.
- *Aktivierungsmangel* bezieht sich darauf, ob Athleten mit der Aktivierung und Umsetzung von Plänen Schwierigkeiten haben. Die Skalen beinhalten 5 Subskalen zu den Bereichen Energiemangel, Nichtumsetzung von Vorsätzen, Trainingsaufschub sowie Anstrengungsvermeidung im Training und im Wettkampf.
- Schließlich umfasst der *Fokusverlust* 4 Subskalen zu den Bereichen Impulskontrolle, Wettkampfunlust, Konzentrationsschwäche im Training und im Wettkampf.

Handlungsorientierung im Sport (HOSP)

Der Fragebogen zur Handlungsorientierung im Sport (*Beckmann* und *Wenhold* 2009) wird zur Bestimmung der Handlungskontrolle in 3 Bereichen eingesetzt: nach *Misserfolgserlebnissen*, bei der *Handlungsplanung* und bei der (erfolgreichen) *Tätigkeitsausführung*. Jeder dieser Bereiche wird mit 12 Fragen erfasst. Handlungsorientierte können nach einem sportlichen Misserfolg schnell abschalten und sich auf die aktuelle Handlung konzentrieren. Sie können gut planen sowie Entscheidungen schnell und effektiv treffen. Ferner können sie voll und ganz in einer sportlichen Handlung aufgehen und lassen sich währenddessen weder von äußeren Dingen noch vom inneren Grübeln ablenken. Der Fragebogen besteht aus 36 Fragen mit je 2 Antwortalternativen.

Sportspezifisches Leistungsmotiv (AMS-Sport)

Das sportspezifische Leistungsmotiv (Achievement Motives Scale-Sport, *Elbe* et al. 2005) erfasst die beiden Leistungsmotivkomponenten *Hoffnung auf Erfolg* (HE) und *Furcht vor Misserfolg* (FM). Eine hohe Hoffnung auf Erfolg zeigt, dass Athleten sportliche Herausforderungen gerne wahrnehmen und dabei eine realistische Zielsetzung haben. Misserfolgsängstliche Personen meiden es, realistische Ziele zu setzen und begegnen sportlichen Herausforderungen eher ängstlich. Da jedoch auch die Komponente Misserfolgsängstlichkeit das Ausmaß der Bedeutung beschreibt, die Leistungssituationen im Sport für die betreffende Person haben, macht es durchaus Sinn, beide Komponenten, „Hoffnung auf Erfolg" und „Furcht vor Misserfolg", zu einem Gesamtmotivkennwert zu addieren. Es gibt eine lange Version des AMS-Sport mit 30 Items und eine kürzere Version mit 10 Items.

Fragebogen zur Bestimmung der sportlichen Leistungsorientierung (SOQ-deutsch)

Der Sport Orientation Questionnaire (SOQ) wurde 1988 von *Gill* und *Deeter* in den USA publiziert und 2001 von *Elbe* ins Deutsche übersetzt. Ziel des SOQ ist es, individuelle, sportspezifische Unterschiede in der Leistungsorientierung zu bestimmen. Insgesamt besteht der SOQ aus den 3 Subskalen Wettkampforientierung (13 Fragen), Sieg-/Gewinnorientierung (6 Fragen) und Zielorientierung (6 Fragen). Der SOQ ermöglicht eine Aussage darüber, welche Bezugspunkte ein Athlet wählt, um seine sportliche Leistung zu beurteilen. Dabei kann sich ein Athlet gerne mit anderen messen, großen Wert auf einen sportlichen Sieg legen und/oder individuelle Ziele verfolgen, wie etwa das Verbessern der eigenen Leistung.

Task and Ego Orientation in Sport Questionnaire (TEOSQ-deutsch)

Dieser Fragebogen dient der Erfassung von Zielorientierungen (Aufgaben- und Egoorientierung) und wurde von *Rethorst* und *Wehrmann* (1998) aus dem Englischen übersetzt. Das Instrument besteht aus 2 Subskalen. Es wird davon ausgegangen, dass die Intention einer sportlichen Handlung einerseits im Beherrschen einer sportlichen Aufgabe (mastery goal) oder dem Zeigen von Leistungen in Wettkämpfen (performance goal) liegt. Alle Items beziehen sich auf die Aussage: „Ich fühle mich am erfolgreichsten im Sport, wenn...". Die Skala *Aufgabenorientierung* umfasst 7 Items (z.B. „... ich eine neue Fertigkeit lerne und ich dadurch noch mehr üben möchte"). Im Gegensatz dazu umfasst die Skala *Egoorientierung* 6 Items (z.B. „... andere nicht so gut sind wie ich").

Instrumente für die Bereiche Trainerverhalten

Ferner gibt es für den Leistungssport diagnostische Instrumente, die dazu geeignet sind zu beurteilen, wie ein bestimmtes Trainerverhalten von Athleten wahrgenommen wird bzw. welches Klima innerhalb einer Mannschaft oder Trainingsgruppe herrscht.

Leadership Scale Sport (LSS)

Mit diesem Fragebogen kann man das wahrgenommene Trainerverhalten messen. Das deutschsprachige Instrument, das von *Würth* et al. (1999) entwickelt wurde, basiert auf den in Großbritannien entwickelten Fragebögen von *Lee* et al. (1993). Die 4 Subskalen erfassen Instruktion (7 Items), positives Feedback (4 Items), soziale Unterstützung (5 Items) und demokratisches Verhalten (5 Items).

Perceived Motivational Climate Sport (PMC)

Zur Erfassung des motivationalen Trainingsklimas kann eine deutschsprachige Version des Perceived Motivational Climate in Sports Questionnaire (PMCSQ) von *Alfermann* et al. (1997) nach *Seifriz* et al. (1992) eingesetzt werden. Der Fragebogen besteht aus den 2 Subskalen wettbewerbsorientiertes Klima (9 Items) und aufgabenorientiertes Klima (6 Items).

Pausenverhaltensfragebogen (PVF)

Der Pausenverhaltensfragebogen von *Kellmann* und *Weidig* (2010) erfasst Trainerverhalten in Spiel- und Wettkampfpausen (im Sinne von Wettkampfunterbrechungen, z.B. Halbzeit, Satzpause etc.) aus den 3 Perspektiven: Trainer, Spieler/Athlet, Sportpsychologe. Der Fragebogen ist komplett evaluiert, wobei nach Mannschafts- und Individualsportarten getrennt wurde. Jede Skala besteht aus 4 Items, so dass der Mannschaftsfragebogen 44 Items und der Individualbogen 40 Items umfasst. Für die Beobachtungsperspektive (= sportpsychologische Perspektive) wird eine eigene Anleitung bereitgestellt, wie Beobachtung und Beurteilung des Trainerverhaltens erfolgen soll.

Erholungs-Belastungs-Fragebogen für Trainer

Von *Kellmann* wird derzeit neben dem bereits weiter oben beschriebenen EBF-Sport eine Version entwickelt, die den Erholungs- und Belastungszustand von Trainern erfasst. Dieser Fragebogen ist weitgehend identisch mit der Version für Sportler. Der Trainerfragebogen soll 7 allgemeine Stress-Subskalen und 5 allgemeine Erholungssubskalen enthalten. Darüber hinaus erfasst er sieben weitere trainerspezifische Subskalen, nämlich Gestörte Pause, Burnout/Emotionale Erschöpfung, Burnout/Persönliche Verwirklichung, Fitness/In-Form-Sein, Motivation als Trainer, Erfolg als Trainer sowie Selbstwirksamkeitsüberzeugung. Insgesamt soll der Fragebogen aus 76 Items bestehen.

Diagnostik zur Evaluation der Intervention

Auch der Erfolg sportpsychologischer Interventionen kann und sollte diagnostiziert werden (siehe dazu ausführlicher *Kellmann*, *Beckmann* und *Gröpel* 2011). Wie beschrieben (Abb. 5), sollten Diagnostik und Intervention nicht als einmaliges Ereignis, sondern als fortlaufender Prozess aufgefasst werden. Anfängliche Hypothesen über Probleme eines Sportlers können sich im Betreuungsprozess als falsch herausstellen. Dies erfordert eine erneute oder neu fokussierte Diagnostik. Der tatsächliche Erfolg der eingesetzten Interventionen sollte überprüft werden, um diese gegebenenfalls zu verändern oder zu optimieren. Im englischsprachigen Raum liegen hierfür zahlreiche Instrumente vor (z.B. *Durand-Bush* et al. 2001), in deutscher Sprache gibt es jedoch keinen speziell für die Evaluation entwickelten Fragebogen. Ohne ein solches Instrument ist es schwierig zu beurteilen, ob und inwieweit eine Interventionsmaßnahme greift und wie erfolgreich das Grundlagen- bzw. Fertigkeitstraining durchgeführt wurde.

Um dennoch eine Evaluation vorzunehmen, besteht die Möglichkeit, die zur Eingangsdiagnostik eingesetzten Instrumente nochmals einzusetzen und zu überprüfen, ob sich Veränderungen zeigen. Dies ist z.B. hinsichtlich ausgewählter volitionaler Komponenten oder der Ängstlichkeit möglich. Der Erstautor setzte den EBF-Sport wiederholt ein, während er mit einem Profiboxer arbeitete. Zuerst wurde dieses Instrument verwendet, um kritische Bereiche im Erholungs-Belastungs-Zustand des Boxers zu identifizieren und daraus Interventionen abzuleiten. Nachdem der erste EBF analysiert wurde, wurde das Profil mit dem Athleten diskutiert. In dieser Sitzung erhielt der Athlet Rückmeldung über Bereiche, die als kritisch einzustufen waren. Dann diskutierte der Sportpsychologe Methoden, die angewandt werden könnten, um die Ziele zu erreichen. Beim wiederholten Einsetzen des EBF-Sports konnte der Sportpsychologe anhand des Profils erkennen, ob die Intervention erfolgreich war. Dies zeigte sich in einem Anstieg der wahrgenommenen Fähigkeit zur Selbstregulation ebenso wie in einer Zunahme der Erholungswerte und der Wahrnehmung von Erfolg.

Abschließende Bemerkungen

Sportpsychologische Diagnostik ist nach unserer Vorstellung für eine angemessene Intervention unerlässlich. Die Erkenntnisse der Diagnostik können immer nur so gut sein, wie es die eingesetzten Verfahren sind. Der diagnostische Erkenntnisgewinn sollte als systematischer Prozess aufgefasst werden, in dem die Antworten auf klar gestellte Fragen immer klarer werden sollten. Wann kommt eine Diagnostik zu einem guten Ergebnis?
- Wenn problemrelevante Fragen beantwortet werden und das Thema nicht verfehlt wird.
- Wenn alle diagnostisch relevanten Informationen verwertet werden.
- Wenn Antworten nachvollziehbar begründet werden können.

- Wenn Unentscheidbares kenntlich gemacht wird (um ggf. gezielt weitere Untersuchungen durchzuführen).

Damit wird eine Grundlage geschaffen, die für eine Intervention, die nicht ins Blaue hineingeht, genutzt werden kann. Diagnostik sollte jedoch nie Selbstzweck sein – kein Messen um des Messens willen – sondern funktional für die angemessene Behebung eines Problems (durch Intervention): keine Diagnostik ohne Intervention aber auch keine Intervention ohne Diagnostik. Man sollte beim Einsatz einer Diagnostik jedoch auch bedenken, dass diese die Diagnostizierten nicht unverändert lässt. Insofern kann Diagnostik bereits Intervention sein. Negativ betrachtet könnte der Einsatz eines Angstfragebogens unmittelbar vor einem Abfahrtslauf, Angst aktivieren. Ein anamnestisches Gespräch hingegen kann durchaus bereits zur Klärung einer Problemsituation, eines unangemessenen Problemlösungsverhaltens beim Sportler beitragen.

Weiterführende Literatur
Amelang, M., Schmidt-Atzert, L. (2006). Psychologische Diagnostik und Intervention. Berlin: Springer-Verlag.
Bös, K. (Hrsg., 2001). Handbuch motorische Tests: sportmotorische Tests, motorische Funktionstests, Fragebogen zur körperlich-sportlichen Aktivität und sportpsychologische Diagnoseverfahren. Göttingen: Hogrefe, 2001.

Persönlichkeit und Persönlichkeitsentwicklung 3

Einleitung

Nach den persönlichen Erfahrungen der Autoren sind Spitzensportler in der Regel auch außergewöhnliche Persönlichkeiten. Das ist sicher nicht überraschend, denn die Strapazen eines jahrelangen Trainings, der Umgang mit Wettkampfdruck verlangen nach „mentaler Stärke" im Hinblick auf Durchhaltevermögen, Selbstmotivierung und Willensstärke. Menschen unterscheiden sich in der Ausprägung diesbezüglicher Eigenschaften. Alltagssprachlich wird in diesem Zusammenhang oft von einer „starken Persönlichkeit" gesprochen. Was aber ist eigentlich Persönlichkeit? Was zeichnet eine starke Persönlichkeit aus? Handelt es sich um angeborene Merkmale, die auch als vorgegebene psychologische Talentkriterien gelten können, oder können sich solche Eigenschaften entwickeln? Können sie vielleicht sogar systematisch entwickelt werden im Sinne einer Talentförderung?

Für die Praxis stehen im Zusammenhang mit Persönlichkeit folgende Fragen im Vordergrund:
- Wie kann man die leistungsförderlichen Persönlichkeitseigenschaften eines Sportlers erkennen?
- Kann man Sportler anhand von Persönlichkeitsmerkmalen im Sinne einer Talentselektion auswählen?
- Kann man eine Sportlerpersönlichkeit gezielt entwickeln?

Wenn Spitzensportler außergewöhnliche Persönlichkeiten sind, schließt sich für Trainer und Betreuer unter Umständen noch eine weitere Frage an: Wie gehe ich mit einer starken Persönlichkeit um? Vor allem Letzteres ist ein wichtiges Thema, denn viele gerade aufgrund ihrer „starken Persönlichkeit" viel versprechenden Sporttalente steigen aus (drop out), weil ihre Stärken z.B. vom Trainer nicht erkannt und/oder nicht individuell berücksichtigt werden (*Elbe* et al. 2003 a). Starke Persönlichkeiten werden oft als nicht sehr umgänglich empfunden, weil sie selbstbewusst sind, wissen, was sie wollen und nicht widerspruchslos konform sind. Diese Eigenschaften der „starken Persönlichkeit" werden auch unter dem Begriff der mentalen Härte (mental toughness) und Zähigkeit (hardiness) zusammengefasst.

Was ist Persönlichkeit?

Im allgemeinen psychologischen Verständnis repräsentiert der Begriff Persönlichkeit „jene Merkmale einer Person, die konsistente Verhaltensmuster erklären" (*Pervin* 2000). Diese Merkmale werden in der Persönlichkeitspsychologie oft als relativ stabile Eigenschaften aufgefasst.

Die Persönlichkeit eines Individuums setzt sich nach Ansicht von Eigenschaftstheoretikern aus verschiedenen Kerneigenschaften zusammen. *Cattel* (1957) nahm an, dass es 16 solcher Kerneigenschaften gibt. Diese werden durch den 16PF-Persönlichkeitstest erfasst. In der gegenwärtigen Persönlichkeitspsychologie geht man hingegen nur noch von 5 Faktoren, den „Big Five" aus. *Paul Costa* und *Robert McCrae* sowie *Warren Norman* und *Lewis Goldberg* entdeckten in den 1970er-Jahren in unabhängigen Studien Folgendes: Die meisten menschlichen Persönlichkeitseigenschaften können mittels 5 Persönlichkeitsdimensionen beschrieben werden, unabhängig von der jeweiligen Sprache oder Kultur (*Costa* und *McCrae* 1985). In der Psychologie sind die Big Five heute das am weitesten akzeptierte und verwendete Modell der Persönlichkeit.

Die Persönlichkeitsforschung hat einige grundlegende Muster der menschlichen Persönlichkeit identifiziert. Im Kontext dieses Buches ist dabei von besonderer Bedeutung, dass diese Untersuchungen mit der verbreiteten Sichtweise aufräumen konnten, die Persönlichkeit sei ab dem Alter von 30 Jahren unveränderbar. Tatsächlich verändert sich die Persönlichkeit weiter, wobei das genaue Muster der Veränderung von der jeweiligen Eigenschaft abhängt. Darauf wird am Ende des Kapitels näher eingegangen. Wenn wir in diesem Buch von Persönlichkeitseigenschaft sprechen, beziehen wir uns in erster Linie auf individuelle Unterschiede.

„Big-Five"-Persönlichkeitseigenschaften
- Extraversion – Introversion: gesellig, humorvoll, optimistisch, lebhaft, temperamentvoll, zurückhaltend, verschlossen, schweigsam
- Neurotizismus – emotionale Stabilität: verlegen, nervös, traurig, ängstlich, verletzbar, launenhaft, unsicher
- Offenheit (für Erfahrungen): gebildet, wissbegierig, phantasievoll, schlagfertig, einfallsreich, scharfsinnig, interessiert, intelligent, kreativ, uninteressiert, ignorant
- soziale Verträglichkeit, Liebenswürdigkeit: bescheiden, hilfsbereit, aufrichtig, warmherzig, rücksichtsvoll, altruistisch, mitfühlend, wohlwollend, kooperativ gutmütig, ehrlich, harsch, streitsüchtig, fordernd
- Gewissenhaftigkeit, Sorgfältigkeit: hart arbeitend, sorgfältig, zuverlässig, gewissenhaft, fleißig, pflichtbewusst, pünktlich, ordentlich, unpünktlich, unordentlich

Wir betrachten nicht die gesamte Komposition einer Persönlichkeit, die Organisation der verschiedenen Eigenschaften einer Person, sondern verfolgen eher einen pragmatischen, engmaschigeren Ansatz (*Jarvis* 2006), der einzelne individuelle Merkmale ins Zentrum rückt. Wenn es um solche individuellen Unterschiede geht, stellen sich Fragen wie: Warum behält der eine Sportler die Nerven beim entscheidenden Elfmeter, während der andere versagt? Wieso lassen sich nicht alle Spieler einer Mannschaft für anspruchsvolle Leistungsziele begeistern? Wie im sonstigen Leben gibt es auch zwischen Sportlern starke individuelle Unterschiede im Hinblick auf psychische Merkmale. Solche Persönlichkeitseigenschaften können für die sportliche Leistung förderlich, aber auch hinderlich sein. Zudem bedarf es bei solch unterschiedlichen Persönlichkeitseigenschaften unter Umständen auch eines unterschiedlichen Umgangs des Trainers mit den Sportlern.

Es stellt sich aber die grundlegende Frage, welche Bedeutung diese Persönlichkeitsfaktoren im und für den Sport haben. In diesem Buch interessiert insbesondere die Frage, welche Rolle sie in der sportpsychologischen Betreuung spielen. Dazu müssten sie in einem systematischen Zusammenhang mit dem Sporttreiben stehen. Um diese umstrittene Frage geht es im Folgenden.

Gibt es einen Zusammenhang von Sport und Persönlichkeit?

Viele Lehrbücher der Sportpsychologie bestreiten einen Zusammenhang von Sport und Persönlichkeit: Weder sei ein Einfluss des Sporttreibens auf die Persönlichkeitsentwicklung nachgewiesen, noch gäbe es einen bestätigten Zusammenhang von Persönlichkeitsmerkmalen und sportlicher Leistung (z.B. *Bakker* et al. 1992). Tatsächlich zeigen empirische Untersuchungen zum Zusammenhang von sportlicher Aktivität und Persönlichkeit bis heute ein sehr uneinheitliches Bild (vgl. *Roberts* 1992, *Sack* 1975, *Singer* 2000). Den Praktiker (z.B. Trainer) dürfte dies überraschen, weil er in seiner täglichen Arbeit mit den unterschiedlichen Herangehensweisen und Reaktionen der verschiedenen Sportler konfrontiert ist.

Conzelmann (2001) hat sich sehr intensiv mit dieser Problematik auseinander gesetzt. Er kommt zu dem Schluss, dass der Grund für die den Alltagserfahrungen widersprechenden Untersuchungsbefunde zum Verhältnis von „Sport und Persönlichkeit" vor allem darin liegen dürften, dass allgemeine Persönlichkeitsmerkmale in Bezug zu sportlichem Verhalten gesetzt werden, ohne dass überhaupt eine spezifische Verbindung dieser Persönlichkeitseigenschaft mit dem untersuchten Sport zu erwarten wäre. Es müsste also wesentlich stärker auf das spezielle Anforderungsprofil im Sport und verschiedene Sportarten eingegangen werden.

Für den Praktiker sind Persönlichkeitsmerkmale wichtige Faktoren für Leistung im Sport. Dabei geht es vor allem um die Frage, wer trainiert in hinreichendem Maße und bleibt trotz aller Mühen dabei. Psychologisch gesehen geht es um Motivation und Willen. Diesbezüglich gibt es offensichtlich grundlegende Persönlichkeitsmerkmale, die Motive, für eine erfolgreiche Betätigung im Wettkampf- und Leistungssport, unabhängig von spezifischen Anforderungsprofilen in einzelnen Sportarten. So resümiert *Sack*, dass „die Welt des (Hoch-)Leistungssports so strukturiert (ist), dass Individuen mit bestimmten Merkmalskombinationen zum Verbleiben in oder zum Ausscheiden aus einem System veranlasst werden" (1980, S. 223). Es liegt nahe, dass im Leistungssport insbesondere das Leistungsmotiv ein wichtiges Persönlichkeitsmerkmal sein sollte. Allerdings schließt sich hier wieder die Frage an, ob eine Person, deren Leistungsstreben von sportlichen Anreizen angeregt wird, dieselbe Anregung von einer schwierigen Mathematikaufgabe erhält. Persönlichkeitseigenschaften können eben auch sehr bereichsspezifisch sein, z.B. nur auf den Bereich des Sports oder aber nur auf den Bereich der Mathematik bezogen sein.

Einen Zusammenhang von Sport und Persönlichkeit sollte man gemäß dieser Argumentation dann finden können, wenn erstens die funktionalen Zusammenhänge berücksichtigt werden, d.h. welche Persönlichkeitseigenschaften braucht ein Sportler in einer bestimmten Sportart, um erfolgreich zu sein, und zweitens sollten diese Persönlichkeitseigenschaften dann auch speziell im Hinblick auf Sport oder sogar die spezielle Sportart, also sportspezifisch, gemessen werden.

Selektions- und Sozialisierungshypothese

Zum Zusammenhang zwischen Sport und Persönlichkeit werden vor allem in der älteren sportpsychologischen Forschung zwei Modellvorstellungen vertreten: die Selektions- und die Sozialisierungshypothese.

Selektionshypothese: Diese Hypothese geht davon aus, dass es ein Muster verschiedener Persönlichkeitseigenschaften gibt, die das Individuen zum Sporttreiben anregen. Individuen, die eine günstige oder die günstigste Kombination dieser Persönlichkeitsmerkmale besitzen, gehen in den Sport, bleiben dabei und sind erfolgreich. Diejenigen, denen diese Merkmale fehlen, treiben – falls sie überhaupt anfangen – nicht lange Sport.

Aus dieser Vorstellung folgt die weitergehende Annahme, dass Anfänger und erfolgreiche Athleten ähnliche Persönlichkeitsprofile haben, denn diese Profile sind es schließlich, die die besondere Eignung für die Sportart und damit den Erfolg in dieser Sportart ausmachen. Im Lauf der Karriere mag sich lediglich der Ausprägungsgrad dieser Merkmale verändern. In dieser Vorstellung bleiben Einflüsse durch das Umfeld weitgehend unberücksichtigt, da nur von der Persönlichkeit ausgegangen wird und Wechselwirkungen nicht angenommen werden.

Sozialisierungshypothese: Ganz anders ist die Vorstellung bei der Sozialisierungshypothese. Hier geht man davon aus, dass Individuen eine Sportart beginnen, ohne über ein dieser Sportart entsprechendes spezifisches Muster von Persönlichkeitseigenschaften zu verfügen. Es bleiben aber nur diejenigen dabei und erzielen Erfolge, die – entweder durch Veränderung bestehender und veränderbarer Persönlichkeitsmerkmale oder durch den allmählichen Abbau nicht geeigneter Muster (*Singer* und *Haase* 1975, S. 31) – zu geeigneten Mustern gelangen. Nach der Sozialisierungshypothese wären zwar nicht bei Anfängern, jedoch bei erfolgreichen Athleten gleichartige Persönlichkeitsmuster zu erwarten. Außerdem wird hier davon ausgegangen, dass sich die vorhandenen Persönlichkeitsmerkmale verändern können, also nicht stabil sind.

Sowohl die Selektions- als auch die Sozialisierungshypothese besitzen eine hohe Relevanz für die Praxis. Bei der Selektionshypothese geht es letztlich auch darum, ob bestimmte Persönlichkeitseigenschaften Grundlage für eine erfolgreiche Karriere sind. Mit anderen Worten geht es hier um Talentauswahl. Bei der Sozialisationshypothese geht es zum einen darum, ob man eine Persönlichkeit durch Sport verändern kann, z.B. mehr Gelassenheit und Konzentration beispielsweise durch Golfspielen erreichen kann. Dieser Ansatz beinhaltet zum anderen aber auch die Vorstellung, dass die Persönlichkeitseigenschaften von Nachwuchssportlern gezielt entwickelt werden können, im Sinne einer Talentförderung.

Befunde zur Selektionshypothese

Eine Reihe von Untersuchungen scheinen Unterstützung für die Selektionshypothese zu liefern. *Gabler* stellt aufgrund einer Untersuchung von 1981 fest, dass eine „größere Erfolgszuversichtlichkeit und eine geringere Misserfolgsängstlichkeit bedeutsame Voraussetzungen dafür sind, dass die Leistungsbereitschaft für ein Training über eine längere Zeit hinweg aufrechterhalten wird" (*Gabler* 1986 a, S. 90). Je geringer die Erfolgszuversichtlichkeit (das Erfolgsmotiv) ausgeprägt ist und je höher die Misserfolgsängstlichkeit (das Misserfolgsmotiv), desto wahrscheinlicher ist nach *Gabler* eine Reduzierung oder ein Abbruch des sportlichen Trainings. In einer Studie von *Thomassen* und *Halvari* (1996) wurde ein signifikant positiver Zusammenhang zwischen dem Erfolgsmotiv und dem Umfang an leistungssportlichem Training sowie dem sportlichen Erfolg gefunden. Im Gegensatz dazu korreliert eine starke Ausprägung des Misserfolgsmotivs negativ mit dem Sporterfolg.

Die genannten Untersuchungen können allerdings letztlich nicht ausschließen, dass im Lauf der leistungssportlichen Entwicklung eine Veränderung der Motive über Sozialisierung erfolgt. Dies liegt daran, dass die Ausprägung des Persönlichkeitsmerkmals nur zu einem Zeitpunkt während der sportlichen Karriere gemessen und nicht im Entwicklungsverlauf betrachtet wurde. Nur wenn die Nachwuchssportler in einer Längsschnittstudie in ihrem Karriereverlauf begleitet werden, kann man weitestgehend ausschließen, dass solche Unterschiede im Leistungsmotiv nicht erst durch die Sozialisation im Sport entstanden sind.

Aber auch aus einer solchen Längsschnittuntersuchung gibt es Hinweise darauf, dass die Selektionshypothese Berechtigung hat. So fanden *Elbe* et al. (2003 b) in einer Untersuchung, die Sportinternatsschüler über 6 Jahre begleitete, dass als Talente selegierte Nachwuchsathleten eine niedrigere Ausprägung der Furcht vor Misserfolgskomponente aufweisen als Schüler einer Vergleichsschule, die keinen Leistungssport betreiben. *Seidel* (2005) fand bei seiner Längsschnittuntersuchung des Leistungsmotivs bei Eliteschülern des Sports Folgendes: Je höher die sportliche Leistung bei den Leichtathleten war, desto höher war auch das Erfolgsmotiv ausgeprägt.

Andere Untersuchungen im Sport, in denen das Leistungsmotiv mit verschiedenen Fragebogenmaßen erhoben wurde, kommen zu ähnlichen Ergebnissen. *Gill* und *Deeter* (1988) konnten durch Einsatz des Sport Orientation Questionnaires zeigen, dass vor allem die Wettkampforientierung bei amerikanischen Leistungssportlern stärker ausgeprägt ist als bei Nicht-Leistungssportlern. *Whites* und *Dudas* (1994) Untersuchung mit dem Task and Ego Orientation in Sport Questionnaire zeigt, dass Leistungssportler auf dem College-Niveau eine höhere Egoorientierung aufweisen als Leistungssportler auf dem niedrigeren Highschool-Niveau. *Hellandsig* (1998) setzte bei norwegischen jugendlichen Leistungssportlern den Sport Orientation Questionnaire ein und fand, dass ein hoher Wert auf der Skala Wettkampforientierung sowie ein niedriger Wert auf der Skala Gewinnorientierung sportartübergreifend zukünftige hohe sportliche Leistungen über einen Zeitraum von 3 Jahren vorhersagte. Das heißt, dass die leistungsstärkeren Athleten sich bereits 3 Jahre zuvor durch eine höhere Wettkampforientierung und eine niedrigere Gewinnorientierung auszeichneten.

Die berichteten Forschungsbefunde sprechen dafür, dass relativ allgemeine, spätestens ab der Pubertät stabile Persönlichkeitsmerkmale, wie Motive, Relevanz für die leistungssportliche Karriere besitzen. Sie können, mit gewisser Vorsicht, also durchaus als „psychologische Talentkriterien" bei einer Selektionsentscheidung Beachtung finden. Wir werden später jedoch für ein differenziertes, entwicklungsorientiertes Betrachten bei solchen Entscheidungen plädieren.

Befunde zur Sozialisierungshypothese

Neben Fragen der Selektion (z.B. „Hat das Talent ein hinreichend hohes Leistungsmotiv?") sind in der Praxis natürlich besonders Fragen der richtigen Förderung der Talente von Interesse: „Wie kann man die Persönlichkeit so entwickeln, dass sie eine gute Leistungsgrundlage liefert?" Dies kann unter anderem durch die Gestaltung der Umwelt geschehen, denn die meisten Persönlichkeitsmerkmale sind nur relativ stabil – also nicht unveränderbar. Umwelten können durch dauerhaftes Schaffen bestimmter Situationen (z.B. Eintreten in eine Trainingsgruppe) hergestellt werden. Eine Veränderung der Umwelt kann durch langfristige Änderungen von Situationen erfolgen (z.B. Freundschaften mit den Trainingskameraden beginnen oder beenden).

Das Leben in einem Sportinternat stellt eine besondere Umweltsituation dar. Gibt es hier positive oder negative Sozialisationseffekte? *Armstrong* (1984) analysierte sportbetonte Internate in England und den USA. Er schloss, dass Sport zum Erwerb lebenslanger Werte wie Kooperation und Fairness verhilft. Etwas detaillierter wurde dieser Frage in der bereits angesprochenen, von 1998 bis 2004 durchgeführten Längsschnittsstudie nachgegangen (*Beckmann* et al. 2006). Tatsächlich hatten die spezifischen Umweltbedingungen Einfluss auf die Persönlichkeitsentwicklung der sportlichen Talente. Dabei war ein wesentlicher Unterschied dadurch bedingt, ob die Nachwuchssportler zu Hause bei ihrer Familie oder aber im Sportinternat wohnten, sich also nahezu permanent im sportlichen Kontext bewegten. Im Vordergrund standen bei dieser Untersuchung Persönlichkeitsmerkmale, die von unmittelbarer Relevanz für sportliche Leistungen in verschiedenen Sportarten sein sollten: nämlich motivationale und auf den Willen bezogene (volitionale) Persönlichkeitsmerkmale. Nach unserer Auffassung sind diese Persönlichkeitsmerkmale Kernelemente einer mentalen Härte und Zähigkeit (mental toughness and hardiness), die sich als bedeutsam für sportliche Leistung gezeigt haben.

Beim Vergleich der Wohnbedingungen innerhalb der Gruppe der Sportschüler ließ sich bei den im Internat Untergebrachten eine Entwicklung zu einer Steigerung ihrer Selbstregulationsfertigkeiten nachweisen, während dies bei den zu Hause wohnenden Sportschülern nicht der Fall war. Ihre Werte sanken über den Untersuchungszeitraum sogar eher. Offensichtlich profitieren die Internatsbewohner mit Blick auf die Selbstregulation. Interessanterweise ergab sich ein entsprechender Sozialisierungseffekt in starkem Maße direkt nach der Einschulung (*Szymanski* et al. 2004).

Für die beobachteten Entwicklungsvorteile der Internatsbewohner scheint die Einstiegsphase in das Verbundsystem zentral zu sein. Gerade das Durchleben dieser oft als krisenhaft beschriebenen und erlebten Zeit (vgl. *Brettschneider* und *Klimek* 1998, *Cookson* und *Persell* 1985) ist offenbar nicht grundsätzlich negativ, sondern mit Blick auf die Volition sogar förderlich. Genau in dieser Zeit ist bei den Internatsbewohnern eine stärkere Entwicklung des Kontakts zu Gleichaltrigen festzustellen. Sie geben bei der Frage nach der Freizeitgestaltung signifikant häufiger an, mit Freunden zusammen zu sein als die zu Hause wohnenden Jugendlichen (*Elbe* und *Beckmann* 2002); d.h., dass mit dem Eintritt in die Schule die Heimfahrer seltener Freunde treffen, während die Internatsbewohner dies in zunehmendem Maße tun. Die Vermutung eines Zusammenhangs liegt nahe. Allerdings ist der Sport nicht die alleinige Ursache für diese Entwicklung. Vielmehr liefert das Sportinternat die Voraussetzung zum vermehrten Kontakt mit Gleichaltrigen in der Freizeit. Damit gibt es günstige Interaktionsräume für die Herausbildung der Selbstregulation. In der speziellen Situation des Einstiegs in das System sind die im Internat Wohnenden in wesentlich stärkerem Maße als die Heimfahrer darauf angewiesen, sich neue Bezugssysteme zu Gleichaltrigen aufzubauen und zwar neben Schule und Training zusätzlich im Internat. Sie müssen sich in allen Bereichen behaupten, die eigene Position einschätzen und hinterfragen können, bis sie den Kontakt mit Gleichaltrigen als „mit Freunden zusammen sein" bezeichnen können.

Studien von *Cookson* und *Persell* (1985) bestätigen weiter das Bedürfnis von Internatsbewohnern, möglichst bald einer Clique anzugehören und darüber Sicherheit und Unterstützung zu erfahren. Diese verstärkte Form der Auseinandersetzung mit den eigenen sozialen Rollen (*Sturzbecher* und *Lenz* 1997) begünstigt die beobachtete Entwicklung volitionaler Komponenten. Gerade die Auseinandersetzung mit Misserfolg, der in sportlichen Leistungssituationen unumgänglich ist, führt aber ferner dazu, dass sich die volitionale Komponente der Misserfolgsbewältigung positiv entwickelt. Dies wiederum ist, wie im Zusammenhang mit der Selektionshypothese angesprochen wurde, eine wichtige allgemeine Grundlage für eine günstige Entwicklung der leistungssportlichen Karriere.

Veränderung von Persönlichkeitsmerkmalen – Persönlichkeitsentwicklung

Ganz im Sinne der Sozialisierungshypothese wird in der Gesellschaft oft davon ausgegangen, dass Sport „charakterbildend" sei. *Ewing*

et al. (2002) meinen, dass Sport in mehrer Hinsicht positiv auf die kindliche Entwicklung wirkt:
- Steigerung der Fitness,
- Erhöhung der sozialen Kompetenz,
- Steigerung der physischen Kompetenz,
- Unterstützung der moralischen Entwicklung,
- Reduktion von Aggression,
- allgemeine Erziehung.

In idealisierter Form soll Sport ein Mittel zur Vermittlung positiver, charakterlicher Werte sein, wie Fairness, Selbstkontrolle, Mut, Durchhaltevermögen, Loyalität und Kooperation (*Shields* und *Bredemeier* 1995, S. 174).

Der Philosoph *Peter Arnold* (1984) meint Bezug nehmend auf *Kants* Begriff der Selbstfindung, dass die moralische Selbstfindung im Sport möglich sei, wenn die Teilnehmenden persönliche Verantwortung dafür übernehmen, wie der Sport ausgeübt wird, und die Verantwortung nicht an Trainer oder Funktionäre übertragen. Um eine solche Verantwortung zu übernehmen, bedürfe es der Selbstachtung: Diese beruhe auf einer positiven Bewertung der eigenen Person (Selbstwert) und einem Vertrauen, eigene Absichten realisieren zu können (Selbstvertrauen). Um Selbstwert und Selbstvertrauen gehe es aber im Sport ganz zentral. Für *Arnold* ist absichtlicher Betrug im Sport nicht einfach nur schlechter Sport, sondern überhaupt kein Sport mehr. Demnach wäre ein großer Teil des modernen Leistungssports überhaupt kein Sport mehr. Belässt man hier den Sportbegriff, so sind zahlreiche Autoren doch sehr skeptisch, ob Beteiligung am Wettkampfsport positiv zur Charakterbildung beiträgt: Leonard (1972, S. 77) meint, „... falls Sport charakterbildend ist, dann für einen Charakter, der zu einem Kriminellen passt". *Ogilvie* und *Tutko* veröffentlichten 1971 einen Artikel mit dem Titel „Sport: Wenn Du Deinen Charakter entwickeln möchtest, probiere was anderes".

Tatsächlich sind wissenschaftliche Befunde zur Frage der Persönlichkeitsentwicklung durch Sport eher zwiespältig. Sportspiele bieten die Möglichkeit, Kooperation und Wettkampf zu erfahren und darüber soziale Kompetenz zu entwickeln. Aber die Teilnahme am Sport scheint keine hinreichende Bedingung zu sein, dass dies auch tatsächlich passiert. *Kohn* (1986) ist sogar der Meinung, dass Wettkampf eher antisoziales Verhalten fördert. Manche Befunde belegen tatsächlich ein negativeres Sozialverhalten von Wettkampfsportlern im Vergleich zu Personen, die keinen Wettkampfsport betreiben, z.B. größere Vorurteile und mehr Aggressionspotenzial (*Kleiber* und *Roberts* 1983, *Muir* und *Seitz* 2004, *Shields* 1999). Dies könnte mit veränderten Wertvorstellungen im modernen „Erfolgskult" des Sports zusammenhängen, die eine entsprechende Sozialisation bewirken. So meint *Grupe* (2000), dass in einem „auf Fernsehwirkung, Spannung und Massenunterhaltung hin präparierten" Hochleistungssport nur der Sieg zähle und dieser alle Mittel zu heiligen scheine. So scheint denn auch „Fairness" ein Wert zu sein, der zunehmend verloren geht, was sich in Vorteilsnahme durch Doping äußert oder auch dadurch, dass es als taktisch klug gilt, starke Gegner durch brutale Fouls möglichst rasch wettkampfunfähig zu machen. Ferner hat die instrumentelle Aggression von Stars Vorbildwirkung (*Muir* und *Seitz* 2004, *Smith* und *Stewart* 2003). Hier zeigt sich auch eine deutliche Entwicklung zum Negativen über die Altersklassen: Fairness nimmt mit höheren Klassen ab, Erfolg und Sieg um jeden Preis werden immer wichtiger. Dies sind allerdings keineswegs nur Befunde aus jüngster Zeit (*Kähler* 1985, *McAfee* 1955, *Webb* 1969).

Es gibt jedoch Untersuchungen, die eine „Charakterbildung" durch Sport belegen. Aufgrund seiner bereits oben genannten Untersuchung von Schülern sportbetonter Internate kommt *Armstrong* zu dem Schluss, Sport erziehe dazu, „ein Gentleman zu sein". *Kirkcaldy*, *Shephard* und *Siefen* (2002) fanden in einer Untersuchung mit 998 deutschen Jugendlichen, dass diejenigen, die regelmäßig Sport trieben, ein positiveres Selbstbild hatten, eine bessere mentale Gesundheit aufwiesen sowie weniger rauchten und tranken.

Hastie und *Sharpe* (1999) führten ein Sportprogramm mit 20 australischen Jugendlichen durch, die als delinquenzgefährdet galten. In diesem Sportprogramm wurde insbesondere das „Fairplay" betont. Tatsächlich zeigte sich nach Ende des Programms eine deutliche Verbesserung im Unterrichtsverhalten und der Interaktion mit anderen. Allerdings muss man hinsichtlich dieser Studie kritisch anmerken, dass im hier durchgeführten Sportprogramm vor allem Wert auf prosoziales Verhalten gelegt wurde, während der „Erfolgskult" im wettkampforientierten Sport, wie oben ausgeführt, andere Orientierungen nahe legt.

Ganz offensichtlich ist die Richtung, die die Persönlichkeitsentwicklung im Sport nimmt, nicht vom Sporttreiben allein abhängig, sondern von den Personen im Umfeld des jungen Sporttreibenden. Dabei spielt vor allem der Trainer eine entscheidende Rolle. So konnte *Shields* (1999) zeigen, dass in dem Maße, in dem der Trainer Einschüchterung und Gewalt als Verhalten zeigte, auch Einschüchterung und Gewalt von den trainierten jugendlichen Sportlern zur Durchsetzung ihrer Ziele eingesetzt wurden.

Auch durch eine systematische sportpsychologische Intervention kann eine Veränderung von Persönlichkeitsmerkmalen bewirkt werden. Langfristig soll sich durch ein regelmäßiges Training mit Entspannungsmaßnahmen, insbesondere des autogenen Trainings, eine größere Gelassenheit hinsichtlich der belastenden Trainings- und Wettkampfsituation einstellen, verbunden mit dem Aufbau von Erwartungen, sich selbst in diesen Situationen effektiv kontrollieren zu können (*Kellmann* und *Beckmann* 2004). Selbst Tendenzen zum Nachgrübeln über Misserfolge (misserfolgsbezogene Lageorientierung) oder Probleme, Entscheidungen zu treffen (planungs-/entscheidungsbezogene Lageorientierung), lassen sich durch Lernprogramme (die aus der Verhaltenstherapie stammen) verändern (*Hartung* und *Schulte* 1994).

Damit Sport „charakterbildend" wirkt, sind aber offensichtlich spezifische Lernprogramme einzusetzen. Einfach nur Sport zu treiben, insbesondere wettkampforientierten Sport zu treiben, könnte nach den vorliegenden Befunden eher das Gegenteil bewirken. *Shields* und *Bredemeier* (1995, S. 209f) haben folgende Empfehlungen gegeben, unter welchen Bedingungen Sport tatsächlich „charakterbildend" wirken könnte:

- Aufgaben stellen, bei denen die Teilnehmer ihre Perspektiven koordinieren und ein Gespür für gemeinsame Absichten entwickeln müssen. Damit sollte man beginnen, bevor die Kinder in wettkampforientierte Sportmannschaften hineinkommen.
- In Gruppensitzungen sollten die Kinder oder Jugendlichen sich darüber austauschen, welche Regeln ihr sportliches Handeln leiten

sollten. Im Weiteren sollte immer wieder rückgemeldet werden, ob und wie diese Regeln eingehalten werden. Dabei sollte ein Gefühl von Zusammenhalt entwickelt werden.
- Es sollte klar unterschieden werden, was moralisch akzeptabel ist und was nicht.
- Machtausübung durch den Trainer sollte darauf abzielen, Selbstbestimmtheit zu entwickeln. Dafür wird an die Sportler entsprechend ihrem Entwicklungsalter so viel Verantwortung für ihre eigene Entwicklung wie möglich delegiert. Es wird darauf geachtet, dass sich in der Trainingsgruppe unter den Sportlern kein Machtungleichgewicht entwickelt.

Weiterführende Literatur

Conzelmann, A. (2001). Sport und Persönlichkeit. Möglichkeiten und Grenzen von Lebenslaufanalysen. Schorndorf: Hofmann.

Grundlagentraining

Einleitung

In Kapitel 1 wurde die Grundstruktur eines systematischen sportpsychologischen Trainings eingeführt, in diesem Kapitel werden die einzelnen Ebenen des Trainings praxisorientiert vertiefend dargestellt. Dabei wird einerseits die Logik des Vorgehens samt wissenschaftlicher Begründung dargelegt, andererseits werden die unmittelbaren Praxisbausteine zur Anleitung des praktischen Trainings beschrieben.

Ausgangspunkt eines systematischen sportpsychologischen Trainings ist zunächst eine Diagnostik, die die Stärken und insbesondere auch die Schwachpunkte von Athleten, Trainern und Mannschaften erfasst. Nur wenn Sportpsychologen spezifisches Wissen über die Stärken und Schwächen sowie weitere Persönlichkeitsmerkmale und Verhaltensstile von Athleten erlangt haben, können sie gezielt Trainingsmaßnahmen zur Optimierung des Verhaltens in Training und Wettkampf für den einzelnen Athleten entwickeln. Diese Trainingsmaßnahmen werden aus dem Wissensstand der Sportpsychologie abgeleitet. Daher handelt es sich um eine „wissenschaftlich begründete Praxis".

Noch während der Stärken-Schwächen-Analyse bzw. der Erfassung relevanter Persönlichkeitsmerkmale kann mit einem Training begonnen werden, das die Grundlagen für das weitergehende Fertigkeitstraining schafft. Deshalb haben wir dieses Training auch als Grundlagentraining bezeichnet. Im Gegensatz zum spezifischen Fertigkeitstraining, das Wissen über Stärken und Schwächen ebenso wie grundlegende Entspannungsfertigkeiten voraussetzt, hat das Grundlagentraining – außer der Motivation daran teilzunehmen und sich darauf einzulassen – keine Voraussetzungen.
Es dient aber nicht nur der Vorbereitung des Fertigkeitstrainings, sondern hat auch die wichtige und eigenständige Funktion, eine Persönlichkeitsentwicklung der Athleten im Sinne von Kapitel 3 zu fördern. Das Grundlagentraining trägt dazu bei, die Persönlichkeit der Athleten so zu entwickeln, dass eine Grundlage für einen stabilen Leistungsabruf in ihrer Sportart geschaffen wird. Es führt zu mehr Ausgeglichenheit, weniger Ablenkbarkeit und besserer Konzentrationsfähigkeit. Die Entspannungsverfahren des Grundlagentrainings können beim Einschlafen am Abend vor dem Wettkampf hel-

suggestion. Sich passiv darauf zu konzentrieren, fällt Menschen schwer, die noch keine Erfahrung mit Entspannung haben. Deshalb wird das autogene Training in unserem Grundlagentraining erst eingeführt, nachdem Atementspannung sowie progressive Muskelentspannung erlernt und trainiert wurden. Mit dieser Vorerfahrung kann jeder in relativ kurzer Zeit auch das autogene Training erlernen.

Es ist die Zielvorstellung, eine Bewusstheit für Spannungszustände zu erreichen, so dass jederzeit eine Reduktion von Spannung möglich ist. Im Gegensatz zu fernöstlichen Meditationsverfahren stammt das autogene Training aus unserem Kulturkreis. Es wurde vom Berliner Mediziner *I. H. Schultz* in den 1930er-Jahren aus der Hypnose heraus als Selbsthypnose entwickelt.

Im Gegensatz zu fernöstlichen Verfahren ist mit dem autogenen Training kein philosophisches oder Glaubenssystem verbunden. Das Verfahren lässt sich unauffällig und ohne Hilfsmittel überall anwenden. *Schultz* entwickelte zwei Formen: die psychophysiologischen Standardübungen der Unterstufe und die meditativen Übungen der Oberstufe. Für die Anwendung im Sport sind in erster Linie die *Übungen der Unterstufe* von Bedeutung.

Aktivieren

Für Höchstleistung im Wettkampf ist die richtige Wettkampfspannung eine wichtige Voraussetzung. Daher ist im Sport neben dem Entspannen auch die systematische Anspannung oder Aktivierung bzw. der Wechsel zwischen Entspannung und Anspannung eine wichtige Fertigkeit („psyching-up"). Hierbei sollte jedoch keineswegs die körperliche Aktivierung ausschließlich im Vordergrund stehen.

Eine seit vielen Jahren leitende Vorstellung ist, dass optimale Leistung bei einer mittleren Erregung der Sportler zu erwarten ist (*Yerkes* und *Dodson* 1908). Ist die Erregung zu niedrig, sollen die Leistungskomponenten nach diesem Modell nicht abrufbar sein. Ist sie zu hoch, so ist aufgrund der damit einhergehenden muskulären Verspannung und Verkrampfung keine gute Leistung zu erwarten. Ferner wird oft behauptet, dass die optimale Wettkampfspannung sowohl sportartenabhängig sei (vgl. *Eberspächer* 2007) als auch individuell stark variieren kann. Daraus ergeben sich individuelle Ausprägungen einer optimalen Erregung. Empfohlen wird, dass sich Athleten kontextabhängig mobilisieren oder aktivieren können, um eine individuell optimale Wettkampfspannung herzustellen. Die *Yerkes-Dodson*-Regel erfreut sich in der Praxis großer Beliebtheit, da sie sich auf den ersten Blick leicht nutzen lässt. Wie aber sollen Trainer, Sportpsychologen oder sonstige Betreuer wissen, ob Sportler vor Wettkampfbeginn ein für sie optimales mittleres Erregungsniveau haben?

Noch gravierender als die praktischen Umsetzungsprobleme ist, dass die Annahmen über den Zusammenhang von Erregung und Leistung keineswegs eindeutig belegt sind. Tatsächlich scheint der Zusammenhang komplexer zu sein (*Neiss* 1988). *Dienstbier* (1989) zitiert eine Vielzahl von Untersuchungen, nach denen die körperliche Erregung in einem eher linearen Zusammenhang mit der Leistung steht, also eher gar nicht hoch genug sein kann. In der Forschung zur Prüfungsängstlichkeit wurden von *Liebert* und *Morris* (1967) zwei Komponenten unterschieden: Besorgtheit (worry) und Aufgeregtheit (emotionality). Die erste Komponente bezieht sich auf die gedankliche, kognitive Verarbeitung in der Prüfungssituation, die zweite Komponente betrifft die körperliche Erregung, die in der Prüfungssituation erlebt wird. Die Forschung konnte einen negativen Zusammenhang zwischen Besorgtheit und Leistung feststellen: Wer sich viele Sorgen macht und ins Grübeln kommt, schneidet in der Prüfung schlecht ab. Für die körperliche Erregung ließ sich jedoch kein eindeutiger Zusammenhang mit der Leistung feststellen (*Deffenbacher* 1980).

Diese Befunde legen nahe, dass nicht die körperliche Erregung als solche leistungsbestimmend ist, sondern die Bewertung der Leistungssituation durch den Sportler darüber entscheidet, ob sich eine hohe körperliche Erregung förderlich oder beeinträchtigend auf die Leistung auswirkt (*Fazey* und *Hardy* 1988). *Beckmann* und *Rolstad* (1997, S. 34) fassen die Schlussfolgerungen wie folgt zusammen:

„Für den Praktiker ist die Diagnose des aktuellen Aktivierungszustandes nach diesen Vorstellungen wenig bedeutsam. Eine hohe Wettkampfspannung erscheint in jedem Fall erstrebenswert. Vorab sollte das Training jedoch so ausgerichtet werden, dass Aufgabenmerkmale hervorgehoben werden, die die Aufmerksamkeit der Handelnden binden und sie so zur intensiven Aufmerksamkeit bringen können."

Grundvoraussetzungen sind jedoch größere Gelassenheit und eine Kontrolle der eigenen Gedanken. Sobald man die körperlichen Merkmale hoher Wettkampfspannung, wie beschleunigten Herzschlag, schwitzige Hände, flaues Gefühl im Magen, als Zeichen von „Nervosität" wahrnimmt und die Situation somit als Bedrohung interpretiert, wird hohe Erregung auf rein gedanklicher Ebene zu einem Verlust von Selbstvertrauen, zu einer Blockade des Denkens und des Abrufs erfolgreicher Handlungsstrategien führen. Ganz anders sieht die Situation hingegen aus, wenn die Wettkampfsituation als „Herausforderung" bewertet wird und die wahrgenommen Merkmale körperlicher Erregung interpretiert werden als „bereit zu sein, die Herausforderung anzunehmen und zu meistern". Um zu diesem Umgang mit der Wettkampfsituation zu kommen, bedarf es des Grundlagentrainings, in dem die dargestellten Entspannungsverfahren erlernt und trainiert werden.

Bei vielen sportpsychologischen Techniken, die in Kapitel 5 dargestellt werden, ist die Fertigkeit, sich zu entspannen, eine Voraussetzung zur erfolgreichen Durchführung. So setzt das mentale Training der Vorstellungsregulation einen entspannten Zustand voraus. Zudem wirkt die Entspannung in viele sportpsychologische Interventions- und Trainingsprogramme mit hinein, wie z.B. in das Kölner Psychoregulationstraining (*Sonnenschein* 1989).

Teambuilding

Ein weiterer, außerordentlich wichtiger Baustein des Grundlagentrainings ist das Teambuilding. Es ist nicht nur für Mannschaftssportarten bedeutsam, sondern für jede Form der sportpsychologischen Gruppenbetreuung. Auch Sportler in Individualsportarten, wie Leichtathletik, Schwimmen, Skifahren oder Tennis, sind in der Regel Mitglieder von Mannschaften. Wie sehr man sich in diese Mannschaft eingebunden fühlt, wie sehr sie als Team agiert, ist mitentscheidend für die Leistungsfähigkeit des einzelnen Sportlers, wie die nachfolgenden Praxisbeispiele zeigen.

Aktivitäten zur Stärkung der Kohäsion

Das folgende Praxisbeispiel zeigt, dass es für den Erfolg des Einzelnen und einer Mannschaft notwendig ist, dass sich die Mitglieder der Gruppe untereinander kennen, sich gegenseitig einschätzen können und auch vertrauen. Bevor mit dem eigentlichen sportpsychologischen Training begonnen wird, sollten daher Aktivitäten zur Stärkung des Gruppenzusammenhalts (Kohäsion) durchgeführt (siehe Abb. 7; z.B. *Gruber* und *Gray* 1981) und ein gutes Gruppenklima geschaffen werden (z.B. *Carron* und *Hausenblas* 1998). Sehr wichtig ist dabei die Gestaltung der ersten Sitzung mit dem Sportpsychologen und der zu betreuenden Gruppe.

Praxisbeispiel

Der ausgegrenzte Topathlet

In einer Individualsportart wurde der Erstautor mit folgender Problemsituation konfrontiert: Ein Mitglied der Nationalmannschaft, der in jungen Jahren bereits Weltmeister geworden war, wurde von seinen Mannschaftskameraden nahezu vollständig ausgegrenzt. Dies erlebte er besonders schmerzlich bei einem Trainingslager in Amerika. Die übrigen Mannschaftsmitglieder verabredeten sich zu einer Stadtbesichtigung, teilten ihm dies jedoch nicht mit. So unternahm er eine Stadtbesichtigung auf eigene Faust. Dabei traf er zufällig die anderen. Dies machte ihm deutlich, dass er in der Mannschaft ganz allein war.

In dieser Zeit ging seine Leistungsfähigkeit dramatisch zurück, so dass die Gefahr bestand, aus dem Kader zu fallen. Der Sportpsychologe führte nun Gespräche mit allen Beteiligten zur Analyse des Problems durch. Dabei kam heraus, dass die anderen Mannschaftsmitglieder empfanden, dass der ausgegrenzte Athlet nach seinem Sieg bei den Weltmeisterschaften von den Trainern besonders hofiert wurde und sich als etwas „Besseres" sehe als die anderen. Die Mannschaft äußerte auch, „der wolle ja gar nichts mit ihnen zu tun haben und sei auch ganz anders als sie". Als erste teambildende Maßnahme wurde vor jedem Wettkampf eine Gesprächsrunde eingeführt, ohne Trainer in Anwesenheit des Sportpsychologen, der das Gespräch moderierte. Der isolierte Athlet wurde gebeten zu schildern, wie es ihm vor diesem Wettkampf ginge, was ihm durch den Kopf gehe, was er empfinde, einschließlich seiner Ängste und Befürchtungen. Er tat dies sehr offen und freimütig. Den anderen wurde Gelegenheit gegeben weiter nachzufragen. Von dieser Möglichkeit wurde reichlich Gebrauch gemacht. Im Weiteren wurden die Problemsituation direkt thematisiert und die unterschiedlichen Sichtweisen ausgesprochen. Dabei revidierten die übrigen Mannschaftsmitglieder bereits ihre bisherige Wahrnehmung und äußerten, „dem geht es ja genau wie uns. Er ist ja gar nicht so arrogant. Wir können einiges von ihm lernen". Im Folgenden wurde der Athlet wieder stärker integriert und knüpfte auch wieder an seine alte Leistungsstärke an.

Abb. 7: Teamrituale fördern den Zusammenhalt und können den Einstieg in den Wettkampf fördern.

Praxisbeispiel

Ersttermin mit einer Frauen-Handballmannschaft

Zunächst stellte sich die Sportpsychologin vor und bat die Spielerinnen, Fragen zu ihrer Person und zu allem, was sie im Zusammenhang mit der anstehenden sportpsychologischen Betreuung bewegte, zu stellen. Danach wurden die Spielerinnen gebeten, sich jeweils paarweise zusammenzutun. Sie bekamen die Aufgabe gestellt, die Partnerin mit dem Ziel zu interviewen, sie später der gesamten Mannschaft vorzustellen. Die Vorstellung sollte etwas zur Person, zu den Spielstärken sowie zu den Wünschen und Erwartungen an die Betreuung beinhalten. Bei den Interviews kam es zu einem angeregten Austausch.

Obwohl sich die Spielerinnen bereits untereinander kannten, lauschten bei der Vorstellungsrunde alle gespannt den Beschreibungen der anderen. Fast alle lernten dabei, nach eigenem Bekunden, Neues über die Mannschaftskameradinnen. Es gefiel den Spielerinnen besonders, etwas von ihren Mannschaftskolleginnen über ihre spielerischen Stärken zu hören. Für die Sportpsychologin war es sehr gewinnbringend, mehr über die Erwartungen der Spielerinnen an die Sportpsychologie zu hören. Sie hatte das Gefühl, dass die Aussagen ehrlicher waren, weil sie von der jeweiligen Partnerin und nicht von der Spielerin selbst vorgetragen wurden.

Der gegenseitige Austausch über Erfahrungen, aber auch über Ängste und Befürchtungen kann sehr zum Gruppenzusammenhalt (Kohäsion) beitragen. Hinsichtlich dieser Kohäsion wird zwischen *aufgabenbezogener* und *sozialer Kohäsion* unterschieden. Die aufgabenbezogene Kohäsion fokussiert auf das zu erreichende Ziel. Die Beziehungs- oder soziale Kohäsion bezieht sich auf die gegenseitige Anziehung der Gruppenmitglieder. Bei koagierenden Mannschaftssportarten, (z.B. bei Individualsportlern, die eine Mannschaftsleistung absolvieren, oder Mannschaften mit einer independenten Aufgabenstruktur, wie z.B. einer Ruder- oder Staffelmannschaft) geht man davon aus, dass vor allem die aufgabenbezogene Kohäsion für die Leistung von Bedeutung ist (vgl. *Alfermann* und *Strauß* 2001). Ziel bei einer sportpsychologischen Betreuung sollte es sein, falls (noch) nicht vorhanden, die soziale Kohäsion zu stärken.

Einflussfaktoren auf die Kohäsion

Natürlich klappt es nicht immer so gut, wie im folgenden Praxisbeispiel, da mehrere Faktoren Einfluss auf die Entstehung von Kohäsion und auf das Gruppenklima haben. *Carron* und *Hausenblas* entwickelten ein Modell für die Einflussfaktoren auf die Kohäsion in Sportgruppen (1998, S. 244), das in Abbildung 7 dargestellt ist. Dieses Modell umfasst 4 Bereiche:

- Umweltfaktoren,
- Gruppeneigenschaften,
- persönliche Voraussetzungen der Gruppenmitglieder,
- Führungsaspekte.

Carron und *Hausenblas* (1998) gehen davon aus, dass Kohäsion im Rahmen eines dyna-

Praxisbeispiel

Aufbau sozialer Kohäsion bei Leichtathleten

Die Zweitautorin arbeitete mit einer sehr altersgemischten Gruppe von Leichtathleten zusammen, die alle nationale Spitze waren, aber ein sehr unterschiedliches Erfahrungsalter aufwiesen. Nur einige Mitglieder der Gruppe trainierten in der gleichen Trainingsgruppe. Im Rahmen der Betreuung stellte sich heraus, dass sich die Athleten zwar alle untereinander kannten und manche auch gemeinsam trainierten, aber die soziale Kohäsion nicht besonders stark ausgeprägt war. In der Gruppenbetreuung konnte mit der Zeit ein Klima geschaffen werden, in dem alle über ihre Erfahrungen und auch ihre Ängste sprechen konnten. So äußerten sich die jüngeren Athleten etwa zu ihrer hohen Anspannung vor wichtigen Wettkämpfen. Die erfahrenen Athleten entgegneten, dass sie sich heute manchmal diese Erregung vor einem Wettkampf, die sie in jüngeren Jahren verspürten, zurückwünschten. Heute hätten sie vor manchen Wettkämpfen viel zu wenig Anspannung. Durch diesen Erfahrungsaustausch kamen sich die Athletinnen deutlich näher, und es war zu beobachten, dass die älteren bzw. erfahrenen Athleten Verantwortung für die jüngeren übernahmen und in einem Mentorenverhältnis ihre Erfahrungen an sie weitergaben.

Abb. 8: Modell der Einflussfaktoren auf die Kohäsion in Sportgruppen nach *Carron* und *Hausenblas* (1998).

mischen Systems zu betrachten ist. Demnach beeinflussen sich die verschiedenen Faktoren im Modell wechselseitig. Das Modell lässt sich nicht nur auf Sportmannschaften, sondern auch sehr gut auf die sportpsychologische Betreuungssituation anwenden. Überträgt man das Modell auf die sportpsychologische Gruppenbetreuung, sind einige spezifische Faktoren zu beachten. So hat hinsichtlich der *Umweltfaktoren* vor allem das, was eine Mannschaft (z.B. Sportspiel) außerhalb der Betreuung erlebt (z.B. einen Trainerwechsel), auch einen Einfluss auf die Sitzung. Weiterhin können Sieg oder Niederlage unmittelbare Auswirkungen auf die Kohäsion einer Sportspielmannschaft haben (*Ruder* und *Gill* 1982). Während der Saison besteht mindestens einmal wöchentlich die Möglichkeit einer Niederlage oder eines Sieges. Der Sportpsychologe muss wissen, dass sich dies unmittelbar auf das Klima in der Mannschaft auswirken kann.

Bedeutsam sind auch die *Gruppeneigenschaften*. Wie gut kennen sich die Mitglieder der Mannschaft, der Gruppe? Trainieren sie in der gleichen Trainingsgruppe, in der gleichen Sportart? Sind junge und erfahrene Sportler zusammen in einer Gruppe? Als besonders herausfordernd hat sich die Arbeit mit gemischten Gruppen erwiesen, also Gruppen, bei denen die Teilnehmer aus verschiedenen Sportarten kommen. Hier müssen sich die Gruppenmitglieder nicht nur untereinander kennen lernen, sondern auch ein Verständnis für die spezifischen Anforderungen der jeweiligen Sportart entwickeln.

Eine Herausforderung ist auch die Zusammenarbeit mit großen Gruppen. Oft werden aus finanziellen Gründen – vor allem im Nachwuchsleistungssport – möglichst viele Athleten in eine Gruppe gebracht. Hier gestaltet es sich schwieriger, eine Kohäsion und ein gutes Gruppenklima herzustellen. Zur Verbesserung der Kohäsion wird daher häufig eine Verkleinerung der Gruppengröße empfohlen (*Mullen* und *Cooper* 1994). In kleinen Gruppen ist auch die Gefahr von Cliquenbildung geringer.

Auch im Zusammenhang mit der Teambildung spielt die Diagnostik eine wichtige Rolle. So ist es für den Sportpsychologen wichtig zu wissen, welche *persönlichen Vorerfahrungen* die Athleten mitbringen. Die meisten Sportler sind der sportpsychologischen Betreuung gegenüber offen oder legen zumindest eine gewisse Neugier an den Tag. Manchmal jedoch erlebt man Ablehnung, deren Grund in negativen Vorerfahrungen liegen kann, die der Athlet mit der Sportpsychologie gemacht hat. Häufig wird der Sportpsychologe zudem mit dem Vorurteil konfrontiert, dass das Ganze ohnehin nichts bringt. Hier gilt es, diese Informationen möglichst früh ans Tageslicht zu bringen und das auch offen anzusprechen. Wird es versäumt, eskalieren unterschwellige Konflikte, das Klima leidet, und es entwickelt sich eine negative Gruppendynamik.

Soll der Trainer beim Teambuilding dabei sein oder nicht?

Im Zusammenhang mit Teambuilding muss auch diskutiert werden, inwieweit die Anwesenheit des Trainers während der Betreuung für das Gruppenklima relevant ist.

Praxisbeispiel

Der Trainer will dabei sein
Als die Zweitautorin mit einer Mannschaft zusammenarbeitete, äußerte der Trainer großes Interesse daran, an der Betreuung teilzunehmen. Er wolle sich sportpsychologisch weiterbilden und gleichzeitig die Inhalte, die in der Betreuung thematisiert wurden, in das sportliche Training integrieren. Allerdings wurde die Stimmung bei den Spielerinnen dadurch etwas angespannt und sie beteiligten sich nur zögerlich an dem sportpsychologischen Training. Vor allem in den Gruppengesprächen ergriffen sie nur sehr zurückhaltend das Wort. Der Sportpsychologin war zunächst nicht klar, woran dies lag. Wenig später erhielt sie die Mitteilung, dass sich die Mannschaft eine Betreuung ohne den Trainer wünsche. Die Sportpsychologin erläuterte daraufhin dem Trainer, dass es erforderlich sei, einen Termin ohne ihn durchzuführen. Während dieses Termins öffneten sich die Spielerinnen zum ersten Mal und sprachen ehrlich über ihre Probleme. Eines der geäußerten Hauptprobleme lag nämlich gerade im Umgang mit dem Trainer.

Dieses Beispiel verdeutlicht, dass es für das Mannschaftsklima nicht immer förderlich ist, wenn der Trainer anwesend ist. Diese Problematik sollte dem Sportpsychologen bewusst sein.

Praktische Übungen

Welche praktischen Übungen können in einer ersten Sitzung zum Teambuilding eingesetzt werden?

Kennenlernen
Es gibt viele verschiedene Spiele zum gegenseitigen Kennenlernen. Ein Beispiel ist das oben geschilderte Interviewen und Vorstellen von Mannschaftsmitgliedern (siehe dazu z.B. *Newstrom* 1998).

Übungen zur Vertrauensbildung
- Eine Person hat die Augen verbunden und wird von einer anderen Person durch den Raum geführt.
- Die Gruppe bildet stehend einen Kreis. Eine Person stellt sich mit verschlossenen Augen in die Mitte des Kreises und lässt sich in verschiedene Richtungen fallen. Dabei wird sie jeweils von den anderen Mitgliedern der Gruppe aufgefangen.
- Teambuilding
  - Sitzkreis (Abb. 9).
  - *Entheddern:* Alle Mitglieder stehen im Kreis mit ausgestreckten Händen. Aufgabe ist es, mit der linken und der rechten Hand jeweils die Hand eines anderen Gruppenmitglieds zu greifen. Es darf sich dabei aber nicht um die direkt neben einem stehende Person handeln. Anschließend soll aus diesem „Händedurcheinander" ein Kreis gebildet werden, wobei zu keinem Zeitpunkt eine Hand losgelassen werden darf.

Abb. 9: Sitzkreis.

Weiterführende Literatur
Baumann, S. (2002). Mannschaftspsychologie. Methoden und Techniken. Aachen: Meyer & Meyer.
Linz, L. (2004). Erfolgreiches Teamcoaching. Aachen: Meyer & Meyer.
Vaitl, D., Petermann, F. (2004). Entspannungsverfahren: das Praxishandbuch, S. 21–33. Weinheim: Beltz.

5 Fertigkeitstraining

Einleitung

In Kapitel 4 wurde das sportpsychologische Grundlagentraining dargestellt. Dieses Kapitel beinhaltet das Fertigkeitstraining, das sich an das Grundlagentraining anschließt, auf diesem aufbaut und die Vermittlung individuell zugeschnittener sportpsychologischer Techniken und Strategien umfasst. Während an dieser Stelle auch die wissenschaftlichen Hintergründe und Belege für die Wirksamkeit der verschiedenen Formen von Fertigkeitstrainings skizziert werden, greift Kapitel 8, der „mentale Werkzeugkasten" die Thematik rein anwendungsbezogen in Form von Problemdarstellungen und konkreten Handlungsanweisungen zu ihrer Lösung wieder auf.

Mentale Fertigkeiten können sowohl von einzelnen Athleten als auch von Mannschaften erworben werden. So ist zum Beispiel die Selbstgesprächsregulation eine Fertigkeit, die von einem einzelnen Athleten erworben und trainiert werden muss. Aktivierung dagegen kann auch eine Mannschaft betreffen, etwa wenn konzentriert in ein Spiel gegangen werden soll. Über die Eingangsdiagnostik erfährt der Sportpsychologe im Vorfeld, wo die Stärken und insbesondere wo die Schwächen eines Athleten oder einer Mannschaft liegen. An den diagnostizierten Schwächen können dann im Anschluss die konkreten Inhalte des Fertigkeitstrainings festgemacht werden, z.B. Selbstgesprächsregulation, Konzentration oder Imagination der Bewegungsausführung (Vorstellungstraining).

Fertigkeitstrainings umfassen jedoch nicht nur primär kognitive Maßnahmen. In letzter Zeit wurden verstärkt auch körperbezogene Fertigkeitstrainings unter dem Stichwort „Embodiment" einbezogen.

Im vorliegenden Kapitel wird auf die verschiedenen Fertigkeitstrainings detailliert eingegangen. Dabei erfolgt eine Unterteilung in allgemeine (z.B. Aktivierungsregulation) und spezifische Fertigkeiten (z.B. Aufmerksamkeitsregulation). Mehrere Fertigkeiten lassen sich in so genannten Routinen kombinieren und in eine funktional abgestimmte Reihenfolge bringen, die dann in verschiedenen Wettkampfphasen (z.B. Startvorbereitung) eingesetzt werden kann. Routinen werden daher im letzten Teil dieses Kapitels beschrieben.

Motivation und Aktivierung

Bei Motivation und Aktivierung geht es um die Energetisierung und die Orientierung des sportlichen Handelns. Bei der Aktivierung haben wir es mit der grundlegenden Energetisierung zu tun. Nach allgemeinen Vorstellungen kann diese am Wettkampfstart zu hoch oder zu niedrig sein. *Puni* (1961) hat dies als „Wettkampffieber" bzw. „Wettkampfapathie" bezeichnet – im ersten Fall wirkt der Athlet am Start hektisch, gereizt, eventuell fahrig und unkonzentriert, im zweiten Fall kann er sich kaum aufraffen und gähnt gegebenenfalls fortwährend. Wünschenswert wäre hingegen der hoch motivierte und voll konzentrierte Athlet. *Puni* spricht in diesem Zusammenhang von Kampfbereitschaft.

Wie später ersichtlich wird, ist hierbei die Bewertung der körperlichen Erregung eine entscheidende Größe. Bei der Motivation kommt schwerpunktmäßig eine Zielorientierung ins Spiel. Ziele „ziehen", d.h. sie mobilisieren Energie und geben dem Handeln zugleich eine Richtung.

Regulationsstrategien

In der Vergangenheit wurde der Zusammenhang zwischen sportlicher Leistung und Aktivierung immer mittels einer umgekehrten U-Funktion beschrieben, bei der die Leistung zunächst mit zunehmender Aktivierung ansteigt und dann mit weiter ansteigender Aktivierung abfällt (*Yerkes* und *Dodson* 1908). Die zahlreiche Kritik an diesem Modell wurde bereits in Kapitel 4 skizziert. Mittlerweile wurden wesentlich differenziertere Modelle für den Zusammenhang von Aktivierung und Leistung formuliert (*Raglin* und *Hanin* 2000). Es konnte nachgewiesen werden, dass vielfältige Moderatoren wie etwa die Anforderung an die sportliche Fertigkeit oder das Fertigkeitsniveau einen Einfluss darauf haben, welche Höhe der Aktivierung optimal ist. So werden Fertigkeiten, die eine präzise Bewegungssteuerung erfordern, besser bei geringerer Aktivierung ausgeführt als Aufgaben, die eine hohe Energetisierung benötigen (*Raglin* und *Hanin* 2000). Ferner scheinen erfahrene Sportler besser mit einem höheren Aktivierungsniveau zurechtzukommen als Anfänger (*Kleine* und *Schwarzer* 1991). Eine bedeutsame Frage ist, was unter Aktivierung verstanden wird. Die Wahrnehmung körperlicher Erregung scheint hinsichtlich der Leistungsfähigkeit eher ungeeignet zu sein, wie schon im vorangehenden Kapitel angesprochen wurde. Allerdings hängt dies auch vom Anforderungsprofil der jeweiligen Sportart ab. In einer Sportart, wie beispielsweise Gewichtheben, kann ein eher gesamtorganismisches Konzept angemessen sein. In einer anderen Sportart, zum Beispiel dem Sportschießen, kann vor allem zentralnervöse Erregung in Form von maximaler Konzentration entscheidend sein. Welche Aktivierung optimal ist, ist aber nicht nur sportartabhängig, sondern auch hochgradig individuell verschieden.

Zone des individuell optimalen Funktionierens

Hanin (2000) entwickelte auf der Basis dieser Annahmen ein Modell der „optimalen Zone individuellen Funktionierens", nach dem jeder Athlet ein für sich optimales Aktivierungsniveau hat. Für den Einfluss der individuellen Zone des optimalen Funktionierens (IZOF) zeigte sich in verschiedenen Studien, dass erfolgreiche Athleten vor dem Wettkampf Aktivierungsniveaus angegeben hatten, die deutlich näher an ihrer

IZOF lagen, als weniger erfolgreiche Athleten (*Raglin* und *Hanin* 2000). Aufgabe des Sportpsychologen ist es, gemeinsam mit dem Athleten dessen individuell optimales Niveau zu erarbeiten. Hierzu gibt es unterschiedliche Möglichkeiten.

Wie bereits in Kapitel 4 ausgeführt, muss sich also ein hohes Aktivierungsniveau nicht zwingend negativ auf die sportliche Leistung auswirken. Entscheidend ist vielmehr die kognitive Komponente, die gedankliche Bewertung der Situation (*Beckmann* und *Rolstad* 1997). In diesem Punkt ist der Übergang zur Selbstgesprächsregulation fließend. Wahrgenommene körperliche Erregung unmittelbar vor einem Wettkampf kann als „Nervosität" gedeutet werden und erhält damit eine negative, verunsichernde Bewertung. Die *körperliche Erregung* kann aber ebenso gut als Anzeichen einer Bereitschaft für maximale Leistung, als notwendige Wettkampfspannung und somit als optimale Leistungsvoraussetzung interpretiert werden.

Auch wenn vor allem die *kognitive Komponente* (die Bewertung des eigenen Erregungszustands, insbesondere Besorgtheit) eine entscheidende Rolle spielt, kann man an der Vorstellung einer Zone des individuell optimalen Funktionierens festhalten, denn Aktivierung kann ebenso die kognitive Aktivierung einschließen, in diesem Fall zum Beispiel Aktivierung störender Gedanken, zu starkes analytisches Fokussieren auf Technikelemente usw. Auch die kognitive Aktivierung kann durch den systematischen und gezielten Einsatz von Entspannungsverfahren verändert werden. So hilft die Atementspannung, belastende Gedanken (Besorgtheit) kurzfristig zu beseitigen, ohne die notwendige Wettkampfspannung zu reduzieren. Zusätzlich können die progressive Muskelentspannung und insbesondere das autogene Training langfristig zu mehr Gelassenheit und weniger Besorgtheit führen. Letztere Verfahren reduzieren jedoch die für das optimale Funktionieren erforderliche Wettkampfspannung und sollten daher nicht unmittelbar vor Wettkampfbeginn eingesetzt werden.

Häufig sieht sich der Trainer oder Sportpsychologe auch mit einer zu *niedrigen Wettkampfspannung* konfrontiert. Hier ist ein „Psyching-up" eines Athleten oder einer Mannschaft erforderlich. Allerdings sind die Anforderungen in den verschiedenen Disziplinen und Sportarten sehr unterschiedlich: Im Schießsport, der eine ruhige Hand erfordert, sollte bei hoher Konzentration die körperliche Erregung tendenziell eher geringer ausfallen als etwa beim Gewichtheben oder Sprint (*Beckmann* und *Kazen* 1994).

Um den optimalen Zustand des Funktionierens zu erreichen, muss der Sportler demnach vor dem Start entweder die Wettkampfspannung erhöhen oder sich beruhigen. Letzteres betrifft vor allem die kognitive Komponente, Besorgtheit und Selbstzweifel (Nervosität). Eine Schwierigkeit besteht immer noch darin, die individuell optimale Zone des Funktionierens diagnostizieren zu können, um ihr Herbeiführen systematisch konditionieren zu können. Möglichkeiten liegen hinsichtlich der gesamtorganismischen Aktivierung beispielsweise über die Ermittlung der Auslastung des Herz-Kreislaufsystems (*Arent* und *Landers* 2003). Hinsichtlich der Erfassung einer individuell optimalen zentralnervösen Aktivierung werden derzeit erste Studien mit Hirnstrommessungen im Sportschießen durchgeführt (*Beckmann, Kreinbucher* und *Wagner* 2010).

Erniedrigte Aktivierung: Beruhigung

Im Hinblick auf die Beruhigung ist die Atemtspannung (vgl. Kap. 4) in Verbindung mit einer angemessenen Selbstgesprächsregulation die geeignete Selbstregulationsstrategie. Insbesondere jugendliche und weniger wettkampferfahrene Sportler haben – unabhängig von der Sportart – ein Problem mit der Bewältigung von Nervosität und müssen daher vor allem Techniken zur Selbstberuhigung erlernen. Beruhigung ist in der Regel auch die bessere Strategie im Umgang mit Frustrationen und Ärger als „Dampf ablassen".

Wenn man den Ärger nach einer misslungenen Aktion abreagiert, braucht der Organismus 10 bis 20 Minuten, um den Hormonhaushalt und das Herz-Kreislauf-System wieder ins Lot zu bringen. Das Gehirn wird mit Katecholaminen (Adrenalin, Noradrenalin) überflutet, wodurch die Aktivierung weiter gesteigert wird. Der Blutdruck steigt, die Atmung beschleunigt sich, der Blutzuckerspiegel sinkt, die Muskulatur verspannt sich. Ferner wird im Gehirn eine Beziehung zwischen dem Negativerlebnis und dem Wutanfall geschaffen. Beim „Dampf ablassen" wird also gewissermaßen Öl ins Feuer gegossen. Außerdem lernt der Sportler nicht, mit der unangenehmen Erfahrung umzugehen, sondern wird den negativen Gefühlen mit allen physiologischen Begleiterscheinungen immer stärker ausgeliefert.

Erhöhte Aktivierung: Psyching-up

Hierunter werden Verfahren verstanden, welche die körperliche Aktivierung mit dem Ziel erhöhen, Trägheit und Lethargie zu beseitigen. Im weiteren Sinne bedeutet Psyching-up natürlich nicht nur eine Steigerung der Wettkampfspannung im Sinne einer solchen Aktivierungserhöhung. Mit dieser Maßnahme kann der Sportler gleichzeitig positiv auf den Wettkampf eingestimmt und dessen Erfolgserwartung durch ein Fokussieren auf die eigenen Stärken erhöht werden, indem er sich an erfolgreiche Erfahrungen erinnert und sie gedanklich und emotional nacherlebt (siehe dazu „Selbstwirksamkeitsüberzeugung" und „Imagination" in diesem Kapitel).

Strategien zur Erhöhung des Aktivierungsniveaus

- Aktivierung durch schnelle und abrupte Bewegungen
- Erhöhung der Atmungsfrequenz
- aktivierende Selbstgespräche, z.B. „Los geht's, jetzt zeige ich es den anderen!" oder „Auf diesen Wettkampf habe ich nur gewartet!"
- anregende Musik, die aktiviert und gleichzeitig eine positive Stimmung erzeugt, eventuell sogar im Sinne einer Siegesstimmung, wenn sie mit Erfolgserlebnissen verknüpft ist
- aktivierende Bilder (Imagination): So fand beispielsweise eine 400-m-Läuferin für sich das aktivierende Bild, dass sie so schnell und geschmeidig um die Bahn rast wie ein Puma

Zielsetzungstraining

Zielsetzung ist eine der wesentlichen motivationalen Techniken (*Locke* und *Latham* 1990). Menschliches Handeln ohne Ziele wäre orientierungslos. Charakteristischerweise geht es im Leistungssport um das Erreichen von Leistungszielen. Die Frage ist immer: Wie klar, detailliert und bewusst sind diese Ziele? Sind sie vereinbar mit anderen eigenen Zielen oder mit den Zielen anderer aus der eigenen Mannschaft? Grundsätzlich gilt, dass Ziele nur dann Höchstleistungen vermitteln können, wenn sie so anspruchsvoll sind, dass sie hinreichend mobilisieren. Athleten ohne klar formulierte, anspruchsvolle Zielsetzungen werden es nie an die Spitze schaffen. Sie sind gewissermaßen Sportler, die schießen, ohne zu zielen. Sie genießen eventuell den Moment des Schießens selbst, aber ins Schwarze werden sie nicht treffen. *Locke* und *Latham* (1990) fanden bei einer Durchsicht von 201 Studien mit mehr als 40000 Teilnehmern zu 91 Prozent einen Erfolg durch Setzen von schweren, spezifischen Zielen. Ein gutes Beispiel für die Wirkung spezifischer, schwerer Ziele wird aus dem Bereich der Physiotherapie berichtet. Bekamen Patienten mit Bewegungseinschränkungen im Schulter- und Ellbogengelenk die Aufforderung: „Schließen Sie die Augen und heben Sie den Arm so hoch wie möglich..., höher..., noch höher", so lag ihr Leistungsvermögen um ca. 18 Grad niedriger, als wenn sie der konkreten Handlungsaufforderung folgten: „Holen Sie bitte das dort stehende Buch aus dem Regal."

Die Zielsetzungsforschung konnte diese Beobachtung bestätigen (*Locke* und *Latham* 1990). Im Sportbereich sind die Forschungsergebnisse darüber, wie erfolgreich ein Zielsetzungstraining genau ist und welche Ziele für das Erreichen von Spitzenleistungen am besten geeignet sind, allerdings nicht ganz einheitlich. Darüber hinaus können Ziele auch negative Auswirkungen auf die sportliche Leistung haben. Wie bereits bei der Aktivierung ersichtlich wurde, spielt die Bewertung eine entscheidende Rolle. Verpflichtet man sich auf Ziele, die man nicht für realistisch hält, weil die eigene Erfolgszuversicht für diese Ziele nicht hoch genug ist, kann es zu Versagensangst kommen (*Jones* 1990).

Bei einem Zielsetzungstraining ist es daher entscheidend, dass es sich um Ziele handelt, die von den Athleten auch akzeptiert und internalisiert werden (*Erez* und *Zidon* 1984). Für ein Zielsetzungstraining ist es ferner wichtig, dass die Athleten zwischen unterschiedlichen Zielen unterscheiden und sich auch diese verschiedenen Ziele setzen können. Man unterscheidet:

- *Rang*- bzw. Ergebnisziele („outcome goals"): Es handelt sich hierbei um die angestrebten Ergebnisse von Wettkämpfen, z.B. deutscher Meister im Weitsprung werden oder den Weltrekord über 110-Meter-Hürden brechen
- Leistungsziele („performance goals"): Es handelt sich hierbei um die angestrebte Leistung unter Bezug auf einen Gütemaßstab oder Referenzwert, den der Athlet selbst oder der Trainer für maßgeblich hält, z.B. die Trefferquote im Basketballfreiwurf um 10 Prozent zu steigern
- Prozessziele („process goals"): Hier geht es darum, wie bestimmte Fertigkeiten oder Strategien realisiert werden sollen, z.B. einen rhythmischen Schwung im Golf während des Turniers durchzuhalten.

Untersuchungen zeigen, dass sich viele Sportler von sich aus mindestens zwei dieser Arten von Ziele setzen, nämlich ergebnisorientierte Ziele und prozessorientierte Ziele (*Jones* und *Hanton* 1996). Ergebnisorientierte Ziele sind jedoch nicht alles entscheidend und können unter Umständen – wenn sie sich z.B. lediglich auf die Platzierung beziehen – zu erhöhten Angstwerten (*Burton* 1989) und sogar zu einem Ausstieg aus dem Wettkampf führen (*Roberts* 1986). Eine Studie von *Kingston* und *Hardy* bei Golfern (1997) zeigte beispielsweise, dass Golfer, die prozessorientierte Ziele („Wohin spiele ich den Ball?") einsetzten, sich besser konzentrieren und negative Gedanken besser kontrollieren konnten als Golfer, die ergebnisorientierte Ziele einsetzten. Dies mag damit zusammenhängen, dass die prozessorientierten Ziele die Aufmerksamkeit ganz konkret lenken und zu binden vermögen. Gerade für misserfolgsängstliche Sportler (siehe Kap. 2) sind individuelle Leistungsziele sehr hilfreich.

> **Zielsetzung im Sport**
> Unterschiedliche Ziele haben unterschiedliche Funktionen:
> - Rangziele halten die Motivation in harten Trainingsphasen mit großem zeitlichem Abstand zur Zielerreichung aufrecht.
> - Leistungsziele zeigen Fortschritte auf, stärken das Selbstvertrauen und simulieren Wettkampfsituationen.
> - Prozessziele während Training und Wettkampf lenken die Aufmerksamkeit auf wesentliche Punkte und reduzieren den Aufbau von Wettkampfangst.

Eine Mehrfachziel-Strategie mit einer ausgeglichenen Balance zwischen Rang-, Leistungs- und Prozesszielen führt nach vorliegenden Forschungsbefunden offenbar zu den besten Leistungen (*Filby* et al. 1999). Gerade für die Motivation, sich im Training zu quälen und teilweise oder ganz auf andere, vielleicht angenehmere Aktivitäten zu verzichten sind Ergebnisziele, die „ziehen" enorm wichtig. Hieraus entsteht das, was im Englischen „Dedication" genannt wird, also die vollständige „Hingabe" für den eigenen Sport, die eben aus dem übergeordneten Ziel genährt wird. Ein gutes Beispiel dafür ist der nach Meinung der Golfmagazine meist beachtete Neuling auf der Golf Profitour 2008, der Australier *Jason Day*. Wie das Golf Magazine im Januar 2008 schrieb, sind die schon jetzt erreichten Erfolge des Zwanzigjährigen nicht allein die Folge seines Talents: „Er grub sein Spiel aus dem australischen Dreck. Er arbeitet hart. Er will es. Als Teenager hängte er an die Wand über seinem Stockbett im Internat eine Liste von Zielen, denen er sich vollständig verschrieb." Sein langfristiges Ziel ist klar formuliert: „Ich versuche daran zu arbeiten, ihm (*Tiger Woods*) den Platz Nr. 1 zu nehmen." Übergeordnete, langfristige Ergebnisziele sind also für die Motivation, die Dedication, die Selbstverpflichtung, die zentrale Energiequelle. Wie wir gesehen haben müssen Sportler aber auch lernen, welche Art von Zielsetzungen zu welchem Zeitpunkt am besten für die Leistungserbringung geeignet ist (*Hardy* 1996). Im Wettkampf können dies primär aufmerksamkeitslenkende Prozessziele sein.

Dies macht auch deutlich, dass es wichtig ist, Ziele in Teilziele zu unterteilen und hierbei zwischen kurz-, mittel- und langfristigen Zielen zu unterscheiden (*Harris* und *Harris* 1984). Grundsätzlich sollten Ziele „smart" sein, d.h. spezifisch, messbar, anpassbar an die jeweiligen

Umstände, realistisch und termingebunden (*Bull* et al. 1996). Oft wird vernachlässigt, dass Zielsetzung auch dazu motivieren soll, Zielerreichungsstrategien zu entwickeln. Wenn ein Golfer sich das Ziel setzt, in der kommenden Saison sein Handicap von 12 auf 9 zu reduzieren, sollte er spezifische Strategien entwickeln, wie er dies erreichen will, z.B. sein Putten verbessern, strategischer spielen. Hier zeigt sich auch, dass die beste Strategie seine Ergebnisziele zu erreichen, darin liegt, sich auf Leistungs- und Prozessziele zu konzentrieren (*Orlick* und *Partington* 1988).

Rückmeldung über die Zielerreichung (feedback) ist weiterhin wesentlich für die Wirkung von Zielsetzung. Das Feedback unterstützt die zielgerichteten Aktivitäten der Athleten und liefert ihnen Informationen darüber, wie sie ihre Ziele und/oder Zielerreichungsstrategien im Sinne einer optimalen Passung anpassen sollen. Daher sollte eine zielbewertende Rückmeldung als fortlaufender Prozess in Zielsetzungsprogramme eingeplant werden. Ein erfolgreiches Zielsetzungsprogramm beinhaltet demnach eine Planung verschiedener Ziele und eine Festlegung auf diese (commitment), das Entwickeln von Zielerreichungsstrategien und Ausführung derselben sowie eine Bewertung der Zielerreichung als fortlaufender Prozess für kurz-, mittel- und langfristige Ziele.

Die Wirkung der unterschiedlichen Zielsetzungen ist wie gesagt vielfältig und kann folgendermaßen zusammengefasst werden:
- Aufmerksamkeits- und Handlungslenkung,
- Mobilisierung von Energie und Anstrengung,
- Erhöhung des Durchhaltevermögens,
- Motivierung zur Entwicklung angemessener Aufgabenstrategien.

Mannschaftsziele

Hier kann die Mannschaft einschließlich Trainer im Dialog die Ziele für die kommende Saison festlegen. Diese sollten schwer, spezifisch und positiv formuliert sein (kein Vermeidensziel im Sinne von „Wir wollen nicht absteigen"). Ferner kann jeder Spieler seine Ziele mit der Mannschaft und seine Ziele in der Mannschaft formulieren. Letztlich scheint insbesondere in Mannschaftssportarten das Setzen von Gruppenzielen für die sportliche Leistung auch deshalb entscheidend zu sein, weil dadurch Teamgeist mobilisiert werden kann. Außerdem wird dem Phänomen des „sozialen Faulenzens", sich also in der Mannschaft zu verstecken und andere die Arbeit machen zu lassen, entgegengewirkt (*Burton* 1993). Man unterscheidet Ziele, die sich die Person selbst setzt, von Zielen, die durch die Mannschaft gemeinsam gesetzt werden. Zu Ersteren gehören sowohl individuelle persönliche Ziele als auch individuelle Gruppenziele. Zu Letzteren gehören Teamzielsetzungen für ein einzelnes Mannschaftsmitglied und Teamzielsetzungen für die Mannschaft als solche.

Allerdings sollte man sich bei allen positiven Effekten der Zielsetzung auch über potenzielle Gefahren im Klaren sein. Dazu gehören eine möglicherweise durch die *hohe Zielsetzung* veranlasste Erhöhung der Risikobereitschaft und gegebenenfalls des Stresses. Falls die Ziele nicht erreicht werden, kann dies das Selbstbewusstsein untergraben. Ebenso problematisch wie das Setzen unrealistisch hoher Ziele kann das Setzen zu *niedriger Ziele* betrachtet werden. In diesem Fall werden die Ziele als Obergrenze statt als Minimum betrachtet. Wenn man sich das Ziel Silbermedaille bei den Olympischen Spielen gesetzt hat und

Verbesserungen werden gelobt, auch wenn sie hinter den Leistungen der Gruppe (soziale Bezugsnorm) zurück bleiben. Es hat sich gezeigt, dass solche Trainingsorientierungen die Persönlichkeitseigenschaft Misserfolgsängstlichkeit innerhalb eines Jahres deutlich reduzieren kann, so dass ein Wettkampf dann nicht mehr als belastend empfunden wurde (siehe dazu *Rheinberg* und *Krug* 2005).

> **Gezielte Förderung von Misserfolgsängstlichen**
> - Selbstbestimmung bei der Aufgabenwahl
> - realistische Anspruchsniveausetzung
> - längere Zeit zum eigenständigen Üben
> - individuelle Bezugsnormierung
> - gutes Klima (gegenseitiges Respektieren, Achten, Offenheit für Kritik, partnerschaftliches Verhältnis)
> - Perspektiven für Weiterentwicklung aufzeigen (Pfad – Ziel)

Prinzip der optimalen Passung

Die Art der Ursachenzuschreibung hat auch Auswirkungen auf die Affekte. Stolz wird dann empfunden, wenn Erfolge auf Anstrengung zurückgeführt werden („wie erwartet fleißig"). Werden erwartungswidrige Misserfolge auf mangelnde Begabung zurückgeführt, stellt sich Scham ein („dümmer als erwartet"). Freude wird besonders dann empfunden, wenn ein unerwarteter Erfolg zufällig eintritt, und Ärger tritt dann auf, wenn erwartungswidrige Misserfolge auf z.B. zu hohe Aufgabenschwierigkeit zurückgeführt werden (*Weiner* 1986).

Zur Motivationsförderung gehört daher immer das so genannte „Prinzip der optimalen Passung": Die Aufgabenschwierigkeit wird dem Können so angepasst, dass der Grenzbereich der Fähigkeiten getroffen wird.

Selbstwirksamkeitsüberzeugung und Selbstvertrauen

Das Selbstwertgefühl bezieht sich darauf, was man von sich selbst hält. Es ist ein relativ stabiles Persönlichkeitsmerkmal. Wie sehr man an seine Fähigkeiten glaubt, kommt in der Selbstwirksamkeitsüberzeugung zum Ausdruck (*Bandura* 1982). Die Selbstwirksamkeitsüberzeugung ist im Vergleich zum Selbstwertgefühl relativ situations- und bereichsspezifisch. So mag die Erfolgserwartung eines Nachwuchsathleten für sportliche Leistungssituation größer sein als für schulische. Unter Athleten gibt es die unterschiedlichsten Ausprägungen von Selbstwirksamkeitsüberzeugung. Oft wird man mit Athleten konfrontiert, die unter einer sehr niedrigen Selbstwirksamkeit leiden. In diesem Zusammenhang kann es sogar zu einer „self-fulfilling prophecy" kommen. Das niedrige Selbstvertrauen führt dazu, dass eine schlechte Leistung erwartet wird. Kommt es dann tatsächlich zu einer schlechten Leistung, mündet dies in einem noch niedrigeren Selbstvertrauen. Allerdings gibt es auch Athleten, die vor Selbstvertrauen strotzen und dazu tendieren, ihre Fähigkeiten und Fertigkeiten zu überschätzen und somit kein realistisches Bild über ihr Können aufweisen.

Für die Praxis stellt sich die Frage, wie ein optimales Niveau von Selbstwirksamkeit erreicht werden kann. *Schunk* (1991) nennt 4 Quellen der Selbstwirksamkeitsüberzeugung (oder des Selbstvertrauens) von Athleten.

> **Quellen von Selbstvertrauen und Selbstwirksamkeitsüberzeugung**
> - zurückliegende Erfolgserlebnisse
> - Einfluss des Trainers (Überzeugungscoaching)
> - Beobachtungslernen: von erfolgreichen Vorbildern (Modellen) lernen
> - Interpretation der eigenen Körpersignale als optimale Einstellung und nicht als Nervosität (siehe Abschnitt über Aktivierung in diesem Kapitel)

Auf einer individuellen Ebene können verschiedene Fertigkeiten trainiert werden, um die Selbstwirksamkeitsüberzeugung positiv zu unterstützen. Dazu zählen beispielsweise die Selbstgesprächsregulation, die Imagination erfolgreicher Wettkämpfe und eine realistische Zielsetzung. Neben diesen kognitiven Fertigkeitstrainings haben sich auch körperliche Embodiment-Strategien bewährt. Nach einem Misserfolg oder einer Serie von Misserfolgen kann man versuchen, gezielt auf eine positive Körperrückmeldung Einfluss zu nehmen (siehe Embodiment in diesem Kapitel): Sich bewusst „stolz in die Brust werfen", den Blick nur auf die Baumspitzen gerichtet, geht man daher stolz aufgerichtet wie ein Matador in der Arena. Daher wurde diese Technik der Körperrückmeldung von einem Golfer als „Gang des Matadors" beschrieben. Auch über die Mannschaftsebene kann man am Selbstbewusstsein arbeiten, wie das folgende Praxisbeispiel zeigt. Dabei wurde insbesondere auf die beiden Quellen des Selbstbewusstseins eingegangen: auf Überzeugungscoaching sowie den Einfluss von Vorbildern.

Praxisbeispiel

Mangelndes Selbstbewusstsein
Die Spielerinnen einer Nachwuchsmannschaft im Frauenfußball äußerten gleich bei Aufnahme einer sportpsychologischen Betreuung, dass sie unter einem zu geringen Selbstbewusstsein litten und kein Vertrauen in ihre spielerischen Fähigkeiten hätten. Dies war zunächst schwer nachzuvollziehen, da es sich um eine Spitzenmannschaft mit den erfolgreichsten Spielerinnen Deutschlands, wenn nicht Europas handelte. Allerdings wurden diese Aussagen auch durch Beobachtungen des Trainers gestützt, und im Eingangsgespräch äußerte dieser den Wunsch, das Selbstvertrauen der Spielerinnen zu stärken.
Dazu wurde auf Mannschaftsebene die folgende Intervention eingesetzt. In einer Sitzung wurden die Spielerinnen gebeten, die Stärken jeweils zweier anderer, ihnen zugeteilter Spielerinnen aufzuschreiben und diese Zettel dann anschließend der entsprechenden Spielerin zu überreichen. Außerdem wurde mit den Spielerinnen gemeinsam besprochen, wie wichtig es ist, sich gegenseitig zu unterstützen und positiv zuzureden, und dass dies eine positive Wirkung auf das Selbstbewusstsein haben kann. Bei diesen Geprä-

chen war es außerordentlich wichtig, dass der Trainer anwesend war, denn so konnte auch er in die Grundlagen des Trainings eingeführt werden und die Spielerinnen daran erinnern, sich gegenseitig positiv zu unterstützen. Mit dem Trainer wurde gleichzeitig die Wichtigkeit von Rückmeldungen und Feedback für das Selbstbewusstsein der Spielerinnen thematisiert.

Weiterhin wurde mit den Spielerinnen ein Prognosetraining auf dem Platz durchgeführt. Bei dieser Einheit konnte eine realistische Zielsetzung trainiert werden. So mussten die Spielerinnen bei einer Aufgabe vorher festlegen, wie viele von 10 Schüssen sie gegen den oberen Torpfosten treffen würden. Bei dieser Aufgabe erhielten sie automatisch auch ein Feedback zur Zielerreichung

Selbstgesprächsregulation

Man verliert einen Wettkampf häufig, nachdem der innere Dialog umgekippt ist. Im Sinne *Gallweys* (1976) gewinnt hier der „innere Zweifler" mit seinen Negativbotschaften die Oberhand. Aussagen wie, „Ich kann heute keine langen Pässe spielen", oder „Mein Aufschlag kommt heute einfach nicht" kennzeichnen in diesem Fall das Selbstgespräch. Häufig ist dies auch begleitet von einem durch Ratlosigkeit gekennzeichneten inneren Dialog, „Ich weiß auch nicht, was los ist", „Wieso bin ich so schlecht?". Nach solchen Aussagen kann man kaum erwarten, wieder auf ein gutes Leistungsniveau zu kommen. Verschiedene Forschungsarbeiten haben belegt, dass negative Selbstgespräche mit einer schlechteren sportlichen Leistung einhergehen (*van Raalte* et al. 1994), aber dass ein Training der Selbstgesprächsregulation die sportliche Leistung verbessert (*Hatzigeorgiadis* et al., 2009). In einer Untersuchung fand man beispielsweise, dass Turner, deren Selbstgespräche von Misserfolgsängsten und Selbstzweifeln beherrscht wurden, sich nicht für die Olympischen Spiele 1976 qualifizierten (*Mahoney* und *Avener* 1977).

Zahlreiche Untersuchungen zeigen auch, welche Auswirkungen Selbstgespräche in verschiedenen sportlichen Anforderungssituationen haben (*Weinberg* et al. 1984). Selbstgespräche können erfolgreich eingesetzt werden, um die Anstrengung zu erhöhen (*Rushall* 1984), die Aufmerksamkeit auf relevante Reize auszurichten (*Schmid* und *Peper* 1993), eine Stimmungsveränderung hervorzurufen (*Hardy* und *Fazey* 1990), Wettkampfangst zu reduzieren (*Hatzigeorgiadis* et al. 2009) und die Rehabilitation nach einer Sportverletzung zu unterstützen (*Ievleva* und *Orlick* 1991). Wie bereits in Kapitel 4 und in diesem Kapitel beschrieben, können Selbstgespräche ebenfalls zur Aktivierungsregulation und zur Stärkung des Selbstvertrauens eingesetzt werden. Empfehlenswert ist ferner das in Kapitel 4 beschriebene Debriefing, um ein nachhaltig verringertes Selbstvertrauen nach misslungenen Wettkämpfen zu verhindern.

Optimierung des inneren Dialogs

Der Schwerpunkt in der sportpsychologischen Praxis sollte darin bestehen, mit dem Sportler geeignete Selbstgespräche zu erarbeiten. Der erste Schritt ist meist, dass sich Athleten über störende und leistungshemmende Gedanken bewusst werden. In einem zweiten Schritt werden diese Gedanken dann so umformuliert, dass sie die Leistung positiv unterstützen. Für die Erarbeitung der Selbstgespräche kann es hilfreich sein, dass die Sportler diese aufschreiben und zur darauf folgenden Sitzung mitbringen. Günstig sind vorliegende Selbstgespräche von Trainingssituationen, aber auch von erfolgreichen und weniger erfolgreichen Wettkampfsituationen, um diese gemeinsam mit dem Sportler zu besprechen und zu analysieren.

Stellt sich bei der Analyse heraus, dass der Sportler Selbstgespräche führt, die z.B. nicht zielkongruent sind oder negative Gedanken hervorrufen, sollten diese verändert werden. Hier geht es darum, negatives Denken in positives umzuwandeln. Positives Denken ist kein Selbstbetrug. Das Ziel ist, eine andere Sichtweise einzunehmen. Schließlich kann man eine Medaille von zwei Seiten betrachten. Warum sollte das die negative sein? Beispielsweise kann man einen 1-Liter-Maßkrug, in dem 0,5 Liter Bier sind, als „schon halbleer" oder „noch halbvoll" ansehen. Für Biertrinker haben die verschiedenen Perspektiven einen unterschiedlichen Einfluss auf die Stimmungslage. Man ist traurig oder man freut sich, je nachdem, welche Sichtweise man sich zu Eigen macht.

Um den inneren Dialog zu optimieren, muss man zunächst erkennen, wie man mit sich redet, z.B. nach einem schlechten Lauf im Slalom, nach einem schlechten Schlag oder Loch im Golf. Typische Redewendungen werden aufgeschrieben und dann wird versucht, eine andere Sichtweise der Situation einzunehmen. Schließlich wird eine positive Aussage statt der negativen formuliert.

> **Trainieren des inneren Dialogs**
> Falten Sie ein DIN-A4-Blatt senkrecht in der Mitte. Schreiben Sie zunächst alle negativen Selbstgesprächssätze, die Ihnen häufig unterlaufen, auf die linke Seite. Ersetzen Sie anschließend auf der rechten Hälfte des Blattes diese negativen Sätze durch positive, Zuversicht ausdrückende Sätze.

Wichtig ist, dass Selbstgespräche erarbeitet werden, die für den Sportler am geeignetsten sind. Um das zu erreichen, sollten die positiven Selbstgespräche vom Sportler selbst formuliert und nicht vom Sportpsychologen vorgegeben werden. Diese Selbstgespräche müssen systematisch trainiert und in das sportliche Training integriert werden. Ferner kann die Wirksamkeit von Selbstgesprächen durch die Hinzunahme von Imagination noch verstärkt werden (*Cumming* et al. 2006).

Die Selbstgespräche können nach *Eberspächer* (2007) auf verschiedene Weisen umformuliert werden.

Selbstmotivierung

Hierbei kann es sich um Selbstinstruktionen handeln, das Vergegenwärtigen eigener Fertigkeiten oder auch die Vorwegnahme von Fremdbekräftigung. Durch diese Selbstmotivierungstechniken sollen mehr Energien freigesetzt werden.

Rationalisierung

Hierbei soll die Bedeutsamkeit eines als negativ erlebten Ereignisses reduziert werden. Das Erlebte wird in Beziehung zu anderen Erlebnissen gebracht und dadurch abgeschwächt.

Aufmerksamkeitsveränderung

Die Gedanken werden entweder gezielt auf eine bestimmte Sache fokussiert oder von einer bestimmten Sache abgelenkt.

Suche nach Problemlösungsstrategien

In Gedanken werden mögliche Lösungen durchgespielt, so dass die Gedanken nicht am negativen Ereignis haften bleiben, sondern auf die Lösung fokussiert werden.

Hardy (2006) unterscheidet ferner zwischen motivationalen und instruktionalen Selbstgesprächen. Motivationale Selbstgespräche sollten für die Aktivierungsregulation eingesetzt werden. Instruktionale Selbstgespräche eignen sich hingegen bei feinmotorischen Aufgaben, bei denen die Bewegungsausführung, das Timing und die Genauigkeit eine entscheidende Rolle spielen.

Praxisbeispiel

Der innere Caddy

Im Profigolf ist der Caddy in der Regel ein Angestellter des Spielers. Ein Caddy trägt nicht nur die Golftasche, reicht und empfängt die Schläger, sondern ist auch ein kompetenter Berater und Motivationsexperte, unterstützt seinen Spieler bei der Vorbereitung und Planung einer Runde und berät bei einzelnen Schlägen. Ein guter Caddy erkennt, wenn der Spieler sein Selbstvertrauen verliert und versucht, ihn wieder aufzubauen. Er kritisiert den Spieler nicht, sondern führt ihm seine Stärken wieder vor Augen.

Im Amateurbereich spielen auch die Nationalspieler in der Regel ohne Caddy. Nicht nur bei großen Turnieren liegen nach einem schlechten Schlag oder Resultat die Nerven blank, der Schläger wird weg geworfen und der Spieler brüllt: „Wie kann man nur so blöd sein. Du kannst aber auch gar nichts. Am besten du hörst mit dem Golfspielen auf." In der Analyse der Situation wurde dem Spieler die Frage gestellt: „Wie würdest du reagieren, wenn dein Caddy so mit dir gesprochen hätte." Die Antwort fiel kurz und knapp aus: „Ich hätte ihn rausgeschmissen." Nächste Frage war: „Was erwartest du von deinem Caddy in einer solchen Situation?" Antwort: „Er soll mich wieder aufbauen und daran erinnern, was ich kann, und mir auch sagen, was jetzt zu tun ist." Die nächste Frage war: „Könntest du in einer solchen Situation mit dir sprechen, wie du es von deinem Caddy erwarten würdest?" Von nun an nahm der Spieler seinen „inneren Caddy" mit auf die Runde. In jeder Situation, in der er frustriert war, sein Selbstbewusstsein zu verlieren und auszurasten drohte, stellte er sich vor, was ein guter Caddy nun zu ihm sagen würde. Er wurde dadurch ruhiger, blieb selbstbewusster, fühlte sich besser und spielte bessere Runden.

Konzentrationstraining

Bei einer Konzentrationsstörung geht die uneingeschränkte Aufmerksamkeit für eine Beschäftigung verloren. Statt sich z.B. beim Basketballfreiwurf ausschließlich auf die Vorstellung zu konzentrieren, wie der Ball von oben mitten in den Korb fällt, wandern die Gedanken des Spielers zum Publikum, er hört Geräusche der anderen Spieler, stellt sich vor, was sein wird, wenn er trifft oder nicht trifft usw. Seine Empfänglichkeit für aufgabenbezogene Sinnesreize und geordnetes Denken wird dadurch gehemmt. Konzentrationsstörungen können bedingt sein durch einen aktuellen körperlichen Zustand wie Ermüdung, Erschöpfung, Dämmerzustand oder einen affektiven Zustand wie Angst oder Erregung. Verschiedene Untersuchungen zeigen, dass eine positive Stressverarbeitung eine wesentliche Voraussetzung für gute sportliche Leistungen ist (z.B. *Niklas*, *Keil* und *Schneider* 2008). Wer mit Stress gut umgehen kann, dem gelingt es auch konzentriert zu trainieren und dadurch bessere Leistungen zu erzielen. Insbesondere bei körperlichen Bewegungen, die hoch geübt sind, wie dies bei der Ausführung von sportlichen Handlungen durch gut trainierte Athleten der Fall sein sollte, können bewusste Gedanken, vor allem Technikgedanken, aber auch „Besorgtheit" zum Problem werden. Sie verhindern, dass der Sportler in die Zone optimalen Funktionierens, in ein Flusserleben (flow experience, *Csikszentmihalyi* 2000) kommt. Gerade beim erfahrenen Sportler werden Spitzenleistungen erst durch das Aufgehen in und das Einswerden mit der Tätigkeit ermöglicht.

Praxisbeispiele

Vermeintliches Konzentrationsdefizit
Ein Zehnkämpfer kam in die Betreuung und wünschte sich ein sportpsychologisches Training zur Verbesserung seiner Konzentration. Zunächst schilderte er sein Problem und berichtete von Zehnkämpfen, in denen er sich ab der dritten Disziplin nicht mehr konzentrieren konnte. Nach einer längeren Anamnese stellte sich heraus, dass kein Konzentrationsdefizit, sondern ein Ernährungsproblem vorlag. Der Athlet nahm während des Wettkampfs zwischen den einzelnen Disziplinen unzureichend Nahrung zu sich, was sich negativ auf seine Konzentration während der technischen Disziplinen des Zehnkampfs auswirkte. Der Athlet wurde an eine Ernährungsberaterin verweisen, und das Problem konnte rechtzeitig vor dem nächsten Zehnkampf gelöst werden.

Ein ähnliches Problem wurde bei einem jungen Golfer beobachtet. Seine Leistungskurve ging ab dem 13. Loch meist steil nach unten. Es stellte sich heraus, dass er auf der Runde zu wenig aß und vor allem zu wenig trank. Um dieses Problem zu beheben, wurde in seine Between-Routine eingebaut, zwischen den Schlägen jeweils (mindestens) einen Schluck zu trinken und einen Bissen von seiner Rundenverpflegung zu nehmen.

In beiden Fallbeispielen wurden die Ursachen für die Konzentrationsprobleme der Sportler relativ schnell gefunden. Hier waren sie nicht psychischer Natur. Meist ist die Ursachenforschung jedoch komplizierter. Es gibt vielfältige Gründe, warum während eines Wettkampfs die Konzentrationsleistung nachlässt.

In den meisten Sportarten ist Konzentration wesentlich für den Erfolg. Erfolgreichere Athleten lassen sich weniger von unbedeutsamen Störungen ablenken und haben einen aufgabenorientierteren Aufmerksamkeitsfokus als weniger erfolgreiche Athleten. Sie konzentrieren sich weniger auf das Ergebnis und auf sorgenvolle Gedanken (*Williams* und *Krane* 2000). Am häufigsten scheinen negative Gedanken eine Ursache für Konzentrationsstörungen zu sein, weil sie die Athleten vom eigentlichen Geschehen, beispielsweise während eines Wettkampfs, ablenken und mit dem, was auszuführen ist, in Konflikt geraten.

Stoppen negativer Gedanken

Es gibt eine Anzahl an effektiven Interventionsmaßnahmen, die sich bei negativen Gedanken einsetzen lassen. Eine davon ist der „Gedankenstopp": Hierbei kann man sich etwa ein Stoppschild oder das Wort „Stopp" vorstellen und somit die negativen Gedanken anhalten. Es ist wichtig, nach dem „Stopp" die negativen Gedanken durch positive, möglichst aktionsbezogene Gedanken zu ersetzen. Im Basketball könnte eine zu trainierende Sequenz für die Situation nach einem Fehlwurf etwa folgendermaßen aussehen: Stoppschild sehen; Gedanke „jetzt Defense"; umdrehen, zurücksprinten.

Aufmerksamkeitsregulation

Manche Athleten sind in einer Wettkampfsituation so überwältigt, dass sie einen falschen Aufmerksamkeitsfokus wählen. *Nideffer* (1976) unterscheidet bei der Aufmerksamkeitsausrichtung zwischen nach außen gerichtet (external)

	external	
weit	**weit-external** optimal, um komplexe Situationen zu »lesen« und Umfelder einzuschätzen; ermöglicht ein hohes Maß an Antizipation	**eng-external** erforderlich beim Reagieren auf eine situative Anforderung, Aufmerksamkeit eingeengt, fokussiert	eng
	weit-internal Analyse des Eigenzustandes, der Gesamtbefindlichkeit, z.B. vor Entscheidungen, wichtig für schnelles Lernen	**eng-internal** optimal, um Sensibilität für psychische und somatische Prozesse zu erwerben (In-sich-Hineinhören); erforderlich, um sich zu zentrieren und zu regulieren sowie mental zu trainieren	
	internal	

Abb. 10: Dimensionen der Aufmerksamkeitsausrichtung nach *Nideffer* (1976).

und nach innen gerichtet (internal) sowie weit und eng (siehe Abb. 10). Diese Ausrichtungen lassen sich zu vier Aufmerksamkeitsausrichtungen kombinieren:
- breiter internaler Stil,
- enger externaler Stil (siehe Abb. 11),
- breiter externaler Stil,
- enger internaler Stil.

Im Hinblick auf eine optimale Aufmerksamkeitsausrichtung entlang dieser Dimensionen unterscheiden sich verschiedene Sportarten. Teilweise erfordern aber auch unterschiedliche Wettkampfsituationen unterschiedliche Aufmerksamkeitsausrichtungen. Zum Beispiel ist es für eine 800-m-Läuferin in Phasen des Rennens sehr entscheidend, dass sie die Gegnerinnen im Blick behält. Wählt sie in dieser entscheidenden Phase einen zu engen Aufmerksamkeitsfokus, z.B. ihren locker werdenden Schnürsenkel, hat sie das Rennen eventuell schon verloren.

Laut *Nideffer* (1976) können Athleten nicht alle vier Aufmerksamkeitsausrichtungen gleich gut ausführen. Im Rahmen eines Konzentrationstrainings sollte daher mit dem Athleten trainiert werden, schnell zwischen den unterschiedlichen Ausrichtungen hin und her zu wechseln, indem man ihm entsprechende Vorgaben gibt. Ferner ist es sinnvoll, mit den Athleten die verschiedenen Anforderungssituationen im Wettkampf im Hinblick auf den geeigneten Aufmerksamkeitsfokus durchzugehen.

Centering-Technik

Oft ist es ein Problem, in einen Wettkampf einzusteigen oder nach einer Pause wieder hineinzukommen. Hier kann die Centering-Technik helfen (*Nideffer* 1980). Dabei wird die Aufmerksamkeit unmittelbar vor Beginn des Wettkampfs zunächst auf die tiefe Bauchatmung zentriert, um dadurch störende Gedanken zu verhindern. Anschließend wird die Aufmerksamkeit auf die für den Wettkampf relevanten Reize gelenkt: zuerst weit (ganze Halle, Zuschauer), dann eng (Mittelkreis). Dies kann auch in die am Ende dieses Kapitels beschriebenen Routinen eingebaut werden, die vor allem für einen fokussierten Einstieg in einen Wettkampf eine zentrale Rolle spielen.

Auch während des Wettkampfs besteht die Gefahr, den Fokus zu verlieren (z.B. nach Misserfolgerlebnissen). Häufen sich Misserfolgserlebnisse, ist der Athlet oft vollkommen „out". Der oben beschriebene Gedankenstopp reicht dann nicht mehr aus, um den Fokus wieder zu

Abb. 11: Beispiel einer engen externalen Orientierung: Der Golfer konzentriert sich auf das Loch und die Linie, auf der der Ball zum Loch laufen soll.

erlangen. Hier kann die „Reset-Technik" helfen. Wenn der Computer sich „aufgehängt" hat, drückt man den Reset-Knopf. Wenn etwa Golfer nach mehreren schlechten Schlägen, Fußballer nach einer Reihe schlechter Pässe „von der Rolle" sind, sollten auch sie einen Reset-Knopf drücken können: Beim Golf beispielsweise kann man sich vom Abschlag (oder Fairway oder Grün) abwenden; in die Landschaft schauen; einen Punkt am Horizont fixieren; auf die verlängerte Ausatmung konzentrieren; alles Negative in die verlängerte Ausatmung packen, „wegatmen"; an die eigene Stärke im Golf denken; einen guten Schlag (Putt ..) imaginieren; Selbstsicherheit zurückgewinnen; umdrehen, an den Ball gehen; auf dem Weg zum Ball ggf. Zahlen zählen: 999, 996, 993 ...

Umgang mit Störungen lernen

Um Athleten gegenüber Störungen zu immunisieren, sind Übungen wichtig, in denen sie bei ihrer Tätigkeit gestört werden. Diese Übungen sind nicht sehr beliebt, aber erfolgreich. Hier kann man z.B. Aufgaben stellen, die den tatsächlichen Wettkampf simulieren und die Athleten dann gezielt dabei stören. Im Basketball wird dies sehr oft zum Training des Freiwurfs eingesetzt, indem etwa bei einem Freiwurf die anderen Mannschaftsmitglieder den Werfer lautstark abzulenken versuchen. Es können auch laute Zuschauergeräusche über die Hallenlautsprecher eingespielt werden. Im Golfspiel lässt man den Golfer mit einem Kopfhörer trainieren, über den störende Geräusche, die beim Abschlag oder Putten auftreten können, eingespielt werden. Auch regelmäßiges Entspannungstraining (insbesondere autogenes Training) kann dafür sorgen, dass Reizschwellen gesenkt werden „und die Fliege an der Wand nicht mehr die Konzentration raubt".

Embodiment

Im Sport wie auch in anderen Bereichen des Lebens teilt nicht nur das gesprochene Wort, sondern auch die Körpersprache anderen Menschen sehr viel mit, zum Beispiel wie viel Selbstvertrauen, Motivation und welche Einstellung die Person hat. Wenn der Athlet den Kopf hängen, Zeichen von Angst und Frustration erkennen lässt oder Wutausbrüche zeigt, kann dies Gegner enorm aufbauen. Man kann auch an sich selbst beobachten, wie eigene positive Gefühle und Erfolgszuversicht in dem Maße zunehmen, in dem der Gegner die Kontrolle über sich verliert. Man sollte sich daher stets bewusst sein, welche Signale die eigene Körpersprache aussendet. Außerdem kann man trainieren, nach einem Misserfolg nicht den Kopf hängen zu lassen, aufrecht zu bleiben und Zuversicht auszustrahlen. Körpersprache wirkt aber nicht nur nach außen, sondern auch nach innen.

Menschliche Informationsverarbeitung findet in ständiger Wechselwirkung mit dem Zustand des eigenen Körpers statt, was als „Embodiment" bezeichnet wird (*Storch* et al. 2006). Körperzustände sind z.B. Körperausdruck, Körperhaltung und Körperspannung. Die Informationsverarbeitung wirkt sich auf den Körper aus, z.B. drückt sich die „Niedergeschlagenheit" nach einem Misserfolg auch in einem gebeugten Rücken und hängenden Schultern aus. Gleichzeitig beeinflusst der Zustand des Körpers umgekehrt auch die Informationsverarbeitung, die Motivation und insbesondere, wie man sich fühlt. Werden die Muskeln aktiviert, die zum Lachen nötig sind, führt dies auch zu einer besseren Stimmungslage ohne ein anderes positives Ereignis (*Strack* et al. 1988).

Unsere Körperzustände können wir teilweise bewusst kontrollieren: Statt unsere Schultern hängen zu lassen, können wir eine stolz geschwellte Brust zeigen; statt die Mundwinkel hängen zu lassen, können wir ein Lachen auf das Gesicht bringen. Damit können wir einerseits effektiv unsere eigene Motivations- und Emotionslage beeinflussen. Außerdem wird im Gehirn der Weg zum Abruf unserer Stärken gebahnt und damit das Selbstbewusstsein gestärkt. Zusätzlich offenbaren wir unserem Gegner nicht Unsicherheit, sondern zeigen ihm Selbstbewusstsein und Stärke (siehe Abb. 12).

In jüngster Zeit wurde Embodiment auch zum Umgang mit Drucksituationen genutzt. Grundlage sind theoretische Annahmen, wie Versagen unter Druck (in Wettkampfsituationen) zustande kommt. Dabei wird davon ausgegangen, dass ein Athlet in Drucksituationen besonders motiviert ist. Er möchte alles richtig machen und ruft daher Technikgedanken ab, die er zuvor im Training gelernt hat (*Beilock* und *Carr* 2001). Je mehr ein Techniktraining also mit sprachlichen Instruktionen für einzelne Technikelemente arbeitet, umso anfälliger sollte der Athlet für Technikgedanken in der Wettkampfsituation werden. Ein Versagen wird nun dadurch erklärt, dass die Konzentration auf die Abfolge einzelner Bewegungselemente den Fluss der Gesamtbewegung zerstört. Konzentriert sich der Athlet dementsprechend auf die für zentral gehaltenen Bewegungskomponenten (die „Knotenpunkte" einer Bewegung), kommt es an den Übergängen zwischen den Punkten zu einem Verlust des Bewegungsflusses (*Ehrlenspiel* 2001).

Crews (2004) berichtet, dass in einer Untersuchung zum Golfputt mit steigendem Druck eine zunehmende Aktivierung der linken Gehirnhälfte bei den Versuchsteilnehmern zu finden war und zwar in den Bereichen, die für die Sprache zuständig sind. Das war jedoch nicht bei allen untersuchten Personen der Fall. Diejenigen, bei

Abb. 12: Die Körperhaltung beeinflusst die Stimmungslage. Damit lässt sich diese bewusst kontrollieren.

denen dies passierte, versagten bei ihren Golfputts. Man kann vermuten, dass die Versager sich unter Druck auf sprachlich repräsentierte Technikgedanken konzentrierten: Lass die Handgelenke fest, pendele aus den Schultern, bring den Schläger gerade an den Ball usw. Bei erfolgreichen Puttern fand sich die stärkere Aktivierung der Sprachregionen im Gehirn nicht. Für dieses Muster der Leistungsbeeinträchtigung sollten Personen mit einer Disposition zu Lageorientierung besonders anfällig sein. Charakteristischerweise können Lageorientierte in Drucksituationen nicht einfach die viele Male geübte Bewegung ausführen: Sie beginnen an alles zu denken, was mit einer korrekten Ausführung zusammenhängt. Oder sie fangen an, darüber nachzugrübeln, wie blamabel es ist, am Loch vorbei zu putten.

Die Hirnforschung zeigt, dass die rechte Gehirnhälfte die Bewegungsausführung eher ganzheitlich abgespeichert hat und steuert. Auch Hirnbereiche, die mit der räumlich-zeitlichen Koordination zu tun haben, finden sich eher in der rechten Hirnhälfte (*Hellige* 1993). Man kann hier auch vom Bewegungsgefühl sprechen. Offensichtlich geht dieses Bewegungsgefühl Personen in Drucksituationen verloren, wenn sie alles richtig machen möchten und dazu auf die sprachlichen Repräsentationen der Bewegungsausführungen zurückgreifen. Kann man ein Versagen unter Druck bei Grüblern beseitigen, wenn man die dominante Aktivierung der linken Gehirnhälfte beseitigt und die rechte Hemisphäre wieder stärker ins Spiel bringt?

Da die rechte Hand vollständig mit der linken Gehirnhälfte zusammen hängt, lag es nahe, die rechte Gehirnhälfte durch Ballen einer Faust mit der linken Hand stärker zu aktivieren. Bei Drücken der linken Hand sieht man in der Magnetresonanztomografie, dass der motorische Kortex in der rechten Gehirnhälfte aufleuchtet, also aktiviert wird. In experimentellen Untersuchungen konnte gezeigt werden, dass eine Aktivierung der rechten Gehirnhälfte durch ein kurzes Ballen der linken Hand zur Faust (bei Rechtshändern) Versagen unter Druck tatsächlich beseitigen kann (*Beckmann et al.* 2010). Dies gelang in unterschiedlichen Sportarten wie Fußball und Taekwondo und zwar tatsächlich nur beim Ballen der linken Faust – nicht aber der rechten. Auch bei Turnern in einer realen Wettkampfsituation konnte durch die Intervention ein Leistungseinbruch im Finale zumindest gemindert werden. Erfolgreich war die Technik ferner bei einer 800-m-Läuferin (siehe Abb. 13) und beim Putten im Golf bei internationalen Turnieren.

Imagination und Vorstellungstraining

Imagination und Vorstellungstraining sind elementare Bestandteile eines psychologischen Trainings zur Leistungsoptimierung im Sport. Beim Vorstellungstraining wird eine bestimmte Handlung oder auch Bewegungsausführung gedanklich trainiert und zur zielgerichteten Verbesserung oder Stabilisierung einer bestimmten sportlichen Handlung eingesetzt. „Dazu wird eine interne Repräsentation der Handlung aktiviert und die Ausführung dieser Handlung – möglichst optimal – wiederholt und in einem ausgewählten Kontext mental simuliert. Diese mentale Simulation erfolgt ohne beobachtbare körperliche Aktivität" (*Schack* 2006, S. 255).

Abb. 13: Einsatz des Drückens der linken Hand zur Stimulation der rechten Hirnhälfte bei einem 800-m-Lauf. (Foto: *Kiefner* Sportfoto, Fürth).

Vorstellungstraining kann zur unmittelbaren Wettkampfvorbereitung herangezogen werden, etwa um einen Slalomparcours vor dem Start noch einmal in der eigenen Vorstellung zu durchfahren.

Bei der Imagination handelt es sich um einen mentalen Prozess, bei dem mit allen Sinnen eine Wirklichkeit erzeugt wird, ohne dass die tatsächlichen Stimuli vorhanden sind. Die Imagination geht über das reine Vorstellungstraining hinaus, weil sie alle Sinne mit einbezieht und sich nicht nur auf das Abrufen einer bildlichen oder sprachlichen Vorstellung beschränkt. Daher kann sie als Vorstellung des Gefühls einer optimal realisierten Bewegung (sportlichen Handlung) auf sprachliche Repräsentationen in vielen Fällen ganz verzichten. Imagination kann zur Aktivierungsregulation, zur Stärkung der Selbstwirksamkeit und zur Unterstützung des Heilungsprozesses nach einer Sportverletzung eingesetzt werden. Imagination eignet sich aber insbesondere, um Bewegungen ganzheitlich mit einer Betonung des Bewegungsgefühls zu trainieren, ohne die Bewegung tatsächlich auszuführen. Die Imagination stärkt damit im Gehirn das Muster einer optimalen Bewegungsausführung. Die Fehler, die bei der tatsächlichen Übung der Bewegung auftreten, finden sich bei der Imagination ebenso wenig, wie bei einem gut vorbereiteten Vorstellungstraining.

Orlick und *Partington* (1988) berichten, dass 99 Prozent der von ihnen untersuchten Topathleten Vorstellungsregulationen verwenden. Topathleten setzen mehr Vorstellungsregulation ein als weniger erfolgreiche Athleten (*Hall* et al. 1991). Hochleistungs- und Leistungssportler verwenden Imagination häufiger, zielgerichteter und konzentrierter und erachten dieses Verfahren als relevanter und bedeutsamer als Breitensportler (*Nordin* et al. 2006). Diese Athleten setzen auch vielfältigere Formen der Imagination ein.

Durch Imagination werden tatsächlich physiologische Veränderungen bewirkt, die nicht auf die neuronalen Verknüpfungen im Gehirn beschränkt sind. *Reiser* (2005) konnte in einer Untersuchung den Effekt imaginierter Muskelkontraktionen auf die isometrische Maximalkraft nachweisen. Im Gegensatz zur Kontrollgruppe verzeichnete die mental übende Gruppe einen signifikanten Kraftgewinn. Besonders effektiv wirkt Vorstellungstraining bzw. Imagination in Kombination mit physischem Training (*Feltz* et al. 1988). Offensichtlich führt das rein vorgestellte Ausführen einer sportlichen Aktivität aber auch zu Ermüdungseffekten. So berichteten Athleten, die auf dem Wege zu einem Wettkampf waren und die auszuführende sportliche Aktivität immer und immer wieder mental ausführten, dass sie im eigentlichen Wettkampf erschöpft waren und keine Topleistung abrufen konnten.

Die angesprochenen Studien belegen, dass Vorstellungstraining und Imagination den gewünschten Trainingseffekt für die Bewegungsausführung haben. Hinsichtlich der Erklärung der zugrunde liegenden Prozesse gibt es unterschiedliche Erklärungsansätze, die jedoch (noch) nicht eindeutig klären können, wie diese mentalen Verfahren wirken (siehe dazu *Munzert* und *Reiser* 2003, *Schack* 2006). Ungeachtet dessen geben verschiedene Studien Hinweise darauf, was beim Erlernen und bei der Durchführung von Vorstellungstraining und Imagination beachtet werden sollte.

Tipps für die Durchführung von mentalem Training

- Vorab sollte mit den Athleten geklärt werden, wie ihre Einstellungen zu diesen mentalen Verfahren sind. Günstig ist es, zunächst einige *Grundlagen über die Techniken* zu vermitteln. Um sich auf die Imagination voll einlassen zu können, müssen die Athleten von der Effektivität überzeugt sein. Je überzeugter Athleten davon sind, dass sie die imaginierte Bewegung auch tatsächlich ausführen können, desto häufiger setzen sie die Imagination auch ein (*Short* et al. 2005). Der Erfolg des Einsatzes von Imagination steht dabei in Zusammenhang mit motivationalen Persönlichkeitsfaktoren (*Harwood* et al. 2003). Die Autoren konnten nachweisen, dass Athleten mit hoher Aufgaben- und hoher Egoorientierung häufiger Imagination einsetzen als Athleten mit niedrigeren Ausprägungen dieser beiden Orientierungen.
- Imagination muss von Athleten zunächst *erlernt* werden. Oft wird irrtümlicherweise davon ausgegangen, dass sie dies von vornherein gut beherrschen. Für Anfänger hat es sich als sinnvoll erwiesen, wenn diese Verfahren an einem ruhigen Ort (z.B. in einem abgeschlossenen Raum) trainiert werden, so dass die Übenden ungestört sind und keine Ablenkungen erfahren.
- Vor dem Vorstellungstraining bzw. der Imagination sollte ein *Entspannungsverfahren* eingesetzt werden. Ein Vorstellungstraining, das mit einer einleitenden Entspannung begonnen wird, hat sich als erfolgreicher erwiesen als eines ohne vorangehende Entspannung (*Weinberg* et al. 1981). Dies hat unter anderem damit zu tun, dass Ängste, die mit der Bewegungsausführung verbunden sein können, in einem entspannten Zustand eher nicht auftreten und das Denken beherrschen werden. So kann der Turner bei einer schwierigen Barrenübung beispielsweise Angst vor einem Element haben, bei dem er sich verletzen könnte. Ein Slalomfahrer hat Angst, bei einem bestimmten Tor einzufädeln und zu stürzen. Ohne vorgeschaltete Entspannung können sich diese Ängste Zugang zur Vorstellung bahnen: Man sieht dann das Element der Barrenkür misslingen; der Skifahrer sieht sich stürzen. Genau dies würde dann durch das Vorstellungstraining programmiert werden. Schaltet man dem Vorstellungstraining eine Entspannung vorweg, können die Ängste den Zugang zur Vorstellung nicht bahnen, denn, wie im vorangehenden Kapitel ausgeführt, sind Angst und Entspannung miteinander unvereinbar. Zur Durchführung der Entspannung können die in Kapitel 4 aufgeführten Entspannungstechniken eingesetzt werden. Will man Vorstellungstraining bzw. Imagination unmittelbar vor einem Wettkampf einsetzen, so eignet sich die Atemtspannung, da diese die Wettkampfspannung nicht reduziert.
- Ferner ist es wichtig, dass die Athleten ein sehr *lebhaftes und kontrolliertes Bild* der mental zu trainierenden Bewegung haben. Hierzu kann es sinnvoll sein, das mentale Training direkt im Anschluss an ein praktisches Training durchzuführen, so dass die Bewegungsausführung noch sehr präsent ist. Für eine Imagination, bei der sich der Sportler den Sieg bei einem bevorstehenden Wettkampf vorstellen möchte, sollte der Wettkampfort vorher besucht oder Fotos von der Wettkampfstätte angesehen werden. Auch Videoaufnahmen können für das Erzeugen lebhafter Bilder sehr geeignet sein sowie schriftlich vorliegende Bewegungsbeschrei-

bungen, die zusammen mit dem Trainer erarbeitet wurden.
- Ein weiteres wichtiges Merkmal der sich vorzustellenden Situation ist, dass sie *positiver Natur* sein sollte. Athleten sollten es vermeiden, sich z.B. Fehlversuche oder Misserfolge vorzustellen (*Gould* und *Damarjian* 1996).
- Vorab sollte geklärt werden, welche Funktion das mentale Training erfüllen soll. Nach *Hall* et al. (1998) kann es zum Trainieren der Bewegungsausführung, zur Gedankenregulierung sowie zur Aktivierungs- und Emotionsregulation eingesetzt werden. Der Inhalt des mentalen Trainings sollte immer auf die Zielsetzung abgestimmt sein.
- Je nach Zielsetzung, die man mit dem Vorstellungstraining verbindet, kann die *Durchführungsdauer* unterschiedlich sein. Wenn die Zeit eine wichtige Komponente ist (wie etwa beim Sprint), und man einen erfolgreichen Wettkampf imaginieren will, sollte die Imagination in „Real Time" erfolgen, d.h., das mentale Training sollte so lange andauern, wie die tatsächliche Bewegungsausführung dauert. Geht es hingegen um die korrekte Ausführung einzelner Bewegungselemente im Techniktraining, so kann es hilfreich sein, wenn die Bewegung in „Slow Motion" durchgeführt wird (*Gould* und *Damarjian* 1996). Generell ungünstig ist es, wenn die Bewegungsausführung unterbrochen wird oder man sie sich rückwärts vorstellt.
- Beim mentalen Training wird oft diskutiert, ob Athleten die Bewegungsausführung aus einer *internaler* oder *externaler Perspektive* durchführen sollen. Bei der internalen Vorstellung blickt der Sportler wie durch den Sucher einer Kamera und sieht die Bilder so, wie wenn er die Bewegung gerade durchführt. Bei der externalen Sichtweise betrachtet sich der Sportler selbst dabei, wie er gerade die Bewegung ausführt. Es herrscht Uneinigkeit darüber, welche Form der Vorstellung bessere Ergebnisse erzielt. Eine Untersuchung mit Olympiateilnehmern verschiedener Sportarten zeigt, dass sie sowohl internale als auch externale Bilder verwenden (*Murphy* et al. 1990). *White* und *Hardy* (1995) zeigen, dass die Art der Bewegung für die Art der Vorstellung bedeutsam ist. So könnte beim Kanuslalom, bei dem schnelle Bewegungsveränderungen durchgeführt werden müssen, ein internaler Fokus wichtig sein, wohingegen in der Gymnastik, wo die äußere Erscheinung bedeutsam ist, ein externaler Fokus von Vorteil sein könnte. *In jedem Fall sollte* in der Betreuung der Fokus darauf liegen, mit dem Athleten gute, klare und kontrollierte Vorstellungen zu erzeugen – unabhängig davon, ob es sich dabei um internale oder externale Bilder handelt.
- Wie eingangs bereits erläutert, scheint mentales Training besonders effektiv zu sein, wenn es mit *physischem Training kombiniert* wird. Aus diesem Grunde sollte mentales Training nach Möglichkeit im Wechsel mit physischem Training stehen (*Igel* 2001).

Anders, als manche Sportreporter anlässlich von Bildern vor dem Start eines Weltcup-Slaloms suggerieren, kann man sich nicht einfach hinsetzen und den Slalomkurs in Gedanken durchfahren. Wenn man so naiv und unvorbereitet heranginge, könnte das Wettkampfergebnis sogar negativ beeinflusst werden. Der Läufer sieht sich z.B. am als besonders kritisch eingestuften Tor einfädeln und stürzen oder an einem Tor vorbeifahren. Es kommt auch vor, dass der Athlet bei einer Passage hängen bleibt und diese mehrfach hintereinander sieht, oder er verliert die Vorstellung komplett. Vorrangiges Ziel des Trainings ist es demnach, die Vorstellungen kontrollieren zu können.

Da die Technik in der Regel vor allem sprachlich vermittelt wird, fällt es den meisten Sportlern schwer, sich von in Sprache gefassten Technikgedanken zu lösen und sich das Gefühl einer erfolgreich ausgeführten Bewegung vorzustellen. Deshalb müssen Vorstellungstraining und Imagination systematisch aufgebaut und trainiert werden.

> **Aufbau eines Vorstellungstrainings**
> Voraussetzung ist die praktische Erfahrung mit der auszuführenden Tätigkeit
> - *Vorübung:* Um die Vorstellungsfähigkeit mit allen Sinnen zu schärfen, empfiehlt es sich, verschiedene Vorübungen durchzuführen. Ein Tennisball ist dafür sehr gut geeignet. Zunächst nimmt man diesen Tennisball mit allen Sinnesorganen wahr: Man sieht die gelbe Farbe, die Nähte, dreht dabei den Ball, um den Verlauf der Nähte zu sehen; spürt die flauschige Oberfläche des Balles; nimmt den intensiven Geruch des Materials wahr, aus dem der Ball gefertigt ist; hört das Geräusch, das der Ball beim Aufspringen macht. Dann wird der Ball weggelegt, und die Augen werden geschlossen. Nunmehr versucht man, alle Sinneseindrücke so lebendig wie möglich nachzuempfinden.
> - *Entspannungsverfahren:* z.B. Konzentration auf die verlängerte Ausatmung, bis der Kopf völlig frei ist.
> - *Aufbau der Vorstellung in mehreren Schritten:*
>   - Aufschreiben der zu übenden Aktion in allen relevanten Einzelheiten, mit allen Sinnesqualitäten. Manchmal kann es auch hilfreich sein, sich eine Zeichnung der Aktion zu machen.
>   - Inneres Durchsprechen des Aufgeschriebenen. Dies wird so lange trainiert, bis die Aktion sicher und ohne Stocken (auswendig) abläuft.
>   - Wie in einem Videofilm die Aktion durchlaufen sehen.
>   - Sich die Aktion mit allen Sinnesqualitäten aus der Innenperspektive vorstellen (imaginieren).

Knotenpunkte

Eberspächer (2007) empfiehlt, nachdem man die grundsätzliche Struktur der Aktion erarbeitet hat und sicher „subvokal" durchsprechen kann, „Knotenpunkte" als entscheidende Stellen der Übergänge der Bewegungsausführung zu beschreiben und diese anschließend symbolisch zu markieren. *Eberspächer* (2007, S. 74) beschreibt etwa die Knotenpunkte beim Tennisaufschlag wie folgt: Ballhochwerfen (1. Knotenpunkt), Bogenspannung (2. Knotenpunkt), Schlägerrückführung (3. Knotenpunkt), Streckung (4. Knotenpunkt), Abklappen des Schlägers (5. Knotenpunkt). Die symbolischen Markierungen sind dann Kurzformeln für diese Knotenpunkte. Er gibt das Beispiel einer symbolischen Markierung durch einen Diskuswerfer: Laaang (Eindrehen) – Sta (Landung zur Wurfauslage) – Pap (Abwurf).

Die Beschreibung der Knotenpunkte soll helfen, die Struktur der Bewegungsausführung zu verdeutlichen. Durch die symbolische Markierung der Knotenpunkte soll der Bewegungs-

rhythmus besser aufgenommen und betont werden, um die Ausführung zu erleichtern.
Bei fließenden Bewegungen ohne natürlich definierte Stopp- oder Übergangspunkte kann dies, wie bereits angedeutet, problematisch werden und den Bewegungsfluss stören. *Ehrlenspiel* (2001) fand beispielsweise eine erhöhte muskuläre Aktivierung in Knotenpunkten, die bei einem Basketballfreiwurf definiert worden waren. Als Folge dieser phasenweise erhöhten Aktivierung litt der Bewegungsfluss, was sich in einer erhöhten Bewegungsungenauigkeit (erhöhte kinematische Varianz) niederschlug und damit eher schlechtere Leistungen zur Folge hatte. Ebenso zeigte sich in anderen Untersuchungen, dass sprachliche Markierungen von Nachteil sein können, weil sie eine Dominanz der linken Gehirnhälfte mit den dort befindlichen Sprachzentren zu Lasten der ganzheitlichen Bewegungssteuerung mit räumlich-zeitlicher Koordinierung durch die rechte Gehirnhälfte erzeugen (*Crews* 2004). Eine Knotenpunktdefinition sollte also möglichst nur dort erfolgen, wo sie im Ablauf der Bewegung natürlicherweise gegeben sind, z.B. das Absetzen der Hantel auf der Brust beim Gewichtheben. Symbolische Markierungen sollten nicht sprachlich sein und schon gar keine Technikgedanken beinhalten, sondern eher im Sinne eines musikalischen Rhythmus eingesetzt werden.

Regieanweisungen

Umfassendere sportliche Abläufe, z.B. ein ganzer Skiabfahrtslauf mit seinen wechselnden Anforderungen, können durch so genannte Drehbücher organisiert und anschließend im mentalen Vorstellungstraining trainiert werden. Wichtig ist es, auch hier eine Innenperspektive einzunehmen, spezifische, knappe Anweisungen (keine Technikgedanken) zu geben und möglichst alle Sinne zu beteiligen. Die Athleten sollen für sich selbst bedeutsame konkrete Anweisungen (Regieanweisungen) entwickeln, aufschreiben und auswendig lernen, die ihnen Orientierung geben, was sie in verschiedenen Situationen tun sollen und wie sie ihre Gedanken regulieren können. Beispielsweise kann eine Basketballspielerin, die weiß, dass sie in kritischen Spielsituationen nervös wird und nach einem misslungenen Wurf blockiert ist, ein Drehbuch für genau diese Situation nach folgendem Muster entwickeln: bei freier Wurfbahn Dreipunktewurf nehmen – hopp – wenn kein Rebound (Treffer oder Ballverlust) Gedankenstopp (Stoppschild sehen) – Umdrehen – Zurückrennen – Defense.

Praxisbeispiel

Entwickeln eines Drehbuchs für den Skiabfahrtslauf

Die Vorbereitungen für die Imagination und Entwicklung eines Drehbuchs für den Skiabfahrtslauf und insbesondere den Super-G (bei dem vorab nicht der eigentliche Lauf trainiert, sondern nur der Hang befahren werden kann und der daher besondere Anforderungen an das Einprägungsvermögen stellt) bei den Olympischen Spielen in Lillehammer 1994 begannen im Sommer 1993. Ein wichtiges Element war es, „rote Ampeln" zu vermeiden. Der Begriff „rote Ampeln" ging darauf zurück, dass bei wichtigen Rennen diverse Funktionäre vom Pistenrand Botschaften an den Sportler funkten wie „bei dem Eck musst du aufpassen", „hier ist es heute gefährlich", „das fährt sich anders als im Training" und damit an diesen Stellen durch das Aufstellen der „roten Ampeln" provozierten, dass an diesen Stellen die Bremse angezogen wurde. Im Drehbuch sollten stattdessen möglichst konkrete Handlungsanweisungen stehen und eher „Ampeln auf grün gesetzt" werden für Passagen, in denen man „Gas geben kann".

Das Vorbereitungstraining fand in der Halle statt. In dieser wurde ein Parcours aufgebaut, der mit verschiedenen Aufgabenstellungen zu durchlaufen war. Zunächst war aus dem Laufen auf ein Skateboard zu springen und mit diesem dann Slalomstangen zu durchfahren. Es folgte ein Sprung in ein Minitramp, von dort auf einen Kasten, weiter auf den Schwebebalken. Danach ging es über eine umgedrehte Bank, wo in Längsrichtung von einem Bein auf das andere gesprungen werden musste. Dieser Parcours war auf Zeit zu bewältigen. Die Läufer besichtigten diesen Kurs zunächst und überlegten sich, was sie wo machen würden. Dann gingen sie aus der Halle und entwickelten das Drehbuch. Einige zeichneten sich den Parcours zunächst auf, andere gaben sich Stichwörter für die Elemente, die nach ihrer Vorstellung nicht automatisch zu durchlaufen waren. Für die Schlüsselstellen des Parcours wurden dann Regieanweisungen formuliert: mittig auf das Skateboard springen, ein Bein vor das andere (auf dem Schwebebalken) und für die unproblematischen Passagen einfach ein „Go" oder „Gas". Danach wurde das Drehbuch mental trainiert, wobei man genau imaginierte, wie man die einzelnen Passagen laufen würde. Anschließend erfolgte in der Halle ein praktischer Durchlauf. Die Erfahrungen wurden ausgewertet und das eigene Drehbuch optimiert.

Das hier Trainierte wurde später analog für die Situation auf dem Schnee umgesetzt. Der besichtigte Kurs mit der zu fahrenden Linie wurde aufgezeichnet. Die Schlüsselstellen wurden herausgearbeitet und konkrete Anweisungen, genau wie im Sommer trainiert, formuliert. Anschließend folgte die Imagination des Laufs.

Routinen

Viele der im Vorangehenden beschriebenen Fertigkeiten lassen sich für den Abruf in der Wettkampfsituation in so genannte Routinen integrieren. Unter einer Routine wird ein stets annähernd gleich ablaufender Vorgang verstanden. Routine in etwas zu haben, bedeutet im Allgemeinverständnis, dass man dies ohne nachzudenken sicher erledigen kann. Wer routiniert handelt, ist dabei auch nur schwer aus dem Konzept zu bringen und zu stören. Kennzeichen der Routine ist, dass sie immer durchgeführt wird und im Idealfall immer gleich ist.

Im Gegensatz zu Ritualen sind Routinen zwar gut organisiert, aber lassen dennoch Flexibilität zu (*Schack* et al. 2005). Außerdem – und das ist die wichtigste Unterscheidung – umfassen Routinen Fertigkeiten, die für die Lösung der anstehenden Aufgabe funktional sind, zum Beispiel zum Beseitigen störender Gedanken und zum Aufbau von Konzentration und Wettkampfspannung. Rituale haben etwas Zeremonielles an sich und können abergläubische Elemente enthalten. So entwickelte beispielsweise ein Fußballbundesligatrainer das Ritual, zu jedem Spiel einen gelben Pullover anzuziehen, da er glaubte, dass seine Mannschaft nicht verlieren könne, wenn er zum Spiel diesen Pullover trug. Hier wird deutlich, dass Rituale im Gegensatz zu Routinen in der Regel keine Fertigkeiten beinhalten, die Einfluss auf die Leistung nehmen können. Rituale können zweifellos von Nervosität ablenken und Selbstvertrauen stiften. Wenn sich eine Mannschaft vor dem Spiel im Kreis aufstellt, sich die Spieler bei den Händen nehmen und gemeinsam ihren „Kriegsruf" brüllen, kann dies Teamgeist aktivieren.

Die Funktion von Routinen liegt demgegenüber in einer Stabilisierung von Verhalten über Fertigkeiten. Sie schaffen einen „absichtsvollen Mikrokosmos, der kontrolliert werden kann (*Schack* et al. 2005, S. 145) mit dem Ziel, die Handlungsvorbereitung zu optimieren. Man durchläuft eine Sequenz von Aktionen, die jede für sich zur Vorbereitung oder Nachbereitung eines Freiwurfs, Elfmeterschusses oder eines Golfschlages nützlich sind. Indem diese Aktionen in eine Routine eingebaut werden, wird einerseits sichergestellt, dass keine der Aktionen, die jede für sich eine Funktion erfüllt, vergessen wird. Andererseits werden die Aktionen in der Routine auch in eine feste, optimale Reihenfolge gebracht. So sollte beispielsweise vor der Visualisierung der geplanten Handlung eine Konzentration auf die Atmung erfolgen, um den Kopf frei zu bekommen. Schließlich helfen die Routinen auch, die Gedanken zu kontrollieren. Sie bringen gewissermaßen den Grübler in uns zum Schweigen.

Diese Sequenz der Aktionen in einer Routine besteht sinnvollerweise aus Fertigkeiten, die zielführend sind. Es ist zum einen sehr wichtig, dass die Sequenz der Aktionen geschlossen ist, also keine Zeit übrig bleibt, die nicht durch Aktionen ausgefüllt wird – unausgefüllte Zeit lässt Zeit für störende, zweifelnde Gedanken. Zum anderen ist für die Automatisierung der Routine und damit der gewonnenen Handlungssicherheit wesentlich, dass die Aktionen und deren Anzahl nicht beliebig von Handlung zu Handlung variieren, sondern relativ konstant ausgeführt werden. Anderenfalls wäre es eben keine Routine mehr. Man sollte also keinesfalls zum Beispiel vor einem Basketballfreiwurf den Ball bei einem Wurf zweimal, bei einem anderen hingegen fünfmal auftippen. Das häufigere

Auftippen könnte ein Anzeichen von Unsicherheit sein und für den Spieler zu einem entsprechenden körperlichen Marker werden, der Unsicherheit abruft.

Athleten müssen ihre ganz individuellen Routinen entwickeln. Je besser sie die Funktionen ihrer Routine verstehen und je besser sie ihren individuellen Bedürfnissen entspricht, desto effektiver wird die Routine sein (vgl. *Schack* et al. 2005, S. 138). Eine Vielzahl von Untersuchungen bestätigt die Effektivität von Routinen (*Boutcher* 1990, *Cohn* 1990, *Heishman* 1989). *Crews* und *Boutcher* (1986) fanden etwa, dass erfahrene und erfolgreiche Golferinnen wesentlich elaboriertere Preshot-Routinen hatten als unerfahrene und diese auch erheblich konsistenter anwendeten.

Studien in verschiedenen Sportarten belegen, dass die besten Leistungseffekte mit Routinen erzielt werden, die sowohl kognitive Elemente (Aufmerksamkeitsfokussierung, Slogans etc.) als auch körperliche Elemente (Atmung, Probebewegung etc.) beinhalten: Turmspringen (*Highlen* und *Bennett* 1983), Golf (*Cohn* et al. 1990), Tennis (*Moore* 1986), Turnen (*Mahoney* und *Avener* 1977) und Volleyball (*Schack* 1997).

Man unterscheidet Routinen vor (prä), nach (post) und zwischen (between) sportlichen Leistungshandlungen. Routinen kommen sowohl in Einzel- als auch Mannschaftssportarten zum Einsatz. So kann eine Mannschaft vor Beginn eines Spiels eine Routine durchführen, um besser ins Spiel zu kommen. Wichtig ist, dass individuelle Routinen nicht in Konflikt mit Mannschaftsroutinen kommen. Eine wichtige Aufgabe sportpsychologischer Diagnostik (z.B. durch Spielbeobachtungen, Auswertung von Spiel- bzw. Wettkampfstatistiken) kann es sein, Schwächeperioden im Wettkampfgeschehen zu identifizieren. So kann beispielsweise festgestellt werden, dass eine Mannschaft oder ein Athlet schlecht in den Wettkampf hineinkommt oder der Wiedereinstieg nach einer Pause schwer fällt. Häufig wird auch festgestellt, dass nach (unerwarteten) Misserfolgen (Rückstand, kein Torerfolg) das Selbstvertrauen und die Konzentration zusammenbrechen. Diese Probleme können über Routinen erfolgreich behandelt werden.

Präroutine
In einer Präroutine können je nach Anforderungen der Sportart und der Situation drei Phasen unterschieden werden (*Beckmann* im Druck):
- *Planung*s- und Entscheidungsphase: rational Informationen verarbeiten und abwägen, was zu tun ist und dann konsequent eine Entscheidung treffen, bei der eine „Line of Commitment" überschritten wird. Danach gibt es kein Zurück und keine Zweifel mehr.
- Vorbereitungsphase: Die Handlung, für die man sich entschieden hat, wird vorbereitet, z.B. durch „Kopf frei atmen", Visualisieren, Probehandeln, aufrecht und entschlossen an den Start gehen.
- Ausführungsphase: z.B. auf das Ziel ausrichten, durchatmen, sich ein klares Signal (Go-Signal) für die Ausführung geben. Das klare, entschlossene Go-Signal ist hierbei besonders wichtig, um keine Unsicherheit mehr aufkommen zu lassen. Fatal wäre es, vor der Ausführung darauf zu warten, dass sich das gute Gefühl für die Handlung einstellt. Dadurch würde man genau die Kontrolle abgeben, die man durch eine Routine zu gewinnen sucht.

Postroutine

In der Postroutine geht es darum, das Erlebte zu verarbeiten, daraus zu lernen, um zu wissen, was man zukünftig tun soll. Die Postroutine hat z.B. ganz explizit die Funktion zu verhindern, dass sich ein Sportler nach einer misslungenen Aktion völlig hilflos fühlt und Kontrollverlust erlebt, der durch den inneren Dialog „Ich weiß auch nicht, was heute los ist" zum Ausdruck gebracht wird. Kommt es zu diesem inneren Dialog, sinken die Erfolgserwartungen dramatisch. Deshalb gibt es in der Postroutine gedankliche (kognitive) Elemente der Analyse und Bewertung mit nach vorn orientierten Schlussfolgerungen (was habe ich gelernt, was kann ich tun) und auch körperliche Elemente. Letztere dienen dazu, die hochgefahrene Aktivierung wieder zu reduzieren und stellen gleichzeitig eine Form des Embodiments dar. So sollte die Wiederholung einer gelungenen Bewegung diese Bewegung festigen. Das (ggf. auch mehrfache) Wiederholen der Bewegung nach einer misslungenen Aktion kann beim Abbau der körperlichen Seite der Frustration helfen: den Frust durch eine zielführende Bewegung abbauen.

Beckmann (im Druck) hat eine vierphasige Grundstruktur für die Postroutine entwickelt und diese mit dem Kürzel „*KABA*" bezeichnet.

- K steht dabei für *Kontrolle der Körperposition*. Nach der Aktion wird zunächst beispielsweise eine aufrechte Körperposition mit „stolz geschwellter Brust" gehalten.
- Gleichzeitig mit dieser körperlichen Aktion wird eine *kognitive Analyse (A)* des soeben Geschehenen durchgeführt. Es wird analysiert und bewertet, inwieweit die Aktion dem formulierten Ziel entsprach, ggf. warum sie misslungen ist. Die Analyse richtet sich ausschließlich auf die Ausführungsebene und beinhaltet keinesfalls eine Selbstbewertung („du bist ja so schlecht", „du kannst ja wirklich gar nichts"), da hierdurch Selbstbewertungsschleifen entstehen, aus denen man nur schlecht wieder herauskommt und die natürlich das Selbstvertrauen rauben (*Beckmann* 1994).
- B steht für *Bewegung*. Es wird eine zielführende körperliche Aktion ausgeführt. Diese besteht in der Regel aus der zuletzt ausgeführten und analysierten Bewegung; z.B. wird die Bewegung des Tennisaufschlags wiederholt – und zwar so, wie sie optimal ist. Die Bewegung baut zum einen Adrenalin ab; sie verstärkt zum anderen eine gute Aktion und erhöht die Wahrscheinlichkeit, dass diese wieder gezeigt wird. Gleichzeitig hilft diese Betonung des Gelungenen, Selbstvertrauen aufzubauen. Die realisierte Bewegung zeigt nach einer schlechten Aktion, wie es besser geht und dass man es tatsächlich besser kann.
- Um zur nächsten Aktion übergehen zu können, muss man die vorangehende abschließen, gewissermaßen einen Punkt setzen. Das geschieht über das A, denn dieses steht für *Abschluss*. Hier wird eine Aktion ausgeführt, die eindeutig den Abschluss des soeben Ausgeführten anzeigt. Mannschaftsspieler klatschen sich nach einer Aktion als bestärkendes oder aufmunterndes Signal oft ab, der Golfspieler kann z.B. den Schläger in seine Golftasche stecken usw.

Es ist wichtig, dass gerade im Nachwuchsbereich eine Postroutine nicht nur nach einer schlechten Aktion, sondern auch nach guten Aktionen durchgeführt wird. Allzu oft wird die gute Aktion als das Erwartete einfach hingenommen, und man geht zu schnell ohne Nachbereitung zum nächsten Punkt über. Mithilfe der Postroutine kann der Athlet aus einer misslungenen Aktion etwas lernen. So war keine schlechte Aktion nutzlos, weil er Lehren daraus zieht. Zusätzlich sollte der Athlet nicht dem Schlechten mehr Aufmerksamkeit widmen als dem Guten. Tut er dies, bleiben ihm vor allem seine Misserfolge im Gedächtnis. Im Gegensatz dazu sollte er vielmehr das Gute mitnehmen, denn das zeigt ihm, was er kann, und baut sein Selbstvertrauen auf.

Weiterführende Literatur

Eberspächer, H. (2007). Mentales Training. Das Handbuch für Trainer und Sportler. München: Copress.

Taylor, J., Wilson, G. (2005). Applying Sport Psychology. Champaign, Il.: Human Kinetics.

Erholung, Belastung, Vermeiden von Übertraining 6

Einleitung

„Ich konnte eine persönliche Bestleistung erzielen und den 2. Platz bei den Junioren-Europameisterschaften erreichen, weil ich genug Zeit hatte, mich vom Trainingslager zu erholen, das direkt vor den Meisterschaften stattgefunden hat." Diese Aussage einer jungen Hochspringerin unterstreicht, wie wichtig in der Wahrnehmung erfolgreicher Athleten ausreichende Erholung für die Erzielung von Spitzenleistungen ist.

Auch die wissenschaftliche Forschung hat sich in den letzten Jahren verstärkt dem Thema Erholung gewidmet. Ältere Arbeiten bezogen sich immer nur auf die Regeneration. Erholung ist aber mehr als das reine Wiederauffüllen psychophysiologischer Leistungsressourcen. Erholung integriert die verschiedenen physiologischen subjektiven sowie proaktiven (selbst initiierten) handlungsorientierten Komponenten; dies schließt die Regeneration ein (*Kellmann* und *Kallus* 1999). In den letzten Jahren wurde insbesondere im Leistungssport die Bedeutsamkeit einer über physische Regeneration hinausgehenden Erholung erkannt. Findet kein Ausgleich der Trainings- und Wettkampfbeanspruchungen statt, kann eine längerfristige unzureichende Erholung bei Athleten zu Übertraining, Burnout und Leistungseinbußen führen. Insofern enthält das in diesem Buch dargestellte Strukturmodell sportpsychologischer Betreuung auch eine vierte, übergeordnete Ebene, bei der es um eine möglichst annähernd kontinuierliche Erfassung (Monitoring) der Erholungs-Beanspruchungs-Bilanz von Athleten geht.

In diesem Kapitel wird verdeutlicht, dass Erholung ein Schlüsselelement für die Entwicklung und den Erhalt sportlicher Leistung ist. Es wird auch thematisiert, wie die Erholung gemessen und wie ein Übertraining verhindert werden kann.

Definition und Kennzeichen von Erholung

In den meisten wissenschaftlichen Definitionen wird Erholung als Ausgleich tätigkeitsbedingter Defizite des Organismus bezeichnet. Damit ist gemeint, dass durch Erholung eine Wiederherstellung des Ausgangszustandes erfolgt. *Allmer* und *Niehues* (1989, S. 18) kennzeichnen

Erholung demgemäß als Prozess, „durch den die psychischen Beanspruchungsfolgen vorangegangener Tätigkeiten ausgeglichen und die individuellen Handlungsvoraussetzungen wiederhergestellt werden".

Im Leistungssport ist Erholung ein wesentlicher Prozess. Nicht nur, um Übertraining und Burnout zu vermeiden. Erholung ist auch an der Trainingswirkung beteiligt. Erholung kann ferner wesentliches Element in der unmittelbaren Wettkampfvorbereitung sein. Bevor wir zu diesen Aspekten kommen, werden grundlegende Merkmale von Erholung genannt, deren Verständnis für die praktische Arbeit des Sportpsychologen und auch des Trainers sehr wichtig ist.

> **Definition von Erholung**
> **(nach *Kellmann* 2002, S. 10)**
> Ein inter- und intraindividueller auf verschiedenen Ebenen (psychisch, physisch, sozial) angesiedelter Prozess in der Zeit zur Wiederherstellung von Leistungsfähigkeit. Erholung beinhaltet eine handlungsorientierte Komponente: Selbstinitiierte Aktivitäten können systematisch zur Optimierung situativer Bedingungen und zum Aufbau und Auffüllen persönlicher Ressourcen und Puffer genutzt werden.

Individuelle Erholungsstrategien

Entscheidend ist zunächst, dass Erholung personenspezifisch und von individuellen Bewertungen abhängt. In der Arbeit der Zweitautorin mit einer Gruppe von Kader-Leichtathleten fragte sie die Sportler, wie sie sich am besten erholen. Für eine Athletin wirkte es sehr entspannend, viel Zeit in einem Schuhladen zu verbringen und sich dort neue Schuhe zu kaufen, wohingegen dies für einen männlichen Athleten die schlimmste und am stärksten belastende Aktivität darstellte, die er sich vorstellen konnte. Das Beispiel verdeutlicht, dass Sportler verschiedene Erholungsstrategien und -bedürfnisse haben können. Daraus folgt für die praktische Arbeit: Erholungsaktivitäten können nicht für alle Mitglieder einer Trainingsgruppe vorgegeben werden, sondern müssen individuell abgestimmt werden. Nach ein und derselben Aktivität ist der eine Sportler sehr entspannt, wohingegen ein anderer sich nicht im Geringsten erholt fühlt. Eine vom Trainer sehr häufig angeordnete Erholungsaktivität ist ein gemeinsamer Saunabesuch nach dem Training. Hierbei wird aber oft außer Acht gelassen, dass sich manche Sportler in der Sauna nicht wohl fühlen und hier keinesfalls nach einem anstrengenden Training erholen können.

Erholung braucht also individuelle Freiräume. Sie muss für jeden Athleten individuell geplant werden. Im Rahmen einer sportpsychologischen Betreuung ist es daher sehr wichtig, mit den Sportlern gemeinsam ihre persönlichen optimalen Erholungsstrategien zu erarbeiten. Dabei gilt es zu berücksichtigen, dass jede Person über mehrere Alternativen verfügen sollte, denn manchmal ist die bevorzugte Erholungsstrategie nicht einsetzbar oder aufgrund externer oder interner Umstände nicht effektiv umsetzbar. Zum Beispiel kann die Erholungsstrategie „Massage" im gewohnten Umfeld eines Olympiastützpunktes optimal sein. Im Trainingslager kann es jedoch durchaus vorkommen, dass kein Physiotherapeut anwesend ist. Dann ist es wichtig, dass die Athleten alternative Methoden kennen und anwenden können.

Schlaf, Bewegung

Schlaf ist eine ganz wesentliche Erholungsmaßnahme. Vor allem im Trainingslager, insbesondere mit Jugendlichen, ist darauf zu achten, dass hinreichend Schlaf guter Qualität möglich ist. Erholung muss aber nicht rein passiver Natur sein. Erholung kann in drei Formen unterteilt werden – *passive, aktive* und *proaktive Erholung*. Lange herrschte die Meinung vor, Erholung könne nur in passiver Form (z.B. in Ruhezeiten) stattfinden. Sportwissenschaftliche Studien haben jedoch gezeigt, dass der Erholungswert von moderater Bewegung gegenüber Passivität erhöht ist (z.B. *Ahmaidi* et al. 1996). Im Sport bezeichnet man moderate körperliche Betätigung im Erholungsprozess als aktive Erholung, während die passive Erholung durch Sitzen oder ruhiges Liegen gekennzeichnet ist (*Hollmann* und *Hettinger* 2000).

Massagen, Bäder, Sauna

Passive Erholung schließt auch Anwendungen wie Massagen, heiße und kalte Bäder, Dampfbäder und Sauna ein. Diese Erholungsmaßnahmen wirken durch physiologische physikalische Reize (Hitze, Kälte, Druck), die den Blutfluss, die Atemfrequenz und den Muskeltonus beeinflussen. Zusammengefasst beinhaltet passive Erholung automatisierte psychologische und biologische Prozesse, um den Ausgangszustand wiederherzustellen. In der Praxis werden meist diejenigen Aktivitäten, die zur passiven Erholung zählen, als einzige systematisch angewendet.

Abwärmaktivitäten

Erholung ist jedoch auch ein proaktiver, selbst initiierter Prozess, um die psychologischen und physiologischen Ressourcen wiederherzustellen. Im Sport sind aktive Erholungsmaßnahmen wie Auslaufen, Ausschwimmen, Muskelentspannung und Dehnübungen als Abwärmaktivitäten (Cool-down) nach dem Training oder Wettkampf bekannt. Der Zweck solcher Übungen ist, Ermüdungszustände durch gezielte körperliche Aktivität zu eliminieren. Während des Cool-downs ist eine erhöhte Durchblutung der Muskulatur für eine erhöhte Ausschwemmung der Stoffwechselprodukte verantwortlich, z.B. wird Laktat nur geringfügig in der Muskulatur eingelagert, und Gase, die über das Blut transportiert werden, können schneller auf ein normales Niveau absinken.

In Erholungsperioden ist leichte körperliche Betätigung der absoluten Ruhe überlegen, da hierdurch eine höhere Blutströmungsgeschwindigkeit aufrechterhalten wird. So kann in kürzerer Zeit mehr Laktat aus den Muskeln abtransportiert werden. Auf einem niedrigeren Beanspruchungsniveau mit vollständiger Ruhe verläuft der Laktatabbau langsamer. Ist die Beanspruchung allerdings zu hoch gewählt, wird wiederum zusätzlich Laktat produziert (*Maglischo* 1993). Deshalb darf das gemeinsame Auslaufen der Mannschaft nicht zu einem internen Wettlauf ausarten.

Debriefing

Die Nachbereitung eines Wettkampfes ist eine wichtige Maßnahme, die der Erholung dient. Bei diesem „Debriefing" geht es darum, das im Wettkampf Erlebte aufzuarbeiten und daraus Erfahrungen bzw. Schlüsse zu ziehen, um es zu einem Abschluss zu bringen. Anderenfalls besteht die Gefahr, dass nicht erfolgreich erledigte Absichten immer wieder ins Bewusstsein dringen. Wenn es sich um Misserfolgserlebnisse handelt, bahnen sie negativen Gefühlen den Weg und reduzieren das Selbstvertrauen. Es sind insbesondere misserfolgsängstliche

und lageorientierte Athleten, die sich hier in negativen Selbstbewertungsschleifen verfangen können: „Ich habe versagt. Warum bin ich überhaupt angetreten? Ich wusste doch, dass ich es nicht wirklich drauf habe. – Das war wirklich kläglich. Ich bin eben ein Versager..." (*Beckmann* 1999). Ziel eines Betreuungsgespräches ist es, die Selbstreflexion so zu lenken, dass die Analyse auf einer sachbezogenen Ebene bleibt:
- Was ist das Ergebnis?
- Wie ist es in Relation zu meinen Zielsetzungen und bisherigen Leistungen zu bewerten?
- Woran lag es, dass ich die angestrebten Ziele nicht erreicht habe?
- Was hätte ich anders machen müssen?
- Welche Konsequenzen für die Vorbereitung auf den nächsten Wettkampf kann ich aus dieser Analyse ziehen?

Idealerweise schließt diese Analyse mit der Bildung einer konkreten Vornahme für das Training und den nächsten Wettkampf ab.

Nach *Hogg* und *Kellmann* (2002) kann nur durch ein Debriefing eine Distanzierung vom absolvierten Wettkampf erreicht und so der Erholungsprozess unterstützt werden. Tatsächlich zeigen verschiedene Studien, dass eine systematische Nachbereitung eher zu einer Deaktivierung führt, als Versuche sich abzulenken (*Beckmann* 1999).

Man muss natürlich den richtigen Zeitpunkt für ein Debriefing finden. Sicherlich ist es nicht ratsam, den Athleten unmittelbar nach einem verpatzten Wettkampf zu einem Gespräch abzufangen.

Hogg und *Kellmann* (2002) schlagen 6 Stufen eines Debriefing-Prozesses vor:
1. Festlegung von Zeit, Ort und Anlass des Debriefing
2. Selbstanalyse des Athleten
3. Austausch von eigenem und fremdem Feedback
4. Bewusstwerden möglicher Veränderungen und Handlungsalternativen
5. Neue Zielsetzung
6. Self-Monitoring

Hogg und *Kellmann* (2002) meinen, dass über ein solches Debriefing eine Verbesserung der Lebenszufriedenheit, der inneren Zufriedenheit und das (Wieder-) Entdecken von Spaß am Sport erreicht werden können. Hinzufügen kann man noch, dass einer Beeinträchtigung des Selbstwertgefühls entgegen gewirkt und der Gefahr eines Fokusverlustes beim nächsten Wettkampf durch das Aufkommen von Gedanken an den schlechten Wettkampf, so genannte Intrusionen, vorgebeugt werden kann.

Entspannungsverfahren
Eine weitere wesentliche Erholungsmaßnahme kann aktive Entspannung sein. Die Anwendung von Entspannungsverfahren (siehe dazu Kap. 4), z.B. progressiver Muskelentspannung oder autogenem Training, unterstützt und beschleunigt die körperliche Regeneration in Trainings- bzw. Wettkampfpausen. Daher wird die Effektivität eines Trainingslagers gesteigert, wenn z.B. jeden Abend ein Entspannungstraining auf dem Plan steht. Ebenso lässt sich die Leistungsfähigkeit bei mehrtägigen Wettkämpfen besser aufrechterhalten, wenn am Ende eines Wettkampftages Entspannungseinheiten durchgeführt werden.

Einflussfaktoren

Zeit
Neben der hochgradigen Individualität kommt hier ein weiterer wichtiger Aspekt von Erholung

ins Spiel: Erholung braucht Zeit. Dabei hängt die Zeit, die für eine ausreichende Erholung benötigt wird, von den vorausgehenden Aktivitäten und der Dauer der Beanspruchung ab. Im Leistungssport benötigen Sportler in Phasen mit hohen Trainingsumfängen mehr Zeit für Erholung als in Phasen mit niedrigen Trainingsumfängen und/oder -intensitäten.

Situative Bedingungen

Ferner ist Erholung eng an situative Bedingungen gebunden. In einem Trainingslager ließ die Leistung eines Sportlers allein durch schlechte Schlafqualität nach. Diese war dadurch bedingt, dass sein Bett zu kurz und die Matratze zu weich waren. Dieses Beispiel verdeutlicht die Auswirkungen situativer Bedingungen, welche Erholung beeinflussen (z.B. Schlaf, Qualität des Bettes, Kontakt zum Partner) sehr schön.

Im Leistungssport können die situativen Bedingungen eine besondere Rolle spielen, da Athleten im Leistungssport selten konstante Bedingungen vorfinden. Bei Wettkampfreisen oder Trainingslagern kommt es oft vor, dass der Zimmernachbar schnarcht oder ein Bett durchgelegen oder zu kurz ist. Dies kann bereits bei Nachwuchstalenten in einem Sportinternat der Fall sein. So fanden *Elbe* et al. (2004) deutlich niedrigere Erholungswerte bei den Schülern, die im Internat untergebracht waren, als bei denjenigen, die zu Hause wohnten. Zurückzuführen war dieser Unterschied vor allem auf niedrigere Schlafwerte der Internatsschüler, die alle in Doppelzimmern untergebracht waren.

Die Empfindlichkeit eines Individuums in Bezug auf störende Ereignisse hängt von dessen eigenen Erfahrungen ab. Trainer müssen sich solcher Umstände bewusst sein. Sie sollten ihre Sportler ermutigen, über Störungen in ihrer Umgebung zu sprechen. Der Trainer ist schließlich nicht regelmäßig anwesend, wenn der Zimmergenosse schnarcht. Des Weiteren können situative Umstände oft auf einfache Art und Weise geändert werden, wenn der Trainer von diesen Umständen früh genug erfährt. Hinweise auf derartige Probleme kann auch der Erholungs-Belastungs-Fragebogen von *Kellmann* und *Kallus* (2000) liefern, auf den näher eingegangen wird.

Wie kann man Erholung messen?

Erholung ist für die Praxis des Wettkampf- und Leistungssports sehr bedeutsam, wie hinlänglich belegt ist. Für die Praxis der Sportpsychologie ist eine wesentliche Frage, wie Erholung festgestellt bzw. gemessen werden kann. Es gab verschiedene Ansätze, um „Erholung" und auch den Gegenpol „Untererholung" bis zu „Übertraining" über physiologische Indikatoren zu messen. Dabei zeigte sich, dass psychologische Instrumente offenbar besser geeignet sind, um Erholung bzw. Untererholung zuverlässig festzustellen, als physiologische Verfahren (*Kellmann* 2002 b). Es gibt offensichtlich keine physiologischen Indikatoren, mit deren Hilfe ein sich anbahnender Zustand des „Übertrainings" sicher diagnostizierbar ist (*Kuipers* 1998). Ein weiterer Vorteil von Fragebögen ist, dass sie sehr ökonomisch sind, ohne großen Aufwand eingesetzt und schnell ausgewertet werden können. Dadurch ist die Information unmittelbar vorhanden.

Erholungs-Belastungs-Fragebogen

Als im Leistungssport zentrales Instrument zur Bestimmung des Erholungs-Belastungs-Zustandes hat sich der EBF-Sport (Erholungs-Belastungs-Fragebogen für Sportler; *Kellmann* und *Kallus* 2000) etabliert, der eine aktuelle quantitative Aussage über die Erholungs- und Belastungsbilanz von Sportlern erlaubt. Mit über insgesamt 19 Subtests und 72 Items erfragt der EBF-Sport allgemeine und sportspezifische Aussagen, die ein Bild über den aktuellen Beanspruchungs- und Erholungszustand ergeben.

Diese Aussagen betreffen Gegebenheiten, die „in den letzten 3 Tagen/Nächten" stattgefunden haben. Der Athlet gibt auf jeweils siebenstufigen Häufigkeitsskalen an, wie oft das erfragte Ereignis in den letzten 3 Tagen/Nächten eingetreten ist. Ein Item lautet beispielsweise: In den letzen 3 Tagen/Nächten ... konnte ich meine Arbeit nur schleppend erledigen: nie (0), selten (1), manchmal (2), mehrmals (3), oft (4), sehr oft (5), immerzu (6)

Der EBF-Sport besteht aus 12 allgemeinen sowie 7 sportspezifischen Erholungs- und Beanspruchungsskalen. Die einzelnen Skalen mit entsprechenden Beispielitems zeigt Tabelle 2. Der EBF-Sport kann in ca. 8 bis 10 Minuten ausgefüllt werden. Eine etwas kürzere Version, der EBF-36 Sport, ist ebenfalls verfügbar.

1	allgemeine Beanspruchung	... war ich betrübt
2	emotionale Beanspruchung	... war ich gereizt
3	soziale Beanspruchung	... habe ich mich über andere geärgert
4	Konflikte	... stand ich unter Leistungsdruck
5	Übermüdung	... war ich nach meiner Arbeit todmüde
6	Energielosigkeit	... konnte ich meine Arbeit nur schleppend erledigen
7	somatische Beanspruchung	... fühlte ich mich körperlich matt
8	Erfolg	... hatte ich Erfolg
9	soziale Erholung	... habe ich mich amüsiert
10	somatische Erholung	... fühlte ich mich ausgeglichen
11	allgemeine Erholung	... war ich zufrieden
12	Schlaf	... habe ich unruhig geschlafen
13	gestörte Pause	... wurde ich in den Pausen zu stark beansprucht
14	emotionale Erschöpfung	... hat mich mein Sport frustriert
15	Verletzungsanfälligkeit	... taten mir Teile meines Körpers weh
16	In-Form-Sein	... konnte ich mich körperlich gut erholen
17	persönliche Verwirklichung	... habe ich in meinem Sport viel Lohnendes erreicht
18	Selbstwirksamkeitsüberzeugung	... war ich überzeugt, dass ich das gesteckte Ziel gut erreichen könnte
19	Selbstregulation	... habe ich mir für meine sportlichen Leistungen klare Ziele gesetzt

Tab. 2: Übersicht der einzelnen Skalen und Beispielitems des Erholungs-Belastungs-Fragebogens Sport (*Kellmann* und *Kallus* 2000).

Erholungsverlaufsprotokoll

Der EBF erfasst den Zustand der Erholung und Beanspruchung zusammengefasst über die letzten 3 Tage und Nächte. Oft ist es für einen Trainer oder Sportpsychologen aber wichtig zu wissen, wie belastend oder erholend bestimmte Ereignisse waren. Das Erholungsverlaufsprotokoll von *Kellmann*, *Botterill* und *Wilson* (2002) wurde entwickelt, um dies zu erfassen. Es besteht aus 7 Items, die die wichtigsten Fragen des EBF-Sport integrieren (Tab. 3). Ergänzend wurden Fragen zur Steuerung der Erholung eingebaut. Dieses Protokoll wird im Gegensatz zum EBF für genau festgelegte Zeitpunkte von den Athleten ausgefüllt. Sind Informationen bezüglich des Trainings in der Woche erwünscht, wird das Protokoll zum Ende der Woche ausgefüllt. Sind hingegen Informationen über das Wochenende relevant (z.B., ob sich der Athlet erholt hat), ist der Erhebungszeitpunkt für den Wochenanfang zu wählen. Die gewonnenen Informationen sind für Athleten und Trainer gleichermaßen von Bedeutung. So ist anhand der dargestellten Kurve in Kombination mit persönlichen Gesprächen ein direkter und schneller Zugriff auf die Trainingssteuerung möglich.

1.	Wie viel Anstrengung war gestern erforderlich, um mein Training durchzuführen?
2.	Wie erholt habe ich mich gestern vor dem Training gefühlt?
3.	Wie erfolgreich waren gestern meine Pausen und Erholungsaktivitäten?
4.	Wie gut habe ich mich gestern körperlich erholt?
5.	Wie zufrieden und entspannt bin ich gestern eingeschlafen?
6.	Wie häufig habe ich mich gestern amüsiert?
7.	Wie überzeugt war ich gestern, dass ich meine Ziele während der sportlichen Leistung erreichen konnte?

Tab. 3: Fragestellungen des Erholungsverlaufsprotokolls (*Kellmann* 2002 b).

Monitoring der Erholung und Beanspruchung

Ein Blick auf unser Modell zur sportpsychologischen Betreuung in Abbildung 1 (Kapitel 1) zeigt, dass die oberste Ebene einen Pfeil darstellt. Dieser Pfeil ist als zeitliches Kontinuum zu verstehen und soll verdeutlichen, dass der gesamte sportpsychologische Betreuungsprozess sinnvollerweise zusätzlich durch ein kontinuierliches Monitoring des Erholungs-Beanspruchungs-Zustandes zu ergänzen ist. Durch dieses regelmäßige Monitoring können Dysbalancen von Erholung und Beanspruchung rechtzeitig erkannt und ein Übertraining verhindert werden (*Kellmann* 2002 a). Das Risiko des Übertrainingssyndroms kann durch eine sorgfältige Trainingsperiodisierung reduziert, wenn nicht sogar eliminiert werden (*Norris* und *Smith* 2002).

Es gibt jedoch Unterschiede zwischen den Athleten im Hinblick darauf, wie gut und schnell sie sich erholen können, hinsichtlich der Ausdauerkapazität, der Stresstoleranz und des Umgangs mit trainings- und wettkampfbedingten sowie sonstigen Stressoren (*Lehmann* et al. 1993). Daher ist es wichtig, individuell und regelmäßig das Befinden von Athleten zu erfassen und dabei die Veränderungen im Auge zu behalten. Es wird empfohlen, Beanspruchung und Erholung während des Trainingsprozesses zu erheben und an Trainer und Athleten zurückzumelden. Dadurch wird es möglich, frühzeitig zu erkennen, dass ein Athlet gefährdet ist und dieser Gefahr durch die Trainingssteuerung und psychologische Maßnahmen entgegen zu wirken (Kellmann 2002 b).

Von besonderer Bedeutung ist ein Monitoring der Erholung und Belastung und eine der Beanspruchung angepasste Belastungsgestaltung bei der Entwicklung von Talenten im Kinder- und Jugendbereich. Aus physiologischer und psychologischer Sicht werden hier die Grenzen der Belastbarkeit häufig überschritten. Dies führt zu einem verletzungsbedingten oder auf psychische Ursachen (z.B. Motivationsverlust, Burnout) zurückgehenden Drop-Out von Talenten (Beckmann und Zier 2010). Hier muss noch zwischen Kindern und Jugendlichen unterschieden werden. Da der Einstieg in den Leistungssport offensichtlich in immer jüngeren Jahren erfolgt, ist es sinnvoll, den Eintritt in die Pubertät als den krisenhaften Übergang von der Kindheit in das Jugendalter als eine wichtige Schwelle zu thematisieren. Für Nachwuchsathleten im Alter von 14 bis 20 Jahren gelten teilweise andere physische und psychische Bedingungen als für Talente im Kindesalter (vgl. Côté, Lidor und Hackfort 2009). Côté und Kollegen haben daher ein Entwicklungsmodell der Sportpartizipation (Developmental Model of Sport Participation) entwickelt, das auf die Bedürfnisse von Kindern im Leistungssport eingeht, die jünger als 14 Jahre sind (Côté und Fraser-Thomas, 2007).

Vorteile für den Sportler

Praxisbeispiel

Erholungsprobleme

Bei einer von der Zweitautorin betreuten Athletin war plötzlich ein deutlicher Rückgang der Erholungswerte zu verzeichnen, der sich nicht über die Trainingsgestaltung erklären ließ. In einem Gespräch mit der Sportlerin stellte sich heraus, dass die Universität, an der sie studierte, bestreikt wurde und daher alle Lehrveranstaltungen ausfielen. Für sie war das Studium ein Ausgleich zum sportlichen Training, da sie dabei abschalten konnte. Als dieser Ausgleich plötzlich wegfiel, fielen die Erholungswerte der Athletin ab. Dies konnte durch das Monitoring erkannt und sofort interveniert werden. Der Trainingsplan wurde in Absprache mit dem Trainer umgestellt, bis sich die Erholungswerte der Athletin normalisiert hatten.

Es liegt auf der Hand, dass die Erfassung des Erholungs-Beanspruchungs-Zustandes und seiner Veränderung auch während eines Trainingslagers sowohl für den Trainer als auch den Sportpsychologen wichtige Informationen liefert. Das Profil in Abbildung 14 zeigt ein Monitoring mit dem EBF-Sport während eines Trainingslagers für Radsportler (Katschemba 2003). Der Radsportler wurde zu Beginn und erneut während des Trainingslagers befragt. Anhand der Darstellung des Messzeitpunktes 1 (dicke Linie) ist erkennbar, dass der Sportler mit sehr niedrigen Erholungs- und sehr hohen Beanspruchungswerten in das Trainingslager gefahren war. Generell wird davon ausgegangen, dass bei einem ausgeglichenen Erholungs-Belastungs-Zustand die Erholungswerte über dem Wert 4 und die Beanspruchungswerte unter dem Wert 2 liegen sollten.

Besonders interessant an diesem Fall ist, dass der Radsportler das Trainingslager bereits mit hohen Werten der „Übermüdung" und „somatischen Beanspruchung" begann; auch sein Schlafwert war auffällig niedrig. Während des Trainingslagers veränderten sich bei diesem Sportler nun die trainingsspezifischen Werte auffällig. Am Ende des Trainingslagers (dünne Linie) waren im Besonderen die Werte der Bereiche „soziale Beanspruchung", „Übermüdung" und „Energielosigkeit" deutlich angestiegen. Die Werte für „Schlaf" und „Erfolg" fielen im Verlauf des Trainingslagers weiter ab. Ein Anstieg der Parameter ist jedoch bei „Selbstregulation" und „Selbstwirksamkeitsüberzeugung" zu erkennen.

Zusammenfassend lässt sich feststellen, dass das Trainingslager physisch für diesen Sportler nicht sonderlich Erfolg bringend war. Im Anschluss an das Trainingslager konnte er

Abb. 14: EBF-Sport-Profil eines Radsportlers zu Beginn und während eines Trainingslagers (*Katschemba* 2003, S. 43).

auch nicht die erwartete sportliche Leistung erbringen. Wären dem Trainer die Erholungs-Beanspruchungs-Werte gleich zu Beginn des Trainingslagers bekannt gewesen, hätte er die Trainingsumfänge am Anfang des Trainingslagers reduzieren und dem Sportler mehr Zeit für Erholung geben können. Ferner hätte man gleich zu Beginn abklären können, woran die niedrigen Schlafwerte liegen und was dagegen getan werden kann.

In dieser Studie erfolgte dies nicht, da es sich um eine reine Forschungs- und keine Interventionsstudie handelte. Die Erkenntnisse wurden aber für die weitere Trainingssteuerung genutzt.

Vorteile für den Trainer

Es gibt weitere Vorteile für das Monitoring, von denen Trainer direkt profitieren können. *Kellmann* und *Beckmann* (2003) schildern dabei das folgende Beispiel:

Praxisbeispiel

Entscheidung über den Einsatz einer Ersatzruderin

In einem Fall fiel die Schlagfrau im Vierer aufgrund einer Erkrankung kurz vor der Junioren-Weltmeisterschaft aus. Der Trainer musste entscheiden, welche Ersatzfrau er wählen und wie er die anderen Ruderinnen im Boot positionieren sollte. Der Trainer wollte die Ersatzruderin direkt an den Schlag setzen, weil er glaubte, dass sie alle notwendigen Voraussetzungen dafür hatte. Die Frage des Trainers, ob diese Entscheidung falsch war, konnte mithilfe der erhobenen Daten mit einem klaren Nein beantwortet werden. Im Trainingslager wies die Ersatzruderin im Vergleich zu den anderen Ersatzruderinnen eine stabile Erholungs-Belastungs-Bilanz auf und dies besonders auf den Skalen „Selbstregulation" und „Selbstvertrauen". Sie war daher geeignet, die Verantwortung zu übernehmen. In diesem Fall konnte man die Entscheidung des Trainers als korrekt bewerten, indem man seine Wahl vor dem Hintergrund einer breiteren Datenbasis auswertete.

Wie das Beispiel zeigt, können der Sportpsychologe und das regelmäßige Monitoring für den Trainer auch eine wichtige „Rückhaltfunktion" haben. Oft kann die psychologische Erhebung dem Trainer Vertrauen in die bereits von ihm getroffenen Entscheidungen geben.

In Abbildung 14 werden die EBF-Profile von zwei Golfspielern gegenübergestellt. Für den Trainer ging es um die Frage, wen von beiden er beim dreitägigen Turnier am kommenden Wochenende spielen lassen solle. Auf den ersten Blick erscheint es, als sei die Entscheidung leicht zu treffen. Denn das Profil des Golfers auf der linken Seite weist mittlere Beanspruchung bei mittlerer Erholung auf. Das Profil auf der rechten Seite zeigt hingegen geringe Belastung und gute Erholung.

Ganz so leicht kann sich der Trainer die Entscheidung auf der Grundlage dieser beiden Profile jedoch nicht machen. Es ist nämlich zu beachten, dass die EBF-Profile sehr individuell hinsichtlich der Ausprägungen sein können. Ein Sportler kann chronisch niedrigere Erholungswerte angeben als ein anderer, obwohl bei beiden Erholung im selben Umfang gegeben ist.

Daher reicht zur angemessenen Beurteilung des Erholungs-Beanspruchungs-Zustandes eines Sportlers eine einmalige Messung nicht aus. Würde man weitere EBF-Profile dieser beiden Golfer heranziehen, könnte man feststellen, dass der linke Golfer immer vergleichsweise höhere Beanspruchungswerte und vergleichsweise niedrige Erholungswerte angibt. Beim rechten Golfer ist es genau umgekehrt. Für eine aussagekräftige Beurteilung sind also immer die individuellen Verläufe bzw. Entwicklungen zu betrachten.

Untererholung und Übertraining als Folge mangelnder Erholung

Wenn Sportler die von ihnen erwarteten Leistungen nicht zeigen können oder sogar einen Leistungsrückgang erleben, wird oft Burnout oder Übertraining als Ursache dafür genannt. Dabei wird Übertraining als ein Ungleichgewicht zwischen Trainingsbelastung und Erholung (*Kuipers* und *Keizer* 1988) bzw. ein Ungleichgewicht von Stress und Erholung beschrieben (*Lehmann* et al. 1999). Stress erleben kann einerseits auf das Training zurückzuführen sein, aber auch Stressoren außerhalb des Trainings mit einschließen, z.B. das Privat- und/oder Berufsleben, und insbesondere natürlich Wettkämpfe. Wie komplex die Feinabstimmung eines Trainingsprozesses ist, zeigt sich bei der Betrachtung von sportbedingten und außerhalb des Sports liegenden Faktoren, wie dem Training (z.B. Umfang, Intensität, Techniktraining), dem Lebensstil (z.B. Schlaf, Ernährung, Freizeitaktivitäten), dem Gesundheitszustand (z.B. Erkältung, Infektionen) oder der Umwelt (z.B. Familie, Teamkameraden, Schule/Uni/Beruf). Folglich sollten Trainer und Athleten die Bedeutsamkeit der Integration von Erholungsprozessen sowohl im sportlichen als auch im nichtsportlichen Leben kennen und berücksichtigen.

Der Verdacht auf ein Übertraining besteht, wenn sich beim Athleten längerfristig ein Ermüdungszustand findet, der sich durch eine normale Erholung nicht mehr beseitigen lässt. Der Zustand des Übertrainings ist nicht mit einer vorübergehenden Ermüdung nach harten Trainingseinheiten zu verwechseln. Man sollte von einem Übertraining erst dann ausgehen, wenn trotz Regeneration ein mindestens 2 Wochen anhaltender Leistungsabfall ohne nachweisbare organisch krankhafte Ursache zu registrieren ist (*Urhausen* und *Kindermann* 2002). Übertraining tritt erst auf, wenn viele (zu) harte Einheiten bei unzureichender Erholung durchgeführt werden. Die Wiederherstellung nach einem Übertraining kann mehrere Wochen oder auch Monate andauern (*Meeusen* et al. 2006).

Ursachen

Die Ursachen für ein Übertraining sind vielfältig. *Norris* und *Smith* (2002) machen in erster Linie Fehler in der Trainingsplangestaltung verantwortlich, die zum Entstehen von Erholungsdefiziten führen.

Risikofaktoren der Trainings- und Wettkampfplanung im Hinblick auf Übertraining
- monotone Trainingsgestaltung, die durch zu einseitige Trainingsmethoden und -inhalte hervorgerufen wird
- mehr als 3 Stunden Training pro Tag
- zu schnelle Steigerung der Trainingsintensität (z.B. eine mehr als 30-prozentige Zunahme des Trainingsumfangs pro Woche)
- keine Periodisierung des Trainings bzw. keine Erholungswochen nach 2 bis 3 Wochen Training
- keine Ruhetage
- keine Abwechslung zwischen härteren und eher leichteren Trainingstagen
- häufige Wettkämpfe mit unzureichenden Erholungsintervallen

Symptome

In der Phase des Übertrainings befinden sich die Athleten auf einem chronischen Leistungsplateau, das durch kurzfristige Ruhephasen nicht positiv beeinflussbar ist. Beim Auftreten von Leistungsplateaus zeigen Sportler häufig verstärkten Einsatz und steigern die Trainingsbelastung (*Counsilman* 1971), anstatt im Fall des Übertrainingszustandes mit Erholung zu reagieren. Dies führt zu einem zunehmenden Erholungsdefizit (*Kellmann* und *Kallus* 2000). Weitere Symptome sind Befindlichkeitsstörungen, Schlafstörungen, Appetitlosigkeit, Gewichtsverlust und Abnahme von Körperfett, reduzierte Libido, chronische Muskelverspannungen bzw. -schmerzen und Trägheit, Veränderungen im Hormonspiegel, gehäuftes Auftreten von Erkältungs- und Atemwegserkrankungen, steigende Anzeichen von Krankheiten und Verletzungen, dem Normalzustand entgegengesetzte Erhöhung des Ruhepulses sowie depressionsähnliche Symptome.

Ein wichtiger klinischer Indikator des Übertrainingssyndroms ist die gesteigerte Empfänglichkeit für Infektionen (vor allem der Atemwegserkrankungen), was auf ein geschwächtes Immunsystem hinweist (zusammenfassend *Kellmann* 2002 a). Ferner kreisen die Gedanken von Athleten mit Übertraining verstärkt darum, das Training abzubrechen, bzw. sie verspüren beim Training große Unlust.

Intervention

Wie bereits ausgeführt, ist Erholung im sportlichen und nichtsportlichen Kontext eine entscheidende Komponente, um die Leistungsfähigkeit einer Person wiederherzustellen und/oder aufrechtzuerhalten. Sie ist die zentrale Komponente, um dem Beanspruchungszustand einer Person positiv zu begegnen sowie Burnout und Übertraining vorzubeugen. Im Trainingsalltag wird das Prinzip „weniger ist mehr" oft ignoriert. Zur Optimierung der Trainingsgestaltung sollte der Fokus jedoch mehr auf die Qualität und weniger auf die Quantität des Trainings gerichtet sein.

In seiner *leichten Form* führt das Übertraining zu einer Stagnation im Trainingsprozess, die vergleichsweise leicht in den Griff zu bekommen ist. Beim leichten Übertraining sollte der Zustand innerhalb von 5 bis 10 Tagen ins Positive kippen. Der Sportler muss selbst spüren, wie die Lust am Training wieder zurückkehrt. Mit der Lust kommen auch die Leistungsfähigkeit und die Frische wieder.

Im *fortgeschrittenen Stadium* des Übertrainings jedoch kann es zu einer Leistungseinschränkung von mehreren Monaten bis zu einem Jahr kommen.

Eine direkte Therapie eines Übertrainings gibt es nicht. Die einzige Möglichkeit ist, die Trainingsintensität und den -umfang deutlich zu reduzieren, eventuell bis hin zu einer kompletten Trainingspause. Weiterhin sollten Wettkämpfe abgesagt und Stress vermieden werden. Der Sportler sollte auf ausreichend Ruhe und Schlaf achten und sich auch verstärkt um Ablenkung und sozialen Ausgleich bemühen.

Je eher ein Übertraining als solches erkannt wird, desto besser stehen die Chancen, seine Auswirkungen in den Griff zu bekommen.

Erholung, Beanspruchung und Persönlichkeitsfaktoren

Abschließend sei noch darauf hingewiesen, dass nicht alle Sportler gleichermaßen für ein Ungleichgewicht von Beanspruchung und Erholung (und damit in letzter Konsequenz „Übertraining") anfällig sind. Erfahrene Trainer wissen, dass manche Sportler viel mehr verkraften als andere. Dies wird auch durch die wissenschaftliche Forschung belegt. Dabei spielen Persönlichkeitsfaktoren eine Rolle. Diese lassen sich durch eine systematische und gezielte Diagnostik ermitteln.

Wie Abbildung 15 zeigt, scheinen Sportler mit einer *Disposition zu Lageorientierung* – die also dazu neigen, über eine vergangene, gegenwärtige oder zukünftige Lage nachzugrübeln (*Kuhl* 1983, siehe dazu auch Kap. 2) – für höhere Beanspruchungs- und niedrigere Erholungswerte anfällig zu sein (*Beckmann* und *Kellmann* 2004).

Die Anfälligkeit der Lageorientierung für ein Beanspruchungs-Erholungs-Ungleichgewicht wird dabei offensichtlich durch ein Manko an geeigneten Selbstregulationsstrategien vermittelt. So findet sich bei Lageorientierung oft eine starke Selbstkontrolle mit Selbstdisziplinierung, Motivierung über negative Anreize, Vermeidungsverhalten (*Beckmann* und *Kellmann* 2004). Diese Selbstkontrolle oder Selbstdisziplin kann aber zu unzureichender Stressverarbeitung und fortwirkender erhöhter Beanspruchung führen. Beim Gegenpol von Lageorientierung, der Handlungsorientierung, findet sich hingegen eine effektive Selbstregulation, die Erhöhung unterstützt: Selbstbestimmung, positive Selbstmotivation, Emotionskontrolle, Selbstentspannung. Eine Konsequenz aus diesen Befunden ist, dass bei der Diagnose „Lageorientierung" eine ungünstige Entwicklung der Erholungs-Beanspruchungs-Bilanz zu erwarten ist.

Die Schlussfolgerung aus diesen Befunden ist: Ein regelmäßiges Monitoring über den EBF ist besonders bei lageorientierten Athleten notwendig. Für sie müssen die Trainingsbelastungen besonders sensibel gestaltet werden. In Ergänzung zur Diagnose der Lageorientierung sollten die Selbstregulationsfähigkeiten über den VK-Sport-Fragebogen (siehe Kap. 2) erfasst werden. Darüber kann man die spezifischen Selbstregulationsdefizite der Lageorientierten erkennen. In der Folge kann der Sportpsychologe mit den Athleten geeignete Selbstregulationsstrategien entwickeln, um die erlebte Beanspruchung zu reduzieren und

Abb. 15: EBF-Profile von zwei Golfern bei einem Turnier am vorangegangenen Wochenende.

die Erholung zu optimieren. Dazu gehören die Stärkung der Wahrnehmung von Selbstbestimmung und volitionalem Selbstvertrauen (Selbstwirksamkeit), die Verbesserung der Fähigkeit zu einer positiven Selbstmotivierung sowie die Entwicklung von Initiative.

Weiterführende Literatur

Kellmann, M. (ebd.). Enhancing recovery. Preventing underperformance. Champaign, IL: Human Kinetics.

Abb. 16: Unterschiede in Erholung und Beanspruchung bei handlungs- und lageorientierten Ruderern (nach *Beckmann* und *Kellmann* 2004).

Krisenintervention

Einleitung

In diesem Kapitel wird die dritte Ebene unseres Modells zur systematischen sportpsychologischen Betreuung erläutert. Anders als bei den ersten beiden Ebenen – dem Grundlagen- und Fertigkeitstraining, die systematischer und kontinuierlicher Natur sind – ist der Zeitpunkt für eine Krisenintervention nicht planbar und nicht vorhersehbar. Einerseits steht eine Krisenintervention oft am Anfang der Zusammenarbeit eines Sportpsychologen mit einem Athleten oder einer Mannschaft, wenn sie beispielsweise den Anlass für die Kontaktaufnahme liefert. Andererseits kommt es bei manchen Betreuungsverhältnissen, bei denen von Anfang an mentale Trainingsaspekte im Vordergrund standen, erst im Verlauf zu einer Krisenintervention. Teilweise wird eine Krisenintervention auch gar nicht zum Thema.

Eine sportliche Krise kann zu einem problematischen Wendepunkt in der Karriere eines Athleten werden. Hier bedarf es einer sportpsychologischen Unterstützung, um die Situation bzw. das Problem zu lösen. Leider wird das Potenzial bislang bei weitem nicht ausgeschöpft. Die Athleten fühlen sich oft mit ihren Problemen alleine gelassen und sind es de facto auch.

Eine Krisenintervention kann sich auch auf Problemfelder beziehen, die den Kompetenzbereich der meisten nicht klinisch ausgebildeten Sportpsychologen übersteigen, wie beispielsweise Depressionen, Ess-Störungen, Flugangst, psychosomatische oder auch Persönlichkeitsstörungen. In diesen Fällen ist eine Weiterleitung an einen psychologischen Psychotherapeuten, Mediziner oder Ernährungswissenschaftler unabdingbar (siehe hierzu auch die berufsethischen Grundsätze in Kapitel 1). Idealerweise wird hier in einem Betreuungsteam gearbeitet.

An erster Stelle der Krisenverursacher stehen, nicht nur im Bereich des Wettkampfsports, Kommunikationsstörungen und Konflikte. Daher werden zunächst diese Felder behandelt. Hierbei steht der Interventionsaspekt im Vordergrund, also die Frage, wie diese Probleme verhindert werden können, um dem Entstehen von daraus resultierenden Krisen entgegenwirken zu können. Im zweiten Teil des Kapitels wird auf die Sportverletzung eingegangen, eine Krise, die manchmal zum Karriereende führt. Hier können Sportpsychologen auf vielfältige Weise intervenieren. Abschließend werden im dritten

Teil Krisen beschrieben, die meist den Kompetenzbereich des Sportpsychologen übersteigen und die eine Einbeziehung weiterer Experten erforderlich machen. Da dies nicht unmittelbar Gegenstand der Praxis der Sportpsychologie im Wettkampf- und Leistungssport ist, werden in diesem Zusammenhang nur Ursachen und Diagnose beschrieben.

Kommunikationsstörungen

Was ist Kommunikation?

Kommunikation ist in nahezu allen Bereichen des menschlichen Lebens zentral. Da Sportler in der Entwicklung ihrer Leistungsfähigkeit mit einer Reihe von Personen kommunizieren müssen, ist Kommunikation ein wichtiges Thema bei der Optimierung sportlicher Leistungsvoraussetzungen. Hierbei steht natürlich die Kommunikation mit dem Trainer an erster Stelle. Kann der Trainer den Athleten im Trainingsprozess verständlich machen, was er von ihnen erwartet, was er z.B. an ihrer Technik verändern möchte und warum er dies möchte? Fühlen sich die Athleten vom Trainer verstanden? Ein klassisches Beispiel ist auch, was der Trainer einer Mannschaft in der Halbzeitpause sagt. Natürlich ist auch ganz wesentlich, „wie" der Trainer in dieser Situation kommuniziert. Selbst in der unmittelbaren Wettkampfsituation, in der Athlet und Trainer eventuell gar nicht miteinander reden können, kann die Kommunikation zwischen beiden entscheidend sein. An diesem Beispiel wird auch deutlich, dass Kommunikation nicht nur durch das gesprochene Wort, sondern auch *nichtverbal*, d.h. durch Körpersprache und Mimik, erfolgen kann (vgl. „Embodiment" in Kap. 5).

Kommunikation ist nach dem technischen Verständnis der Informationstheorie ein Prozess, bei dem ein Sender einem Empfänger Informationen übermittelt. Die Informationen müssen dazu vom Sender in ein Medium, z.B. die Sprache, umgesetzt (enkodiert) werden. Der Empfänger muss in der Lage sein, diese Botschaft zu entschlüsseln (dekodieren). Allerdings kann sich eine große Diskrepanz ergeben zwischen dem, was der Sender übermitteln wollte, und dem, was der Empfänger entschlüsselt. Für das Handeln des Empfängers ist entscheidend, wie er die Botschaft versteht. Dies muss aber nicht unbedingt mit dem übereinstimmen, was der Sender übermitteln wollte.

Interner Code

Erste Voraussetzung für das richtige Verstehen einer Botschaft ist, dass man „dieselbe Sprache spricht". Das bedeutet zum Beispiel: Wenn der Skitrainer zum Slalomläufer sagt, „du musst das Tor höher anfahren", dass dieser versteht, er soll seine Kurve höher über der Torstange einleiten und nicht, dass er das Tor in einer höheren Körperposition anfahren soll. Dasselbe gilt auch für Zeichensprache. Wenn beispielsweise ein Tauchanfänger durch den nach oben zeigenden Daumen anzeigen will, dass alles in Ordnung ist, wird er zu seiner Überraschung erleben, dass der Tauchlehrer mit ihm auftaucht. Wie wichtig eine Klärung des Verständnisses von Worten oder Zeichen ist, wird ersichtlich, wenn Trainer, die zuvor in das Training einer Mannschaft nicht einbezogen waren, zu einem Wettkampf kommen und sich an der Betreuung der Athleten beteiligen wollen. Gut gemeinte

Tipps werden dann unter Umständen falsch verstanden.

Fazit ist, dass man sich das gleiche Verständnis von Sprache und Zeichen erarbeiten muss und in Wettkampfsituationen sich nur diejenigen an der Kommunikation beteiligen sollten, die den „internen Code" beherrschen.

Wenn der Sportpsychologe in ein Trainerteam einbezogen wird, sollte auch er diesen internen Code beherrschen. Er muss nicht unbedingt Experte in der jeweiligen Sportart sein, sollte aber in der Phase der Vertrauensbildung bemüht sein, den Code zu lernen, bevor er sich zu sportartspezifischen Dingen äußert. So wird die Akzeptanz leiden, wenn ein Sportpsychologe beispielsweise vor Profigolfern die „Driving Range" als „Ranch" bezeichnet oder bei einem Schlag über dem Lochnormwert („Par" genannt) von einem „Boogie" statt korrekt von einem „Bogey" spricht.

4-Ohren-Modell, Kommunikationsbarrieren

Fälschlicherweise wird in der sprachlichen Kommunikation in der Regel davon ausgegangen, dass vor allem sachliche Informationen übermittelt werden. Der Kommunikationswissenschaftler *Schulz von Thun* (1997) weist jedoch darauf hin, dass ein Empfänger sensibel für 4 Aspekte einer Nachricht ist. Deshalb nennt man sein Kommunikationsmodell auch das *„4-Ohren-Modell"*. Danach enthält eine verbale Nachricht folgende Inhalte:
- Sachinhalt,
- Selbstoffenbarung des Senders,
- Appell des Senders an den Empfänger,
- Aussage des Senders über seine Beziehung zum Empfänger.

Dieses Modell veranschaulicht auch, warum beim Übermitteln einer Botschaft so viel schief gehen und wie es zu Kommunikationsstörungen kommen kann. Besonders wenn man sich zu stark auf den Appell oder den vermeintlichen Beziehungsaspekt einer Nachricht konzentriert und dabei den Sachinhalt einer Nachricht unberücksichtigt lässt, kann es zu Kommunikationsstörungen kommen.

Im Leistungssport kommt hinzu, dass es viele Rahmenbedingungen gibt, die für eine gute Kommunikation sehr ungünstig sind. Zu diesen *Kommunikationsbarrieren* gehören nicht nur die üblichen wie Zeitdruck, Stress, selektive Wahrnehmung oder eine negative Einstellung der Zuhörer. Oft gibt es auch sprachliche Barrieren, z.B. bei Spielern in einer Mannschaft oder Trainern mit unterschiedlicher Nationalität. Zu diesen mannschaftsinternen Barrieren kommen externe Faktoren hinzu. Dazu zählen Zuschauer, Schiedsrichter, Gegner und Lärm. Auch die externalen Faktoren können sich problematisch auf den Kommunikationsprozess zwischen Trainer und Athlet auswirken (*Laios* 2005).

Grundlagen einer effektiven Kommunikation

Leider fehlt oft das Bewusstsein für die Bedeutung der Kommunikation. Nach einer Untersuchung von *Haselwood* et al. (2005) schätzen Trainer ihre Kommunikationskompetenz höher ein, als sie von ihren Sportlerinnen wahrgenommen wird. So gab es in einer vom Erstautor betreuten Mannschaft das Problem, dass sich einer der Leistungsträger vom Trainer nicht richtig verstanden fühlte. Der Trainer selbst war der Meinung, dass er mit diesem Athleten nicht reden könne. Grundlage des Problems war zunächst, dass er eine andere Vorstellung von der Persönlichkeit eines Athleten in seinem Sport hatte, als sie dieser Athlet aufwies.

Von daher konnte er ihn nicht vollends akzeptieren und sich auf ihn einlassen. Dies war in der Kommunikation auch für den Athleten zu spüren. Ein erster Schritt in der Verbesserung der Kommunikation lag darin, dass der Trainer lernte, mit der Grundorientierung der Transaktionsanalyse (*Berne* 2004) Gespräche zu führen. Diese Grundorientierung lautet: „Ich bin okay, du bist okay. Die darin zum Ausdruck gebrachte Akzeptierung der eigenen Position sowie einer Wertschätzung des Gesprächspartners verändert das Klima der Kommunikation von vornherein.

Wertschätzung und Akzeptieren der Persönlichkeit des Gegenübers mit ihrer jeweils individuellen Besonderheit kommt gerade im Leistungssport oft zu kurz. Dem Trainer sollte es eigentlich darum gehen, die Stärken seiner Athleten zur Entfaltung zu bringen, das individuelle Potenzial optimal zu nutzen. Das bedeutet jedoch, die eigene Position und vielleicht sogar sich selbst in Frage zu stellen, wenn der Athlet sagt: "Das passt nicht zu mir." Dazu gehört auf Seiten des Trainers Souveränität und ein Rollenverständnis des Coaches als "Beraters eines selbstbestimmten Athleten". Wird nicht auf die individuelle Persönlichkeit eingegangen, kann ein Talent leicht verschwendet werden. Auch der Athlet als Mensch wird dabei unter Umständen verbraucht. Je nach Persönlichkeit wird er anfällig für eine Depression, wie die Geschichte des „Jahrhunderttalents" im deutschen Fußball, Sebastian Deisler, zeigt.

Wie viele Beispiele zeigen, ist es im Rahmen von Betreuungsmaßnahmen außerordentlich sinnvoll, mit dem Trainer die Grundlagen einer effektiven Kommunikation zu besprechen und ihm Tipps für die Kommunikation zu vermitteln. Folgende Hinweise können den Kommunikationsprozess unterstützen und eine offene und ehrliche Kommunikation erzeugen.

Leitlinien für „gute" Kommunikation
- Grundorientierung: „Ich bin okay, du bist okay"
- authentisch sein und Gefühle zeigen
- alle vier Aspekte einer Nachricht berücksichtigen
- nachfragen, ob alles verstanden wurde
- dem Gegenüber die Chance geben, Fragen zu stellen oder Anmerkungen zu machen
- sich in die Position des anderen versetzen und ggf. auch seine Äußerungen paraphrasieren (in eigene Worte fassen)
- sich klar ausdrücken (siehe Abb. 17)
- darauf achten, dass das gesprochene Wort und die Körpersprache übereinstimmen

Zu einer effektiven Kommunikation gehört aber auch, dass man nicht nur Alles generell positiv darstellt, sondern bei Bedarf auch kritische Worte ausspricht. Dabei ist allerdings die Form entscheidend. Wertschätzung sollte auch bei berechtigter Kritik eine Grundorientierung sein. *Smith* et al. (1979) schlagen daher für das Übermitteln von Kritik den „Sandwich Approach" oder „Feedback-Burger" vor. Hierbei wird die kritische Botschaft zwischen einer positiven Aussage und einem abschließenden Kompliment verpackt. Ein Beispiel aus dem Golf soll dies verdeutlichen. Der Spieler hat Probleme damit, dass sein Ball immer eine Kurve von links nach rechts macht (so genannter „Slice"). Nach verändertem Greifen des Schlägers schlägt er zwar ziemlich gerade, aber nicht sehr weit. Der Trainer sagt zu ihm: „Na

Abb. 17: Klare Kommunikation zwischen Athleten und Trainer sind eine wichtige Leistungsvoraussetzung.

also, du kannst ja doch einen schönen geraden Ball spielen. Wenn du jetzt noch die Hüfte früher nach vorne und dann die Arme wie beim Schlagen einer Peitsche nach vorne bringst, wird der Ball auch noch richtig lang werden. Da du ein tolles Bewegungsgefühl hast, wirst du das sicher schnell draufhaben."

Mithilfe des „Feedback-Burgers" wird Kritik besser verdaulich. Der Athlet geht nicht in Abwehrhaltung und ist eher bereit, die Kritik zu akzeptieren und sein Verhalten zu ändern. Mittels solcher Kommunikationskompetenzen lassen sich Missverständnisse und dadurch bedingte Konflikte vermeiden. Die Ursachen von Konflikten müssen jedoch nicht ausschließlich an „schlechter" Kommunikation liegen. Das ist Thema des nächsten Abschnitts.

Konflikte

Konflikte entstehen, wenn unvereinbare Handlungstendenzen aufeinander stoßen. Die Ursachen hierfür sind im Leistungssport vielfältig. Sie können, wie vorangehend bereits dargestellt, aus einer mangelhaften Kommunikation resultieren, ferner können Stress, Zeitdruck oder Frustration über einen Misserfolg Konflikte schüren. Auch eine unzureichende Gruppenkohäsion, ein schlechtes Klima in einer Mannschaft oder die Ausgrenzung von Mannschaftsmitgliedern können Konflikte verursachen.

Ein Konflikt kann unterschiedlich ausgehen. Man kann folgende Perspektiven unterscheiden:

- „Ich gewinne, du verlierst",
- „Du gewinnst, ich verliere",
- „Jeder gewinnt".

Die meisten Menschen gehen mit einer diesen Orientierungen in einen Konflikt hinein. Zu präferieren ist immer die Jeder-gewinnt-Perspektive, die auch als eine Win-win-Situation bezeichnet wird (vgl. *Glasl* 1994). Bei dieser Perspektive oder Konfliktorientierung können alle am Konflikt beteiligten Parteien als Gewinner aus dem Konflikt hervorgehen, keiner verliert sein Gesicht, keiner muss mehr Konzessionen als die andere Seite machen. Die beste Möglichkeit für Win-win-Ergebnisse ist die Zusammenarbeit, weil hier beide Seiten ihre Position voll einbringen und ein Ergebnis erarbeiten können.

Man muss sich darüber im Klaren sein, dass ungelöste Konflikte die Tendenz haben zu eskalieren. Wichtig für den Erfolg und das Erzielen einer Win-win-Situation ist daher eine möglichst frühzeitige Intervention. *Glasl* (1994) beschreibt 9 Stufen in seinem Ebenenmodell der Konflikteskalation. Je weiter fortgeschritten der Konflikt ist, desto umfangreichere Interventionen sind erforderlich. Wird der Konflikt nicht rechtzeitig gelöst, besteht die Gefahr, dass keine Lösung erzielt wird und alle gemeinsam auf den Abgrund zusteuern. Nur auf den ersten drei Stufen ist überhaupt noch eine Win-win-Konfliktlösung möglich.

Konfliktlösung

Als Vorgehensweise für die Konfliktlösung hat sich eine bestimmte *Gesprächsform* als hilfreich erwiesen. In diesem Gespräch geht es zunächst darum, das Problem möglichst neutral zu beschreiben und mögliche Lösungsvorschläge zu sammeln. Diese Lösungsvorschläge sollten dann von den Beteiligten bewertet werden, so dass eine gemeinsame Entscheidung für die beste Lösung getroffen werden

Praxisbeispiel

Konflikt im Boot

In einer Rudermannschaft waren das Gruppenklima und das Zusammengehörigkeitsgefühl (Kohäsion) gestört. Das Training verlief nicht erfolgreich, die Stimmung wurde schlechter und Streitigkeiten häuften sich. Dies wirkte sich wiederum nachteilig auf die Leistung in der nächsten Trainingseinheit aus. Aufgabe des Sportpsychologen war es zunächst herauszufinden, warum es mit dem Zusammengehörigkeitsgefühl nicht stimmte. Gespräche mit den Mannschaftsmitgliedern und eine Verhaltensbeobachtung zeigten, dass die Ursache im Verhalten des Schlagruderers lag. Mit seinem Verhalten verärgerte er die anderen. Diese reagierten darauf, indem sie ihn nicht mehr unterstützten. Mit anderen Worten, sie folgten nicht mehr seiner Frequenzvorgabe. Das Boot glitt nicht sanft durch das Wasser, was sich in nachlassender Leistung äußerte. Während einer Mannschaftsbesprechung wurde unter Aufsicht des Sportpsychologen ein kontrollierter Konflikt initiiert. Bei der Sitzung wurde eine Atmosphäre erzeugt, die alle Ruderer zwang, sich zu dem gegenwärtigen Problem zu äußern. Während dieser interaktiven Besprechung wurden sie zwar nicht zu Freunden, danach konnten sie sich aber wieder auf das gemeinsame Ziel konzentrieren.

kann. Ferner sollten die Richtlinien bzw. Regeln für die Realisierung der Lösung (schriftlich) festgehalten werden.

Eine weitere Methode der Konfliktlösung besteht darin, *praktische Regelungen* zu schaffen, beispielsweise klare Absprachen bezüglich bestimmter Handlungen zu treffen (z.B. Pünktlichkeit, Abwesenheit vom Training; vgl. *Linz* 2004). Wenn Konflikte dadurch entstehen, dass die Mannschaft sich nicht als eine Einheit betrachtet oder Untergruppen sich gebildet haben, müssen Gemeinsamkeiten erarbeitet werden. Hierzu können die Teambuilding-Maßnahmen herangezogen werden (s. Kap. 4).

Eine weitere Technik, die zur Konfliktreduktion herangezogen wird, ist die *Konfrontation*. Diese Technik verdeutlicht das folgende Fallbeispiel.

Die Strategie der Konfrontation ist jedoch nicht immer von Erfolg gekrönt und kann auch „nach hinten" losgehen. So können während der Konfrontation viel tiefer liegende Probleme zum Vorschein kommen, von deren Existenz keiner geahnt hatte. Eine gründliche Diagnose ist also eine wichtige Voraussetzung für den Einsatz der Konfrontationstechnik. Wichtig ist auch, dass die Technik gezielt und nicht zu oft eingesetzt wird. Setzt man sie zu oft ein, lassen sich die Teammitglieder nicht mehr voll darauf ein, und die Technik verliert ihre Effektivität.

Beim Einsatz der Konfrontationstechnik ist auch auf die Einhaltung bestimmter Rahmenbedingungen zu achten. Der Zeitpunkt muss richtig gewählt werden, z.B. nicht unmittelbar nach einem verlorenen Spiel. Es darf aber auch nicht zu viel Zeit vergangen sein. Man sollte einen Raum zur Verfügung haben, in dem man sich ungestört austauschen kann und der auch groß genug ist, dass sich alle sehen können. Natürlich kann ein Konfrontationsgespräch nur dann funktionieren, wenn tatsächlich alle Betroffenen anwesend sind und nicht ein Großteil der Mannschaft fehlt.

Psychologisches Aufbautraining nach Verletzungen

Nach Erfahrung der Autoren ist die Verletzung die am häufigsten auftretende sportliche Krise, die zudem mit sehr großer Wahrscheinlichkeit jeden Athleten irgendwann im Lauf seiner Karriere treffen wird. Untersuchungen zur Häufigkeit von Sportverletzungen zeigen, dass es beispielsweise im Wettkampfturnen jährliche Verletzungsraten von 70 bis 80 Prozent gibt (*Kerr* und *Minden* 1988). Finnische und britische Studien über Spitzenfußballspieler berichten von Verletzungsraten zwischen 65 und 91 Prozent (*Lewin* 1989, *Lüthje* et al. 1996).

Leddy et al. (1994) zeigen, dass verletzte Sportler direkt nach ihrer Verletzung und auch 2 Monate danach höhere Werte bezüglich Depressivität und Ängstlichkeit haben und zusätzlich ein niedrigeres Selbstbewusstsein als gesunde Sportler aufweisen. Die Autoren resümieren, dass die emotionalen Belastungen nach einer Verletzung sehr hoch sein und eine psychologische Intervention erfordern können.

Die Sportverletzung ist eine Form der Krise, bei der sportpsychologisches Training sehr effektiv und erfolgreich eingesetzt werden kann, um den Heilungsprozess zu unterstützen sowie den Trainingsrückstand durch Einsatz des Vorstellungstrainings (siehe Kap. 5) zu reduzieren. *Ievleva* und *Orlick* (1991) wiesen nach, dass der Einsatz psychologischer Techniken nach einer

Knie- und/oder Knöchelverletzung zu schnellerer Heilung führte. Insbesondere profitierten „Schnellheiler" von einem Zielsetzungstraining und positiven Selbstgesprächen. Auch ein Vorstellungstraining zeigt nachgewiesenermaßen Effekte während der Zwangspause aufgrund einer Verletzung.

Im Folgenden wird dargestellt, wie der Heilungsprozess sportpsychologisch unterstützt werden kann. Dabei werden zunächst Maßnahmen vorgestellt, die auf individueller Ebene den Heilungsprozess optimieren können.

Zielsetzungstraining

Zielsetzungstraining wird von Athleten nicht nur als die effektivste Technik nach einer Sportverletzung eingestuft (*Brewer* et al. 1994), sondern führt – wie oben beschrieben – tatsächlich zu einer schnelleren Heilung. Ein damit einhergehender Effekt liegt in der Aufrechterhaltung des Rehabilitationstrainings. Ferner hat Zielsetzungstraining einen positiven Einfluss auf die Selbstwirksamkeit der Verletzten (*Evans* und *Hardy* 2002) und fördert die Aufrechterhaltung von Motivation.

Konkret folgt daraus für Sportpsychologen und Trainer, dass der Athlet nach einer Verletzung zum einen nicht allein gelassen wird und zum anderen gemeinsam mit ihm Ziele in Zusammenhang mit dem Rehatraining erarbeitet werden (z.B. Häufigkeit des Rehatrainings, Anzahl und Wiederholungen verschiedener Übungen). Die Athleten dürfen keinesfalls mehr machen, als medizinisch verantwortbar ist, da eine übersteigerte Motivation bzw. zu hohe Ziele auch den Heilungsprozess verlangsamen bzw. kontraproduktiv wirken können. Ziele, die sich auf die Inhalte des Rehatrainings beziehen, sollten daher gemeinsam mit dem medizinischen Personal vereinbart werden.

Weiterhin können Ziele festgelegt werden, die sich auf andere Bereiche beziehen. Beispielsweise kann die Anzahl der negativen Gedanken über die Verletzung reduziert werden.

Imagination und mentales Training

In der Krebstherapie hat sich gezeigt, wie wirksam die *Imagination des Heilungsprozesses* („healing imagery") sein kann (*Klein* 2001). Hierbei stellen sich Krebspatienten vor, wie Krebszellen absterben, der Körper sich selbst heilt oder, dass sie glücklich und gesund sind. Die Bilder müssen jedoch in gewissem Maße der Realität entsprechen. Verletzte Sportler setzen die Strategie auf vielfältige Weise ein, z.B. um die Schmerzen zu regulieren, sich abzulenken, die Rehaübungen korrekt auszuführen oder eine positive Einstellung beizubehalten (*Driediger* et al. 2006). Dabei sollten die verwendeten Bilder immer möglichst realitätsnah und detailliert sowie positiv sein. Falsche Vorstellungen von einer Verletzung können sich hingegen negativ auf den Heilungsprozess auswirken und zu Verkrampfungen sowie Schmerzen führen (*Kleinert* 2003).

Zusätzlich zur Imagination des Heilungsprozesses kann ein *Vorstellungstraining* der Ausführung der eigenen Sportart erfolgen. Einige Athleten führen es in der Verletzungsphase gerne durch, um das Gefühl zu haben, weiterhin regelmäßig zu trainieren und um ihre Bewegungsvorstellung aufrecht zu erhalten. Andere hingegen stehen in Verletzungsphasen dem mentalen Trainieren sehr abweisend gegenüber. Aufgrund ihrer starken körperlichen Einschränkungen können sie sich die Bewegungsausführung nicht vorstellen oder finden die

Bilder nicht realistisch. Ein Vorstellungstraining hat nur dann die gewünschten Effekte, wenn es aus innerer Überzeugung heraus durchgeführt wird. Die Bereitschaft des Sportlers hierfür muss deshalb sichergestellt sein.

Es ist nachgewiesen, dass die Imagination einer Bewegung dieselben Bereiche im Gehirn aktiviert, die auch bei der tatsächlichen Ausführung aktiv sind. So konnten durch ein Vorstellungstraining bei Schlaganfallpatienten Bewegungseinschränkungen wieder rückgängig gemacht werden (*Liu* et al. 2004). Entsprechend sollten auch Sportler durch Krankheit oder Verletzung bedingte Ausfallzeiten ihres motorischen Trainings zumindest teilweise durch ein Vorstellungstraining kompensieren können, wie das folgende Praxisbeispiel zeigt.

Positive Selbstgespräche
Wie eingangs erwähnt, können positive Selbstgespräche erwiesenermaßen einen entscheidenden Einfluss auf den Heilungsprozess nehmen. Da sie in Kapitel 5 und 8 beschrieben werden, wird an dieser Stelle nicht näher darauf eingegangen.

Modeling (Orientierung an Vorbildern)
Weiterhin hat sich das Modeling als erfolgreiche Interventionsmaßnahme bei verletzten Athleten erwiesen (*Weiss* und *Troxel* 1986). Es wird zwischen einem informellen und einem formellen Modeling unterschieden (*Flint* 1999). Die informelle Art erfolgt mehr oder weniger von selbst, nämlich dann, wenn Ärzte oder Sportpsychologen von anderen Athleten berichten, die ihre Sportverletzung erfolgreich überwun-

Praxisbeispiel

Vorstellungstraining eines schulterverletzten Golfspielers
Ein Profigolfer hatte sich im Oktober bei einem Sturz an der Schulter verletzt und konnte ein Vierteljahr lang keine Bälle schlagen. Er hatte in der sportpsychologischen Betreuung bereits das Vorstellungstraining gelernt und dieses regelmäßig angewandt. Während der Herbst- und Wintermonate, in denen seine Verletzung ausheilte, ging er häufig, teilweise in Begleitung des Erstautors, über den Meisterschaftsplatz seines Heimatclubs. Am Abschlag teete er einen Ball auf und durchlief seine Preshot-Routine mit Ausnahme der Probeschwünge. Statt tatsächlich abzuschlagen, imaginierte er den Schlag, sah vor seinem inneren Auge den Ball fliegen, aufkommen und ausrollen. Dann ging er wie im richtigen Spiel an die Stelle, an der der Ball nun liegen müsste. Hier überlegte er, welchen Schlag er mit welchem Schläger nun machen müsse. Er prüfte dazu die Balllage und den Wind – so, wie er es unter realen Ausführungsbedingungen auch tun würde. Anschließend vollzog er weiter seine Routine und imaginierte den Schlag, für den er sich entschieden hatte. Auf diese Weise „spielte" er mindestens dreimal pro Woche 9 Löcher. Als er nach 3 Monaten auf den Platz ging, um den Ball tatsächlich zu spielen, hatte er nicht das Gefühl, ein Vierteljahr pausiert zu haben. Mit sehr viel Zutrauen zu seinen Fähigkeiten spielte er den Platz und dabei einen Score, den er nach 3 Monaten Pause nicht für möglich gehalten hätte.

Athleten bei der sportlichen, aber auch außersportlichen Interessen- und Identitätsfindung unterstützen.

Hilfreich ist es daher, in dieser Phase ein starkes Netzwerk sozialer Unterstützung für den Athleten sicherzustellen (z.B. Trainer, Familie, Freunde). Ferner sollte der Fokus auf Verletzungsvorbeugung sowie einer ausreichenden Erholung gerichtet sein. Hierbei kann u. a. der EBF-Sport eingesetzt werden (siehe Kapitel 6). Die Konsultation eines Laufbahnberaters, der an den meisten Olympiastützpunkten zu finden ist, ist anzuraten um eine optimale Verzahnung von Anforderungen im Leistungssport sowie in der Ausbildung herzustellen.

Psychische Probleme

Dem Sportpsychologen können auch Probleme begegnen, die eine psychotherapeutische oder medizinische Behandlung erfordern und somit den Kompetenzbereich der meisten Sportpsychologen übersteigen. Der Schwerpunkt kann daher nicht in der Beschreibung von Interventionsmaßnahmen liegen. Vielmehr werden die Krankheitsbilder mit ihren Ursachen und einhergehenden Symptomen dargestellt.

Die Zielsetzung für nichtklinisch ausgebildete Sportpsychologen muss sein, dass sie die Krankheitsbilder erkennen und die Athleten an einen Spezialisten weiterempfehlen können. Es sollte sich von selbst verstehen, dass keine Behandlungsversuche durch nichtklinisch bzw. therapeutisch ausgebildete Sportpsychologen erfolgen.

Burnout

Seit Jahren gewinnt in der Beanspruchungsforschung das Ausgebranntsein (Burnout) an Bedeutung. Die in Deutschland bekanntesten und außerordentlich medienpräsenten Fälle von Burnout bei Sportlern der letzten Jahre waren *Sven Hannawald* und *Sebastian Deisler*. Obwohl keine einheitliche Definition existiert, herrscht Einigkeit darüber, dass dieses Phänomen als Reaktion auf chronischen Stress anzusehen ist (zusammenfassend *Kallus* und *Kellmann* 2000). Burnout stellt eine negative individuelle Erfahrung dar, die Probleme, Stress, negatives Befinden, Dysfunktion und negative Konsequenzen beinhaltet.

Davon betroffen sind nicht nur Sportler, sondern auch Trainer (z.B. *Dale* und *Weinberg* 1989) und Schiedsrichter (*Rainey* 1995). *Caccese* und *Mayerberg* (1984) fanden bei hauptverantwortlichen Trainern von Universitätsmannschaften deutliche geschlechtsabhängige Unterschiede im Burnout-Niveau. Trainerinnen wiesen im Vergleich zu ihren männlichen Kollegen eine signifikant höhere emotionale Erschöpfung und eine geringere persönliche Verwirklichung auf.

Ursachen

Die Entstehung von Burnout findet in einem mit der Stressentwicklung vergleichbaren Rahmen statt. Führt das Ungleichgewicht von Anforderung und vorhandenen Möglichkeiten (Fertigkeiten, Ressourcen) zu langfristiger oder wiederholter Über- bzw. Unterforderung, so kann es in der Bewertung der Situation durch den Athleten zu einer Abwertung der eigenen Aktivität, zu Hilflosigkeitsverhalten oder zum Bewusstwerden der eigenen Überlastung kommen. Das Wechselspiel vielfältiger Stressoren im modernen Leistungssport kann zu unzureichender Erholung und Frustration führen. Dies wird teilweise über unerfüllte Erwartungen hervorgerufen, die wiederum durch negativen Perfektionismus sowie durch zu hochgesteckte Ziele bedingt sind.

Bereits in Kapitel 6 wurde darauf eingegangen, dass Burnout auf einem Mangel an Erholung beruhen kann. Zu viel Training oder zu viele Wettkämpfe, das Fehlen von Freude an der Aktivität und zu viel Druck von sich selbst oder anderen sind die Hauptursachen für dieses Phänomen (*Cohn* 1990). Während einer intensiven Saison mit hoher Trainingshäufigkeit in der wettkampffreien Zeit ist weder die physische noch psychische Erholung des Athleten in ausreichendem Maße möglich. Des Weiteren kann sich, wenn Stress mit Verletzungen und der Wiederaufnahme des Trainings assoziiert wird, das Risiko für Dropout und Burnout erhöhen. Übertraining, Routine, Monotonie, Langeweile und mangelnde Abwechslung beim Training fördern diesen Effekt (vgl. *Robinson* und *Carron* 1982).

Symptome

Das Burnout-Syndrom zeichnet sich durch emotionale Erschöpfung, Depersonalisation und das Fehlen von persönlicher Verwirklichung aus (*Maslach* und *Jackson* 1986). Dies kann nicht nur eine Leistungsminderung, sondern auch ein Ausscheiden aus bisher ausgeübten Aktivitäten zur Folge haben (*Maslach* et al. 1996).

Psychische Reaktionen wie Anspannung, Ärger, Angst oder Schlaflosigkeit führen zu rigidem, unangemessenem Verhalten, Leistungsabfall und zur Reduzierung von Aktivitäten. Jedoch brechen nicht alle Sportler, die Burnout erleben, ihre Beteiligung ab. Einige Sportler bleiben dennoch aktiv. Sie glauben, dass sie den Sport aus verschiedenen Gründen nicht aufgeben können (z.B. Druck der Familie) und beschreiben ein Gefühl des Gefangenseins. Diese erzwungene Teilnahme ist durch niedrigere Motivation, gefühlsmäßiges Abstumpfen, geringere Zufriedenheit und schlechtere Leistung gekennzeichnet (*Raedeke* 1997). Burnout ist als Ergebnis von chronisch überlastendem Stress anzusehen und wirkt sich in einer Abnahme der Sportpartizipation eines Athleten aus.

Ausgebrannte Sportler haben wenig Trainingseinsätze und Trainingstage, weisen motivationale Defizite und ein schlechtes Bewältigungsvermögen auf (*Gould* et al. 1997). Mit zunehmendem Ausprägungsgrad von Burnout wird die Leistung des Athleten inkonsistent und erfährt einen Rückgang (*Kallus* und *Kellmann* 2000).

Intervention

Wie in Kapitel 6 hinsichtlich des Übertrainings beschrieben, müssen auch beim Auftreten von Burnout dem Athleten lange Erholungspausen bzw. eine vorläufige Zurückstellung vom Sport ermöglicht werden (*Henschen* 1993). So kann verhindert werden, dass sie ihre sportlichen Karrieren frühzeitig beenden. Daher müssen die Betreuer sensibel auf psychische und/oder physische Erholungsbedürfnisse der Athleten reagieren und aktiv zum Wiedererreichen eines optimalen Erholungs-Beanspruchungs-Zustands beitragen.

Depression

Der Stress einer leistungssportlichen Karriere, die damit einhergehende längerfristige unausgeglichene Erholungs-Beanspruchungs-Bilanz, die zum oben beschriebenen Burnout führt, kann auch zum Auslöser für depressive Erkrankung werden (*Thase, Jindal* und *Howland*, 2002). Besonders erschütternd war im Jahre 2009 der Selbstmord des Torwarts der deutschen Fußballnationalmannschaft, *Robert Enke*. Enke litt seit Längerem an einer Depression. Im Sport und insbesondere im Fußball war Depression lange kein Thema. Dabei liegt die Wahrscheinlichkeit, im Laufe des Lebens an einer Depression zu erkranken nach einer Studie der Weltgesundheitsorganisation für Männer bei bis zu 11,1 Prozent und bis zu 23,3 Prozent bei Frauen (WHO, 2004). Die Hochrechnungen für jährliche Neuerkrankungen liegen zwischen 2 und 8 von 100 Personen – Tendenz steigend. Die Ersterkrankung tritt nach der Studie der WHO am häufigsten im Alter zwischen 18 und 25 Jahren auf. Das ist das Alter der überwiegenden Mehrzahl der Spitzensportler. Vielfach wird eine Depression nicht als Erkrankung erkannt oder von den Betroffenen geleugnet. Eine Depression ist aber eine ernsthafte psychische Erkrankung. Sie kann eine Arbeitsunfähigkeit bewirken und das Familienleben zerstören. Der Ausgang Suizid wird auf etwa 15 Prozent geschätzt und liegt damit beträchtlich höher als in der Normalbevölkerung. Bei einer nicht konsequent behandelten Depression steigt im Falle des Rückfalls das Suizidrisiko. Zudem ist die Sterblichkeit gegenüber Nichtdepressiven wegen körperlicher Störungen (z.B. Herz-Kreislauferkrankungen, Diabetes) erhöht (vgl. *Hautzinger* 2010).

Symptome

Depression geht über normalen Kummer oder normales Trauern hinaus. Sie stellt sich als erlebnisreaktive Anpassungsstörung oder als majore Depression mit massiven Schuldvorstellungen dar. Hauptsymptome sind: gedrückte Stimmung, Interessen- und Freudlosigkeit mit starken Schuldgefühlen und Antriebsstörungen. Ein Zeichen, dass man an sich selbst beobachten kann, ist eine länger anhaltende Traurigkeit, die zunehmend von Lustlosigkeit und dem Verlust an Lebensfreude begleitet wird. Es stellt sich auch zunehmend ein Gefühl der emotionalen Leere ein. Man kann sich selbst über Erfolge nicht mehr freuen. Depressive klagen oft auch über unklare körperliche Symptome wie Schwindelgefühl, Kopfschmerz, ein Kloßgefühl im Hals sowie undefinierte Schmerzen in der Brust. Zwar hat die Depression als Krankheit in der Öffentlichkeit mittlerweile mehr Akzeptanz gefunden, aber Menschen versuchen immer noch zu verbergen, dass sie an einer psychischen Erkrankung leiden. Zum Teil werden dann die körperlichen Beschwerden selbstbetrügerisch in den Vordergrund gestellt und das eigentliche Leiden maskiert.

Ursachen

Ist der Leistungssportler besonders gefährdet? Sicherlich liegt es nicht an einer besonderen Persönlichkeit des Leistungssportlers, die ein Auftreten von Depression wahrscheinlicher macht als beim Normalbürger. Die Persönlichkeit des Leistungssportlers unterscheidet sich nicht wesentlich vom Normalbürger, außer vielleicht in den Bereichen von Leistungsmotiv und Willensstärke (vgl. hierzu Kap. 3). Es ist weniger die Persönlichkeit des Leistungssportlers als vielmehr die moderne Wirklichkeit, die Realität des Leistungssports, der Dauerstress, die körperliche und psychische Überbelastung, die bei Personen mit bestimmten Risikofaktoren krank machend wirken kann.

Auch der Skispringer *Sven Hannawald* ist ein Betroffener. Er sagte in einem Interview mit news.de: „Die Krankheit ist aufgetreten, und die Gründe sind vielflächig. Man muss irgendwo auch der Typ dafür sein. Andere haben den Druck auch, gehen aber anders damit um."

Mit „Typ" meint *Hannawald* wohl, welche Persönlichkeitsmerkmale bei der betroffenen Person vorliegen. Es gibt offensichtlich Menschen, die anfällig (vulnerabel) gegenüber dem Stress sind, während andere unverwundbar (resilient) erscheinen. Teilweise liegen Ursachen hierfür in der Person und sind Teil ihrer biologischen Voraussetzungen. Teilweise basieren eine Vulnerabilität oder Resilienz auch auf vorausgegangenen Erfahrungen, die bis auf die Kindheit zurückgehen können. Schließlich haben auch gelernte Verhaltensstile (Bewältigungsstrategien), wie mit belastenden oder Drucksituationen umgegangen wird, einen Anteil am Ausbruch einer depressiven Erkrankung. Leistungssportler stehen naturgemäß unter einem starken Leistungsdruck und nicht selten im Blickpunkt öffentlichen Interesses. Damit sind einerseits Versagensängste verbunden, die natürlich auch zu tatsächlichem Misserfolg führen können und verstärkten Rechtfertigungsdruck entstehen lassen. Angemessene Bewältigungsstrategien sind entscheidend dafür, inwieweit dies zu einer erhöhten Anfälligkeit führt. Ferner führt die Trainings- und Wettkampfbelastung, wie schon angesprochen, leicht in einen Zustand des Burnout, der die Entstehung einer Depression begünstigen kann. „Ich war leer, ich war müde, ich war nicht mehr da", beschreibt der ebenfalls von Depression betroffene Fußballer Sebastian Deisler den Zustand, den er erlebt hat (*Rosentritt*, 2009).

Außenstehende können oft nicht verstehen, wie ein erfolgreicher Sportler depressiv sein kann. Wenn man so erfolgreich ist, muss man doch glücklich sein, ist die naive Annahme.

Oder aber dem Depressiven wird nahe gelegt: „Wenn du erst mal wieder Erfolg hast, wirst du dich auch besser fühlen." Dies zeugt aber nur davon, dass nicht verstanden wird, dass Depression eine Erkrankung ist, die angemessen behandelt werden muss und dass dies auch Zeit braucht. Macht sich der Betroffene oben genannte „Ratschläge" zu Eigen, setzt er sich dadurch zusätzlich unter Druck, wird zwangsläufig scheitern und kommt nur noch tiefer in die Depression. Denn damit geht auch der Glaube auf Heilungschancen verloren. Aufgrund der ungünstigen Interpretationsmuster haben Erfolge beim Depressiven keine nachhaltig positive Wirkung. Je länger die Depression anhält und je tiefer der Depressive in sie hineingerät, desto weniger wird er überhaupt noch Emotionen erleben.

Einer Depression liegt zwar häufig eine genetische Veranlagung zugrunde. Eine solche Veranlagung muss jedoch nicht zwangsläufig zu einer depressiven Erkrankung führen. Einerseits sind auslösende Faktoren aktuelle Probleme im Leben der Person, wie eben der Stress, den der Leistungssportler erlebt. Andererseits spielen die erlernten kognitiven Bewältigungsmuster bei solchen Problemen eine wichtige Rolle: Die Patienten erleben sich als Versager, übertreiben kleine Fehler und sehen sehr pessimistisch in die Zukunft. Sie neigen zum Grübeln. Die eigene Person wird in ihren Fähigkeiten allgemein als negativ eingestuft. Entsprechend gehen mit Depression oft Ängste einher. Burnout und Erschöpfungszustände bahnen der Depression oft den Weg. Im Gehirn gibt es eine Störung im Bereich der Botenstoffe, der so genannten Neurotransmitter und -modulatoren, vor allem Serotonin und Noradrenalin, die mit anderen gestörten hormonellen und neurophysiologischen Systemen sowie biologischen (circadianen) Rhythmen (z.B. Schlaf) in Wechselwirkung treten (*Garlow* und *Nemeroff*, 2003).

Wie *Sven Hannawald* zurecht vermutet, stehen eine Reihe von Persönlichkeitsmerkmalen in Zusammenhang mit der Entstehung von Depression. Dazu gehören hohe Misserfolgsängstlichkeit und Lageorientierung (vgl. Kap. 2). Aus Angst vor einem möglichen Versagen, weil es den nagenden Zweifel gibt, so gut zu sein wie andere, wird der Trainingseinsatz erhöht, um zur Perfektionierung zu kommen. Das wiederum kann einem Burnout Vorschub leisten. Lageorientierte Sportler sind besonders vulnerabel, da sie sich in negativen Selbstbewertungsschleifen verfangen können. Lageorientierte können Superleistungen bringen, wenn das Teamklima gut ist, sie sich inner- und außerhalb des Vereins akzeptiert und geschätzt fühlen und „locker" in Spiele gehen können. Sie verlieren sich aber in einer Spirale des Selbstzweifels, wenn all dies nicht stimmt, sich Verletzungen häufen und Erfolge ausbleiben.

Für Sportler, die eine hohe Vulnerabilität besitzen, besteht im System des modernen Leistungssports eine erhöhte Gefahr an einer Depression zu erkranken. Der Spielmacher Sebastian Deisler wurde als „Jahrhunderttalent des deutschen Fußballs" bezeichnet. In seiner von *Michael Rosentritt* (2009) aufgeschriebenen Geschichte finden sich die Anzeichen von starker Misserfolgsängstlichkeit und Lageorientierung. Sebastian Deisler beendete seine Karriere vorzeitig wegen seiner depressiven Erkrankung. Um solche „Jahrhunderttalente" zu erhalten, muss von der Jugend an eine gezielte Förderung erfolgen, die Stressbewältigungsfertigkeiten vermittelt, Individualität zulässt und diese als Stärke begreift. Es geht darum, das Fundament aufzubauen, das *Sebastian Deisler*, wie er selbst sagte, in seiner Karriere fehlte. Es ist auch sehr sinnvoll, eine ausgeglichene Erholungs-Beanspruchungs-Bilanz im Auge zu behalten, um ein Burnout zu vermeiden. Dazu gehört, dass es neben dem Fußball auch noch anderes gibt, was als Standbein herhalten kann. Schließlich sollte von Jugend an ein Stressimmunisierungstraining auf dem Trainingsplan stehen, so dass gelernt wird mit dem sportlichen Leistungsdruck und dem medialen Druck umzugehen. Dabei muss auch die Einstellung bearbeitet werden, dass man nicht schwach ist, wenn man mit anderen über seine Probleme spricht. Vielleicht geht dies sogar so weit, zu vermitteln, dass man nicht immer stark sein kann und auch nicht muss.

Intervention

Eine Depression muss durch eine dafür ausgebildete Person, also einen Psychiater oder Psychotherapeuten, behandelt werden. Als Person des Vertrauens werden Sportpsychologen bei Vorliegen einer Depression von den betroffenen Sportlern häufig als erste kontaktiert. Ein nicht entsprechend ausgebildeter Sportpsychologe muss dafür sorgen, dass der Betroffene umgehend in eine angemessene Therapie kommt. Je nach Schwere der Depression muss diese über einen längeren Zeitraum, angemessen dosiert pharmakologisch (u. a. Antidepressiva) in Kombination mit einer Psychotherapie behandelt werden. *Hautzinger* (2010) schätzt, dass etwa die Hälfte bis zwei Drittel der Patienten durch die Therapie so weit eine Besserung erfahren, dass sie wieder ihre gewohnte Leistungsfähigkeit erreichen und das alte Selbst hervortritt. Oft bleiben einzelne Beschwerden jedoch weiter bestehen. Rückfälle müssen immer einkalkuliert werden, können durch fortdauernde Pharmakotherapie und fortgeführte Therapiesitzungen in regelmäßigen Abständen jedoch verhindert oder zumindest in der Häufigkeit ihres Auftretens reduziert werden.

In jedem Fall braucht die Therapie Zeit, die gegebenenfalls auch eine Auszeit vom Leistungssport bedeuten kann. Über ein Erstgespräch kann der Sportpsychologe eine Therapiemotivation herstellen und vermitteln, dass sein Klient eine Therapie aufnimmt. Wie kann man in einem solchen Erstgespräch vorgehen?

- die Probleme ernst nehmen und deutlich machen, dass eine depressive Erkrankung einer Behandlung bedarf
- keinesfalls die Depression als vorübergehende Traurigkeit herunterspielen
- über mögliche Suizidgedanken offen sprechen
- versuchen zu helfen (z.B. durch Vermittlung eines Therapeuten) aber nicht bevormunden (keine Ratschläge)
- echt bleiben und auch negative Gefühle zulassen

Ess-Störungen

Insbesondere in Disziplinen, in denen aus ästhetischen, physiologischen und biomechanischen Gründen ein geringes Gewicht erforderlich ist, kommen Ess-Störungen verstärkt vor (*Platen* et al. 2004). Hierzu zählen die turnerischen Sportarten, Eiskunstlaufen, Langstreckenlauf, Boxen, Ringen, Judo, Pferderennsport, Skispringen und Hochsprung. Genaue Zahlen zur Erkrankungshäufigkeit im Leistungssport existieren nicht, aber einer skandinavischen Studie zufolge beträgt das Risiko, an einer Ess-Störung zu erkranken, in bestimmten Sportarten bis zu 40 Prozent (*Sundgot-Borgen* 1993).

An klassischen Ess-Störungen sind die Magersucht (Anorexia nervosa) sowie die Ess-Brech-Sucht (Bulimia nervosa, Bulimie) zu nennen.

Die *Magersucht* geht mit einer deutlichen Gewichtsreduktion einher, welche selbst herbeigeführt und absichtlich so gehalten wird. Die betroffenen Personen haben trotz ihres reduzierten Gewichts große Angst zuzunehmen und eine verzerrte Körperwahrnehmung. Sie empfinden sich trotz ihres niedrigen Gewichts als zu dick. Bei Frauen geht die Magersucht zusätzlich mit dem Ausbleiben der Regelblutung einher. Eine Gewichtsreduktion wird bei Magersüchtigen entweder durch eine stark reduzierte Nahrungsaufnahme oder durch Erbrechen bzw. Missbrauch von Abführmitteln herbeigeführt.

Die Ess-Brech-Sucht ist im Gegensatz zur Magersucht eher eine verborgene Krankheit, da sie mit keinem deutlichen Gewichtsverlust einhergehen kann und somit für Außenstehende oft unbemerkt bleibt. Körperliche Merkmale der Bulimie sind: glasige Zähne, Hautveränderungen an der Hand etc. Wiederholte Episoden von Fressanfällen werden bei diesem Krankheitsbild mit selbst induziertem Erbrechen oder übermäßiger sportlicher Betätigung kompensiert.

Als vor allem sportindizierte Ess-Störung kommt die *Anorexia athletica* vor, die sich von den anderen beiden Formen unterscheidet und für den Leistungssport spezifisch ist. Hierbei geht es hauptsächlich darum, durch die Gewichtsreduktion eine bessere sportliche Leistung zu erzielen.

Die Folgen von Ess-Störungen sind Mangelerscheinungen, z.B. hinsichtlich der Versorgung mit Nährstoffen (Kohlenhydrate, Fette, Eiweiße), Mineralien und Vitaminen. Ferner treten Hormonstörungen vor allem der Geschlechts-, Nebennierenrinden- und Schilddrüsenhormone sowie auch des vegetativen Nervensystems auf. Folgen eines kontinuierlichen Erbrechens sind Schädigung des Magens und der Speiseröhre sowie der Zähne. Ferner gibt es zahlreiche psychische und soziale Folgen einer Ess-Störung. Essgestörte verlieren ihre Lebensfreude und ihr Selbstbewusstsein, ihr Interesse an der Umwelt nimmt ab. Sie sind permanent unter Stress und haben Angst, dass ihr Verhalten entdeckt wird. Insbesondere während Trainingslagern erleben Leistungssportler mit einer Ess-Störung sehr starke Belastungen. Zusätzlich erhöht sich der emotionale Druck. Als längerfristige Folgen sind neben den gesundheitlichen Schädigungen vor allem Depressionen, Schlafstörungen und sportlicher Leistungsverlust zu nennen.

Ursachen

Bei den Ursachen für Ess-Störungen handelt es sich meist um eine Kombination von Faktoren. Daher sind die Erklärungsansätze für Ess-Störungen grundsätzlich nicht eindimensional (*Barb-Priebe* 1998). Diese Faktoren können biologischer, psychologischer oder kultureller Natur sein und auch mit den Bedingungen in Zusammenhang stehen, die im Leistungssport vorherrschen. Es gibt Untersuchungen, die eine genetische Prädisposition für Magersucht nahe legen. Ferner scheinen bestimmte Persönlichkeitseigenschaften der Sportler (z.B. Perfektionismus, mangelndes Selbstvertrauen, Zwanghaftigkeit, Leistungsorientierung, hohe Egoorientierung) sowie schlechte Erfahrungen in der Kindheit und aktuelle Konflikte die Entstehung von Ess-Störungen zu begünstigen. Zusätzlich gibt es in der Gesellschaft bestimmte Schönheitsideale, die durch die Bedingungen im Leistungssport verstärkt werden, z.B. bei bestimmten Sportarten, in denen niedrigeres Gewicht Leistungsvorteile mit sich bringt.

Intervention

Platen et al. (2004) empfehlen für die Behandlung der Ess-Störung ein multidisziplinäres Betreuungsteam aus Psychologen, Medizinern und Ernährungsberatern. In den meisten

---

Hinweise für das mögliche Vorliegen einer Ess-Störung

Äußerungen der Betroffenen:
- Unzufriedenheit mit der Figur und Äußerungen, zu dick zu sein
- Angst vor dem Dickwerden
- Schuldgefühle nach dem Essen
- andauernde Beschäftigung mit dem Gewicht, Essen, Kalorien

sichtbare Merkmale:
- starke Gewichtsabnahme
- Tragen weiter Kleidung
- Anschwellen der Speicheldrüsen durch das Erbrechen mit so genannten Hamsterbacken
- Diskrepanzen zwischen der aufgenommenen Nahrungsmenge und dem aktuellen Gewicht
- gerötete Augen nach dem Aufsuchen der Toilette
- Wassereinlagerungen
- Ausbleiben der Regelblutung

Verhaltensveränderungen:
- zwanghaftes Trainieren auch über das vorgegebene Trainingspensum hinaus
- Betroffene Verschwinden kurz nach dem Essen auf die Toilette
- Heimlichtuerei
- Bevorzugen von Light-Produkten, Kauen von Kaugummi

Fällen ist eine ambulante oder auch stationäre psychotherapeutische Behandlung erforderlich, die durch eine ernährungsmedizinische Therapie ergänzt wird. *De Bruin* et al. (2009) weisen ferner auf die Wichtigkeit eines aufgabenorientierten, motivationalen Klimas in der Trainingsgruppe hin, bei dem der Fokus auf einer individuellen Bezugsnormorientierung liegt (siehe auch Kapitel 5). Ein erster Ansprechpartner beim Verdacht auf eine Ess-Störung eines Leistungssportlers können die Sportpsychologen an den Olympiastützpunkten sein. Über eine besonders umfangreiche Erfahrung im Umgang mit Ess-Störungen im Leistungssport verfügen der Olympiastützpunkt Westfalen und das Institut für Kreislaufforschung und Sportmedizin der Deutschen Sporthochschule Köln. Als Ratgeber ist der Leitfaden von *Lebenstedt, Bussmann* und *Platen* „Ess-Störungen im Leistungssport" zu empfehlen, der 2004 vom Bundesinstitut für Sportwissenschaft herausgegeben wurde.

Sportsucht

Exzessives Sporttreiben kann eine Art der Abhängigkeit erzeugen. Man spricht in diesem Zusammenhang auch von „Sportsucht" als einer stoffungebundenen Sucht. Bei dieser Verhaltenssucht werden keine psychotropen Substanzen von außen zugeführt, sondern körpereigene biochemische Veränderungen durch exzessives Ausdauertraining ausgelöst (*Grüsser* et al. 2007).

Nach *Glasser* (1976) gibt es eine positive und eine negative Form der Sucht. Bei einer positiven Sucht führt das Nichtrealisieren des entsprechenden Bedürfnisses zu psychischem oder physiologischem Unbehagen. Eine positive Sucht macht Spaß, dominiert aber nicht das Leben der betroffenen Person, wie dies bei der negativen Sucht der Fall ist. Für *Morgan* (1979) ist jedoch auch bei der „positiven Sucht" problematisch, dass es negative Folgen für die Gesundheit geben kann. Nach *Morgan* liegt eine Sportsucht vor, wenn

- die betroffene Person das Gefühl hat, dass der Sport notwendig ist, um mit den täglichen Lebensanforderungen zurecht zu kommen,
- die betroffene Person unter Entzugserscheinungen (Ängstlichkeit, Unruhe, Gereiztheit, Unbehagen) leidet, wenn sie keinen Sport treiben kann.

Ferner wird ein Sportsüchtiger auch dann seinem Sport weiter exzessiv nachgehen, wenn dadurch andere Aspekte seines Lebens (Beruf, Beziehung, Gesundheit) beeinträchtigt werden. Charakteristischerweise entsteht Sportsucht wie andere Süchte auch aus einem Bewältigungsversuch für psychische Probleme (Lebenskrisen, Ängste, inneres Ungleichgewicht), der sich verselbständigt. Eine besondere Problematik ergibt sich daraus, dass Sport eine gesellschaftlich höchst akzeptierte Aktivität und auch Form der Bewältigung von Problemen darstellt. Die Entwicklung des Sporttreibens zur Sucht wird daher selten erkannt oder verdrängt – vom Sportsüchtigen selbst und/oder seinem Umfeld. „Es heißt dann beschwichtigend: Der treibt halt viel Sport." Die Notwendigkeit einer Therapie liegt den Betroffenen so fern wie eine Woche ohne Sporttreiben. Eine solche bis hin zu einem stationären Aufenthalt ist aber unerlässlich. Dies gilt insbesondere auch deshalb, weil eine Sportsucht oft mit einer Ess-Störung einhergeht (*Brewerton* et al. 1995).

Symptome

Sportsüchtige können nur schwer einen Tag lang auf körperliche Betätigung verzichten. Sie treiben mindestens einmal pro Tag Sport, auch wenn dies mit der Gefahr gesundheitlicher Schädigung (z.B. bei einer Infektion) verbunden ist. Ihre Gedanken kreisen ständig um den Sport. Nach *Sachs* (1981) zeigen die Betroffenen nach 24 bis 36 Stunden ohne sportliche Betätigung Entzugserscheinungen, die charakteristischerweise wieder verschwinden, wenn die Sportsüchtigen trainieren (*Veale* 1987).

Es ist leicht ersichtlich, dass einige der genannten Kriterien auf Leistungssportler zutreffen. Sind Leistungssportler gewissermaßen zwangsläufig sportsüchtig? *Biddle* und *Mutrie* (2002) sind der Meinung, dass bei Leistungssportlern erst dann eine problematische Situation eintritt, wenn das Sporttreiben mit einem Raubbau am Körper einhergeht. Dies ist zum einen gegeben, wenn die Sportsucht mit einer Ess-Störung einhergeht (Schwächung des Immunsystems, Muskelatrophie). Weiterhin geht es beim Training zusätzlich darum, das Körpergewicht zu reduzieren und ein bestimmtes Figurideal zu erreichen.

Zum anderen liegt eine Sportsucht vor, wenn die Sportler trotz körperlicher Erschöpfung, Verletzungen und Schmerzen und/oder gegen ärztlichen Rat weitertrainieren. In beiden Fällen ignorieren die betroffenen Sportler die Warnsignale ihres Körpers. Nach *Bamber* et al. (2003) ist ein entscheidendes Kriterium für Sportsucht auch im Leistungssport, dass der Sport fortgesetzt wird, obwohl der anhaltende Wunsch nach Reduktion des Sporttreibens besteht und/oder bereits erfolglose Versuche nach einer Reduktion unternommen wurden. Müdigkeit, chronische Verletzungen, Beziehungsprobleme und Ess-Störungen sind Probleme, die durch Sportsucht im Leistungssport entstehen können (*Veale* und *Le Fevre* 1988). Leistungssportler werden in der Regel keine Sportsucht entwickeln, wenn sie vernünftige Trainingspläne haben und diese einhalten. In solchen Trainingsplänen sind Regenerationsphasen eingebaut.

Ursachen

Generell wird davon ausgegangen, dass körperliche Betätigung belohnend wirkt durch verbesserte Stimmung, bessere Gesundheit und vermehrte Möglichkeiten zur sozialen Interaktion (*Pierce* et al. 1993). Sporttreiben kann auch einen Angst reduzierenden oder ablenkenden Effekt haben. All dies kann zu einer Besserung der subjektiven Situation z.B. nach einem kritischen Lebensereignis beitragen, ohne allerdings eine grundlegende kognitive Bewältigung voranzubringen. Insofern führt Sporttreiben zu einer Besserung des akuten Erlebens, aber nicht zu einer tatsächlichen Bewältigung. Die akute Besserung wirkt jedoch belohnend, was zu häufiger Wiederholung des Verhaltens führt. Physiologisch gesehen bewirkt ein häufiges, intensives Ausdauertraining außerdem eine Verringerung der Katecholaminkonzentration sowie eine reduzierte Sensitivität von Opioiden im Gehirn. Insbesondere Letzteres soll nach *Hamer* und *Krageorgis* (2007) dazu führen, dass eine immer höhere Dosis an Ausdauerbelastungen nötig wird, um denselben belohnenden Effekt zu erzielen. Dadurch wird Suchtverhalten im Zusammenhang mit Ausdauersport gefördert.

Zunächst wurden die Ursachen der Sportsucht vor allem im „Runners High" gesehen, d.h. dem Streben nach der Endorphinausschüttung, die durch erhöhte Anstrengung hervorgerufen wird. Inzwischen wird aber ein biopsychosoziales Ursachengefüge für die Entstehung verantwortlich gemacht. Hierzu gehören genetische Faktoren, Persönlichkeitseigenschaften sowie die Bedingungen, die im Leistungssport vorherrschen.

Intervention

Die Betroffenen können eine psychologische Beratungsstelle aufsuchen. Ist bereits klar, dass eine Sucht besteht, können auch spezielle Suchtberatungsstellen weiterhelfen. Meist werden psychotherapeutische Verfahren mit einem kognitiven Ansatz ambulant durchgeführt. Im Gespräch wird versucht, das Suchtverhalten zu ergründen und die Abhängigkeit zu lösen. Hat der Betroffene hingegen schwerwiegende körperliche Symptome, kann die Behandlung einen stationären Aufenthalt in einer Klinik erfordern. Dies ist insbesondere dann erforderlich, wenn die Sportsucht mit einer Ess-Störung einhergeht.

Karrierebeendigung

Blinde und *Stratta* (1992) baten Athleten, ihre Gefühle während ihres Karriereausstiegs aufzuschreiben und mit Gefühlen während anderer Lebensphasen zu vergleichen. Dabei zeigten sich starke Parallelen zu Gefühlen, die in Zusammenhang mit Sterben und dem Tod stehen. Es verwundert daher nicht, dass das Karriereende als kritisches Lebensereignis angesehen wird, das bewältigt werden muss (*Alfermann* 2006). Eine Studie mit Gymnastinnen zeigt, dass sie vor allem mit einem Identitätsverlust sowie mit den körperlichen Veränderungen nach ihrem Karriereende zu kämpfen hatten (*Warriner* und *Lavallee* 2008).

Ob eine Karrierebeendigung zu einer Krise führt oder nicht, hängt vor allem davon ab, ob die Beendigung freiwillig oder unfreiwillig erfolgt. So zeigen Untersuchungsergebnisse, dass eine unfreiwillige Karrierebeendigung verheerende Auswirkungen auf den darauf folgenden Anpassungsprozess haben kann (z.B. *Wheeler* et al. 1996). Ferner unterscheidet sie sich stark von einer freiwilligen Karrierebeendigung und erfordert stärkere emotionale und soziale Anpassungsprozesse (*Lavallee* et al. 1997). Insgesamt scheinen Frauen etwas weniger intensiv unter negativen Emotionen nach einer Karrierebeendigung zu leiden als Männer (*Alfermann* et al. 2004).

Taylor und *Ogilvie* (1998) nennen 4 Hauptgründe für eine Karrierebeendigung: *Alter, Ausdelegierung, Verletzung* oder *freiwilliger Ausstieg*. Die ersten 3 Gründe verdeutlichen, dass der Athlet aufgrund von nachlassender sportlicher Leistung die Sportkarriere beenden musste und der Ausstieg nicht aus freien Stücken erfolgte, sondern mehr oder weniger erzwungen wurde. Athleten, die unfreiwillig aus dem Sport ausscheiden, reagieren oft mit Ärger, der sich entweder gegen sich selbst richtet und zu Alkohol- oder Drogenmissbrauch führen kann, oder Ärger, der gegen die Familie, Freunde oder das sportliches Umfeld gerichtet wird (*Pankey* 1993). *Wippert* et al. 2006 konnten zeigen, dass das Trennungsmanagement der Verbände Einfluss auf die Belastungsreaktion nach der Ausdelegation hat. Athleten, die vom Verband über die Gründe ihres Ausscheidens umfassend informiert wurden, wiesen eine niedrigere Belastungsreaktion nach dem Rücktritt auf als Athleten, die vom Verband ein schlechtes Trennungsmanagement (z.B. keine Vorbereitung darauf) erhielten.

Eine rechtzeitige Planung des Karriereendes, ein freiwilliger Rücktritt und eine hinlängliche soziale Unterstützung führen zu einem weniger krisenhaften Übergang (*Lavallee* et al. 1997). Ferner empfehlen *Alfermann* et al. (2004), dass Athleten vor einer bevorstehenden Karrierebeendigung ein Trainingsprogramm absolvieren, mit dessen Hilfe sie Ressourcen für die Übergangsphase mobilisieren und eine Bereitschaft für den Übergang entwickeln können. Im Rahmen dieses Trainingsprogramms sollten die folgenden Inhalte thematisiert werden.

Inhalte eines Trainingsprogramms zur Karrierebeendigung
- genaue Gründe für die Beendigung
- günstigster Zeitpunkt für den Ausstieg
- Pläne für das Leben nach der leistungssportlichen Karriere
- Ressourcen, die dem Athleten in der Übergangsphase zur Verfügung stehen

Auch ein Mentoring durch ehemalige Betroffene sowie eine Gesprächstherapie, in der Ängste und Sorgen thematisiert werden, können sinnvoll sein. Das Bedürfnis dafür ist jedenfalls vorhanden. So fanden *Storch* et al. (2005) in einer Untersuchung, dass College-Athleten nach ihrer Karrierebeendigung die Notwendigkeit einer Beratung hinsichtlich Zeitmanagement, Stress, Burnout, Versagensängsten und Depression sehen.

Langfristig sollte man auch prüfen, inwieweit Athleten nach ihrem Ausscheiden in das bestehende Sportsystem integriert werden können, z.B. als Trainer und/oder Funktionär, um ihnen dadurch den Übergang zu erleichtern sowie von ihren Erfahrungen als Hochleistungssportler und ihrer Expertise zu profitieren.

Weiterführende Literatur
Kleinert, J. (2003). Mental aus der sportlichen Krise: Verletzungen, Formtiefs, Erfolgsdruck und Teamkonflikte bewältigen. München: BLV-Verlag.

Mentaler Werkzeugkasten

Einleitung

In diesem Kapitel sind einige typische psychische Problemsituationen im Wettkampf- und Leistungssport sowie spezielle mentale Techniken in alphabetischer Reihenfolge aufgeführt. Bei den Problemsituationen wird zuerst das Problem genannt, dann folgt eine Ursachenanalyse, abschließend werden Lösungsempfehlungen gegeben. Es gibt in der Regel mehrere Lösungsmöglichkeiten; Lösungen sind immer stark individuenspezifisch, so dass man für jeden Sportler die passende finden muss. Teilweise sind die Lösungsvorschläge für den einzelnen Sportler individuell zu erstellen.

Angst, Angstbewältigung

Problem. Negativer emotionaler Zustand mit ungerichteter Aktivierung, man möchte weg aus der Situation. Folgen: Lockerheit geht verloren, die Bewegungskoordination leidet; häufig werden keine situationsangemessenen Entscheidungen getroffen; keine optimale Einstellung auf die nächste Aufgabe; Lernen wird beeinträchtigt.
Ursache. Eine Gefahrenquelle oder ihr tatsächliches Eintreten ist nicht eindeutig auszumachen, daher weiß man auch nicht, was man tun soll.
Lösung. Umwandlung in Furcht, denn unter Furcht wird eine emotionale Reaktion auf konkrete, gut identifizierbare Reize verstanden, die Gefahr signalisieren. Demzufolge kann Furcht in spezifische, den Gefahrenreizen entsprechende Vermeidungsreaktionen oder Bewältigungsstrategien kanalisiert und damit abgebaut werden. So kann eine Skiabfahrt besondere Angst einflößen. Der Skirennläufer bekommt nun im ersten Schritt die Aufgabe, einzelne Abschnitte zu identifizieren, die ihm besonders bedrohlich erscheinen. Dabei wird Angst in Furcht umgewandelt. In der Betreuung wird man allerdings meistens nicht davon sprechen, dass diese Abschnitte Furcht auslösen. Vielmehr handelt es sich hierbei um Abschnitte, vor denen begründeter Respekt besteht. Es wäre leichtsinnig, diesen Respekt nicht zu

haben und sich nicht besonders gut auf die Abschnitte einzustellen. Im zweiten Schritt liegt die Aufgabe des Rennläufers darin, konkrete Vornahmen zu entwickeln, wie er diese Abschnitte sicher bewältigen kann. Die über die zweite Aufgabe entwickelten Bewältigungsstrategien können anschließend in Trainingsläufen direkt umgesetzt werden.

Belastende Ereignisse

Problem. Belastende Ereignisse innerhalb und außerhalb des Sports können das Denken vollständig blockieren und Energie rauben (und damit die Konzentration beeinträchtigen). Dabei kann es sich um Misserfolge, Verletzungen oder die Trennung vom Lebenspartner handeln.

Ursache. Aus psychologischer Sicht handelt es sich hierbei um unerledigte Handlungen oder Absichten. Unerledigtes strebt nach Erledigung und dringt so lange immer wieder in das Bewusstsein, bis man sich darum gekümmert hat. Ist der Sportler nach einem Misserfolg oder einer Verletzung ratlos darüber, wie er dies in Zukunft vermeiden kann, besteht immer die Gefahr (besonders massiv bei lageorientierten Personen), dass dieses unerledigte Problem zur unpassenden Zeit in sein Bewusstsein dringt, z.B. wenn er sich auf die Angabe im Volleyball konzentrieren will. Unerledigte Absichten verlangen daher danach, in irgendeiner Form abgeschlossen zu werden.

Lösungsmöglichkeiten. Kurzfristig kann man sich von diesen störenden Gedanken befreien, indem man den Kopf durch die Entspannungsatmung frei atmet. Danach muss sich aber eine konkrete Handlungsanweisung anschließen, die die Aufmerksamkeit zu binden vermag, z.B. nach einem daneben geworfenen Dreipunktewurf im Basketball: Atmung plus Anweisung „Umdrehen, zurückrennen, Defense" (siehe dazu auch „Reset"). Tritt ein belastendes Ereignis (z.B. Ärger mit dem Freund) vor einem Wettkampf auf, so sollte man sich damit gedanklich auseinandersetzen, die Gedanken dazu aufschreiben und diese Notizen in ein „Zu-erledigen"-Fach legen, um sich nach dem Wettkampf näher damit zu befassen (siehe dazu auch „externer Speicher"). Es ist immer besser, z.B. einen Misserfolg gedanklich lösungsbezogen zu verarbeiten anstatt sich einfach abzulenken.

Bewältigung von Druck, Drucksituationen

Problem. Manche Sportler werden in kritischen Wettkampfsituationen so nervös, dass sie sich nicht mehr konzentrieren können, die Bewegungsausführung leidet und die Kreativität verloren geht.

Ursachen. Die Ursachen hierfür können vielfältig sein. Eine Variante wird unter dem Stichwort „Furcht am Start" beschrieben. Es kann sich um eine Fehleinschätzung der Situation handeln, eine „Bedrohung", für die man keine „Bewältigungsmöglichkeiten" wahrnimmt. Somit kann mangelndes Vertrauen in die eigenen Fertigkeiten vorliegen (siehe „Selbstvertrauen"). Es kann auch sein, dass ein Sportler alles besonders gut machen will, die Bewegung in einzelne im Training erworbene Technikgedanken zerlegt und so den Bewegungsfluss der an sich sicher automatisch beherrschten Bewegung verliert.

Lösungsmöglichkeiten. Die folgenden Trainingsmaßnahmen dienen in erster Linie einer Gewöhnung an die Drucksituation.

Immunisierungstraining: Indem im Training Situationen geschaffen werden, die Druck erzeugen, gewöhnt (habituiert) man sich an Drucksituationen und nimmt so die Konzentration beeinträchtigende Belastung.

Um beispielsweise den Umgang mit Druck beim Putten zu lernen, kann ein Golfer 10 Bälle auf dem Puttinggrün im Kreis um ein Loch legen; die Distanz hängt vom Können des Spielers ab. Es wird mit dem Putten bei der leichtesten Lage begonnen, alle 10 Bälle müssen eingelocht werden, andernfalls muss von vorne begonnen werden. Der Druck steigt mit jedem eingelochten Ball. Will man die Schwierigkeit erhöhen, kann man 5 Bälle auf eine Linie jeweils 50 cm voneinander entfernt legen, also z.B. 50 cm, 1 m, 1,50 m ... Die Aufgabe ist identisch. Hier steigt der Druck stärker, weil auch die Aufgabe deutlich schwieriger wird.

Prognosetraining: Man setzt sich ein konkretes Ziel, verkündet dies gegenüber den Mittrainierenden und versucht dann, dieses Ziel real zu erreichen. Beispielsweise kündigt ein Spieler an, dass er auf der Range seinen Drive in einen Zielkorridor von 20 m Breite zwischen 240 und 260 m schlagen wird.

Ursachen für das eventuelle Nichterreichen und auch das Erreichen des Zieles sollten genau analysiert, Maßnahmen zur Korrektur überlegt und/oder gegebenenfalls die Prognose angepasst werden. Diese Maßnahme eignet sich auch als Korrektur für Sportler, die ihre Ziele unrealistisch hoch setzen.

Einmaligkeitstraining: Zum Beispiel am Ende des Trainings bekommt der Spieler genau einen Versuch, um ein vom Trainer festgelegtes Ziel zu erreichen, etwa beim Training in einem Slalomkurs unter einer vom Trainer festgesetzten Richtzeit zu bleiben.

Es ist wichtig, dass der Zeitpunkt für diesen Versuch nicht vom Spieler, sondern von außen (Trainer) gesetzt wird. Dies ist ja auch in Wettkampfsituationen so. Setzt man den Versuch an das Ende des Trainings, kann der Sportler die positiven Konsequenzen eines Erfolgs und die negativen eines Misserfolgs intensiver erleben und besser lernen, damit umzugehen.

Burnout

Siehe „Übertraining"

Emotionsregulation

Problem. Auch „emotionales Achterbahnfahren" bringt einen Sportler aus dem Konzept, d.h., erst treten überschwängliche Freude und Stolz nach einer gelungenen Aktion auf, danach ist aber der Fall um so tiefer, wenn er Misserfolg erlebt.

Ursachen. Starke emotionale Reaktionen verursachen einen „physiologischen Wirbelsturm" im Gehirn, der über einen Zeitraum von bis zu 20 Minuten Konzentration und Entscheidungen (die an Funktionen des Großhirns gebunden sind) beeinträchtigen. Durch die überschwängliche Freude können die Erwartungen (das Anspruchsniveau) ggf. unrealistisch steigen, und die „Normalleistung" erscheint als Misserfolg. Der starke Ärger über den Misserfolg raubt nicht nur die Konzentrations- und Entscheidungsfähigkeit, sondern blockiert auch den Zugang zu den eigenen Stärken und nährt Selbstzweifel.

Lösung. Verbindung kognitiver und körperlicher Maßnahmen. Es gibt keine allgemeinverbindlichen körperlichen Komplettlösungen, da diese individuell hochgradig verschieden ausfallen können. Grundelemente: aufrecht bleiben, aufgeregten Atem in tiefe, ruhige Atemzüge (verlängerte Ausatmung) verändern, Kopf hoch, schweifenden Weitblick einnehmen, Arme ausstrecken, Körper beweglich machen (Verspannungen beseitigen). Unmittelbar danach folgen die kognitive Bewertung, wobei das negative Gefühl zu akzeptieren ist, die weitergehende Analyse (Wie ist es zur belastenden Situation bzw. zum Misserfolg gekommen? Was ist falsch gelaufen) und – besonders wichtig – wie man Abhilfe schaffen kann.

Bei starker Frustration (Ärger, Wut) kann man durch einfache körperlich anstrengende Tätigkeiten, insbesondere zielführende Bewegungen (z.B. Probeschwünge im Golf), Katecholamine (Adrenalin, Noradrenalin, Kortisol) abbauen.

Externer Speicher

Um etwas nicht zu vergessen, machen sich manche Menschen einen Knoten in ihr Taschentuch. In der Sprache der Psychologie übernimmt dieser Knoten die Funktion eines „externen Speichers". Das, was man sich merken will, muss nicht mehr ständig im Bewusstsein präsent gehalten werden, wenn es in einen externen Speicher gepackt wird. Auch ein Vermerk auf einer Karteikarte kann zum externen Speicher werden. Der externe Speicher kann zwar das Bewusstsein entlasten, aber unter Umständen auch zum Vergessen führen, wenn er unserer Aufmerksamkeit entzogen ist. Das könnte im Fall von belastenden Dingen hilfreich sein. Tatsächlich versuchen künstlerisch begabte Menschen, sich etwa Liebeskummer durch ein Gedicht von der Seele zu schreiben. Der Musiker *Eric Clapton* soll die Trauer über den Tod seines Sohnes durch das Schreiben des Liedes „Tears in heaven" bewältigt haben.

Externe Speicher kann man sich auch vor einem Wettkampf zunutze machen, um belastende Dinge aus dem Bewusstsein zu bekommen. Vor einem Wettkampf kann man ein Problem auf ein Blatt Papier schreiben und dieses dann in einen „Kummerkasten" legen. Man hat sich mit dem Problem befasst. Im „Kummerkasten", einem externen Speicher, belastet es momentan nicht mehr, insbesondere wenn man die Vornahme damit verbindet, sich nach dem Wettkampf dem Problem zu widmen. Natürlich muss man das Problem nach dem Wettkampf tatsächlich bearbeiten, ansonsten würde die Technik bald an Glaubwürdigkeit verlieren.

Furcht

Siehe auch „Angst, Angstbewältigung"

Furcht am Start

Problem. Durch die Furcht wird die Aufmerksamkeit auf die Furcht auslösenden Reize konzentriert. Der innere Dialog kippt um. Lockerheit und Kreativität gehen verloren, Lernen wird beeinträchtigt. Häufig werden keine situationsangemessenen Entscheidungen getroffen. Die Bewegungskoordination leidet.

Ursache. Selbstvertrauen (Selbstsicherheit, Selbstwirksamkeit) in die Bewältigung der Situation fehlt. Die Situation wird als Bedrohung statt als Herausforderung interpretiert. Zeichen körperlicher Erregung werden als Nervosität und damit Unsicherheit ausgelegt.

Lösungsmöglichkeiten. *Selbstgesprächsregulation:* Bewusstmachen, dass erhöhte Erregung, flaues Gefühl im Magen, erhöhter Herzschlag beim Wettkampfstart normal sind – ebenso wie in den unter Umständen Spiel entscheidenden Situationen bei Spielsportarten, wie dem Aufschlag im Tennis, dem Freiwurf im Basketball oder dem Elfmeter im Fußball. Nach der psychologischen Forschung steht die körperliche Erregung als solche in keinem systematischen Zusammenhang mit der Leistung.

Stattdessen sind die Gedanken oder genauer die Art der Gedanken entscheidend, die man sich in diesen Situationen macht. Deshalb ist hier der innere Dialog, das Selbstgespräch, entscheidend.

Fürchtet der Sportler zu versagen, geht es meist schief. Die Gedanken können abschweifen auf das, was auf dem Spiel steht, wie er sich blamiert, dass er aus dem Kader fliegt, wenn er versagt. Oder aber aus Furcht zu versagen, will er technisch alles richtig machen und erinnert sich an das, was der Trainer als wichtige Technikelemente beschrieben hat. Genau darin liegt aber nach der neueren Forschung der Schlüssel zum Misserfolg (*Beilock* und *Carr* 2001). Allein dadurch, dass er den Zustand als „Nervosität" bezeichnet, gesteht er sich Unsicherheit ein und untergräbt sein Selbstvertrauen. Der Sportler sollte sein Selbstgespräch in diesen Situationen so zu kontrollieren lernen, dass er die körperliche Erregung nicht als Furcht oder Nervosität interpretiert und bezeichnet, sondern als Zeichen wahrnimmt, dass er auf den Wettkampf, die Herausforderung eingestellt ist und der Körper bereit ist: „Es geht um etwas und ich bin bereit!".

Furcht vor etwas Speziellem

Problem. Die Wahrnehmung des Furchtauslösers blockiert angemessene Reaktionen völlig und führt im Extremfall dazu, dass genau das eintritt, was man vermeiden wollte.

Ursache. Die Furcht bindet die Gedanken. Die gedankliche Beschäftigung simuliert immer und immer wieder genau das, was man vermeiden möchte. Hier liegt gewissermaßen ein „negatives Vorstellungstraining" vor. Es wird genau das mental trainiert und damit programmiert, was nicht passieren sollte.

Lösungsmöglichkeiten. *Selbstgesprächsregulation, Atmung und Zielsetzung:* Auf keinen Fall sollte man sich in diesem Fall zwingen, nicht an die wahrgenommene Bedrohung zu denken. Dies würde nur dazu führen, dass man permanent daran denken muss. Der Trick liegt auch darin, nicht das Bedrohliche, sondern das eigentliche Ziel zu sehen.

Es geht also beispielsweise im Golf nicht darum, „den Ball auf keinen Fall fett zu treffen und ins Wasser zu schlagen", sondern „meinen sicheren 120-m-Schlag an die Fahne zu spielen". Man sollte sich zunächst dem bedrohlich Erscheinenden (z.B. dem Wasserhindernis) bewusst zuwenden und akzeptieren, dass es da ist. Im Golf könnte man das Wasser gar als Element betrachten, das den Platz interessant macht und landschaftlich verschönert. Danach atmet man zunächst „den Kopf frei" und wendet sich dann wieder dem zu, was man eigentlich tun will. Eine *positive Zielsetzung* ist gefragt, z.B., „Ich schlage das Eisen 8 auf das Grün" und keine Vermeidungszielsetzung „Ich darf nicht ins Wasser schlagen". Selbst eine Redewendung wie „Ich muss über das Wasser kommen" ist zu vermeiden, denn sie geht vom Meidenziel (das Wasserhindernis) aus, beinhaltet Besorgtheit und Zweifel und sollte daher durch eine positive Zielsetzung ersetzt werden.

Habituation

Trainiert der Sportler überwiegend in vertrauter Umgebung, erfolgt bei jedem Wechsel des Wettkampfortes zunächst eine Orientierungsreaktion. Er lässt sich von den unbekannten Reizen ablenken, der nicht vertraute Ort erzeugt Unsicherheit oder sogar Ängste. Dies ist einer der Gründe für den so genannten Heimvorteil. Um den „Auswärtsnachteil" zu reduzieren, muss sich der Sportler mit dem auswärtigen Wettkampfort (z.B. fremde Stadien, Schwimmhallen, Golfplätze) vertraut machen, sich daran habituieren. Ist der Ort für ihn zur Gewohnheit geworden, wird auch der Auftritt im Wettkampf nicht mehr mit so viel Nervosität einhergehen.
Außerdem wird ein Wettkampf in der Regel nicht mit Mitgliedern der eigenen Trainingsgruppe bestritten. Man sollte daher im Training immer wieder versuchen, auch mit unbekannten oder gar unsympathischen Menschen zusammenzutreffen. Teile des Trainings sollten immer möglichst nah an eine Simulation des Wettkampfs heranreichen und dazu sollte man auch die weniger angenehmen Aspekte einbeziehen.

Innerer Dialog

Siehe „Selbstgesprächsregulation"

Konzentration, Konzentrationsstörung

Problem. Bei Konzentrationsstörungen geht die uneingeschränkte Aufmerksamkeit für eine Beschäftigung verloren. Statt sich z.B. beim Basketballfreiwurf ausschließlich auf die Vorstellung zu konzentrieren, wie der Ball von oben mitten in den Korb fällt, wandern die Gedanken zum Publikum oder zu Geräuschen, die andere Spieler machen. Die Empfänglichkeit für aufgabenbezogene Sinnesreize und geordnetes Denken wird dadurch gehemmt.

Ursachen. Konzentrationsstörungen können bedingt sein durch einen aktuellen körperlichen Zustand wie Ermüdung, Erschöpfung, Dämmerzustand oder einen affektiven Zustand wie Angst oder Erregung.

Lösungsmöglichkeiten. Kopf frei atmen, Routinen.

Kopf frei atmen

Konzentration auf die Atmung, insbesondere auf die verlängerte Ausatmung (Psychohygiene-Trainingsatmung), kann störende Gedanken effektiv beseitigen. Wenn die Konzentration gestört ist und sich störende Gedanken breit machen, hilft es, die Atmung bewusst zu kontrollieren und sich dabei vor allem auf die Ausatmung zu konzentrieren. Die Einatmung geschieht dabei automatisch, aber die Ausatmung wird in die Länge gezogen. Die Ausatmung entspannt und macht den Kopf frei. Man kann sich dabei auch vorstellen, mit der Einatmung frische Energie aufzunehmen und mit der Ausatmung alles Verbrauchte, Belastende abzugeben. Dadurch wird der Kopf von störenden Gedanken und Zweifeln frei geatmet, wenn man eine sportliche Bewegung (z.B. den Aufschlag im Tennis) durch Konzentration auf „einatmen – ausatmen – go" einleitet.

Kummerkasten

Siehe „Externer Speicher"

Misserfolgsbewältigung

Siehe „Belastende Ereignisse", „Emotionsregulation", „Positives Denken", „Reset", „Selbstgesprächsregulation", „Selbstvertrauen"

Positives Denken

Siehe auch „Selbstgesprächsregulation"

Positives Denken ist kein Selbstbetrug. Es gibt immer zwei Seiten einer Medaille. Warum sollte das die Negative sein? Man kann ein Glas als „halbleer" oder „halbvoll" betrachten. Die verschiedenen Perspektiven haben unterschiedlichen Einfluss auf die Stimmungslage. Man ist traurig oder man freut sich, je nachdem, welche Sichtweise man sich zu Eigen macht. Zunächst sollte man erkennen, wie man mit sich redet, z.B. nach einem schlechten Lauf im Slalom, einem schlechten Schlag oder Loch im Golf. Schreiben Sie Ihre typischen Redewendungen auf. Versuchen Sie dann, eine andere Sichtweise der Situation einzunehmen. Schließlich formulieren Sie eine positive Aussage statt der negativen.

Reset

Wenn der Computer sich „aufgehängt" hat, drückt man den Resetknopf. Wenn Golfer nach mehreren schlechten Schlägen oder Fußballer nach einer Reihe schlechter Pässe „von der Rolle" sind, sollten sie auch einen Resetknopf drücken können: Beim Golf beispielsweise kann man sich vom Abschlag (oder Fairway oder Grün) abwenden, in die Landschaft schauen; einen Punkt am Horizont fixieren; auf die verlängerte Ausatmung konzentrieren; alles Negative in die verlängerte Ausatmung packen, wegatmen; an eigene Stärken im Golf denken; guten Schlag (Putt ..) imaginieren; Selbstsicherheit wieder aufbauen; umdrehen, an den Ball gehen; auf dem Weg zum Ball ggf. Zahlen zählen: 999, 996, 993 ...

Rituale/Routinen

Unter einem Ritual wird eine festgelegte, immer gleich bleibende Abfolge von Aktionen verstanden. In diesem Sinne wird auch der Begriff der Routine, der speziell im englischsprachigen Raum und insbesondere im Golfbereich (Pre- und Postshot-Routine) Anwendung findet. „Routine in etwas zu haben" bedeutet auch, dass man dies ohne nachzudenken sicher erledigen kann. Wer routiniert handelt, ist zudem nur schwer aus dem Konzept zu bringen und zu stören. Genau darum geht es beim Einsatz von Routinen im Wettkampfsport.

Rituale sind meist starr und beinhalten keine funktional bedeutsamen Elemente. So erhöht das Goldkettchen, das der Läufer bei allen Wettkämpfen trägt, vielleicht seine Sicherheit und sein Selbstvertrauen. Da das Kettchen aber keine wirkliche funktionale Bedeutung hat, verliert es bei einer Niederlage seinen Wert, obwohl er es trug.

Das Entspannungsatmen in einer Routine macht jedoch den Kopf spürbar frei und erhöht die Konzentration. Routinen tragen dazu bei, Konzentration aufzubauen und Ablenkung zu vermeiden. Kennzeichen der Routine ist, dass sie immer und idealerweise immer gleich durchgeführt wird, jedoch gegebenenfalls den situativen Umständen angepasst werden kann. Man durchläuft eine Sequenz von Aktionen, die jede für sich z.B. zur Startvorbereitung nützlich sind (Näheres siehe Kap. 5).

Selbstgesprächsregulation, problematische

Siehe auch „Positives Denken"

Problem. Ein Wettkampf wird häufig verloren, nachdem der innere Dialog umgekippt ist. Im Sinne *Gallways* gewinnt das so genannte „Ich 1", der Grübler und Zweifler, hier die Überhand mit einem negativen Dialog der Art: „Ich kann heute keine langen Pässe spielen", „Mein Aufschlag kommt heute einfach nicht". Häufig ist dies auch begleitet von einem durch Ratlosigkeit gekennzeichneten inneren Dialog: „Ich weiß auch nicht, was los ist", „Wieso bin ich so schlecht?".

Ursachen. Im Grunde schafft man eine „selbst erfüllende Prophezeiung" bzw. bahnt oder programmiert durch den negativen inneren Dialog das weitere Scheitern. Ein negatives Selbstgespräch blockiert auch den Zugang zu den eigenen Stärken und nährt Selbstzweifel.

Lösungsmöglichkeiten. Im Golf haben wir die Bezeichnung des „inneren Caddy" eingeführt. Der Caddy trägt nicht nur die Golftasche und reicht die Schläger, er berät auch. Was würde man von einem Caddy halten, der zum Spieler sagt: „Den Schlag kannst du sowieso nicht". Stattdessen erwartet der Spieler zu Recht unterstützende Worte. Um das Selbstgespräch in eine positive Bahn zu lenken, könnte man sich fragen: Was würde mein Caddy sagen? Im Training der Selbstgesprächsregulation sollte man typische negative Äußerungen in positive umwandeln. Dazu werden auf die linke Seite eines Blattes zunächst alle negativen Selbstgesprächssätze geschrieben, die dem Athleten häufig unterlaufen. Auf der rechten Hälfte des Blattes werden danach diese negativen Sätze durch positive, Zuversicht ausdrückende Sätze ersetzt.

Selbstvertrauen, mangelndes

Problem. Nach mehreren Misserfolgen oder Problemen im Wettkampf kann das Selbstvertrauen einen „Knacks" bekommen.

Ursachen. Der innere Dialog kippt um. Der Athlet bleibt beim Misserfolg hängen, kann sich ihn nicht erklären, findet keine Lösung. Die Fokussierung auf den Misserfolg und der negative Affekt blockieren den Zugang zu den eigenen Stärken.

Lösungsmöglichkeiten. Man kann zum einen die oben beschriebene Reset-Technik anwenden. Hilfreich ist das Abrufen einer erfolgreichen Situation (im Vorstellungstraining, der Imagination). Zum anderen kann man auch gezielt auf eine positive Körperrückmeldung (siehe „Embodiment") Einfluss nehmen: sich bewusst „stolz in die Brust werfen", den Blick nur auf die Baumspitzen gerichtet, geht man stolz aufgerichtet wie ein Matador in der Arena. Diese Technik der Körperrückmeldung wurde von einem Golfer als „Gang des Matadors" bezeichnet.

Startvorbereitung

Siehe „Routine"

Stop-to-go-Technik

Während des Wettkampfes wird ein Misserfolg erlebt, der zu Konzentrationsstörungen führt. Der Athlet findet keine Einstellung mehr. Es gelingt nicht, das Nachgrübeln über den Misserfolg abzuschalten und den durch den Misserfolg entstandenen, nahezu lähmenden negativen Affekt wieder loszuwerden.

Großes rotes Stoppschild visualisieren; damit alle rückblickenden Gedanken stoppen und durch nach vorne gewandte ersetzen; Letztere sollten möglichst konkrete Handlungsanweisungen geben; z.B. im Basketball: umdrehen, zurück rennen zur Defense.

Tarnkappe

Das Publikum oder Beobachter lenken ab und stören die Konzentration. Die Bewertungsangst verunsichert. Die Aufmerksamkeit wandert immer wieder ab.

Man stellt sich vor, um sich herum befände sich eine schützende Glaskugel. Man steht auf dem Boden dieser kreisrunden Glashalbkugel. Die Glashalbkugel hat zwei Hälften, die sich öffnen und schließen lassen. Vor Beginn der sportlichen Aktion ist sie noch offen. Mit Beginn zieht man beide Hälften vor sich zusammen, so dass die Halbkugel vollständig geschlossen ist. Man kann zwar hinausschauen, aber alles, was irgendwie stören könnte, ist draußen. Nichts von dem kann in die Glaskugel dringen. Der Sportler ist ganz für sich allein. Die Situation ist genau wie im Training, wo er sich sicher und ungestört fühlt. Er kann sich vollkommen auf die auszuführende Aktion konzentrieren.

Übertraining

Problem. Es kommt zu einem langfristigen Leistungsabfall mit oder ohne Anzeichen von psychischen oder physischen Symptomen.

Ursache. Es liegt ein Ungleichgewicht von Beanspruchung und Belastung vor. Der Athlet nimmt sich nicht genügend Zeit zur Erholung oder verfügt über keine effizienten Erholungsstrategien.

Lösungsmöglichkeiten. Am sinnvollsten ist es, Übertraining durch einen guten Trainingsplan und eine passende Erholung zu vermeiden. Die Erholungs-Beanspruchungs-Bilanz lässt sich durch den Erholungs-Belastungs-Fragebogen (EBF) feststellen. Bei bestehendem Übertraining dauert die Wiederherstellung der vollen Leistungsfähigkeit einige Wochen bis zu einigen Monaten. Daher sollten alle Faktoren ausgeschaltet werden, die ein Übertraining fördern (Trainingsveränderungen, mehr effizient genutzte Pausen). Der Einsatz psychoregulativer Verfahren (Entspannungsverfahren) unterstützt die Regeneration und die Erholung.

Verankerung

Nach einer gelungenen Aktion kann man diese durch ein körperliches Signal verankern. Der Golfer kann nach einem guten Schlag beispielsweise mit der linken Hand den Schlägergriff drücken. Dies setzt gewissermaßen einen Gedächtnismarker im Gedächtnis für Handlungen. Wenn dieser Anker zum Beispiel in eine Routine vor dem Schlag eingebaut wird, erhöht dies die Wahrscheinlichkeit, dass das erfolgreiche motorische Programm wieder abgerufen werden kann.

Anhang

Wer ist ein qualifizierter Sportpsychologe?

Qualifizierte Sportpsychologen haben nach einem einschlägigen Studium (der Psychologie oder Sportwissenschaft) eine berufsqualifizierende Weiterbildung absolviert.

Die sportpsychologischen Vereinigungen Deutschlands, Österreichs und der Schweiz (siehe unten) führen solche berufsqualifizierenden Weiterbildungen durch. Diese Weiterbildung beinhaltet eine vorgeschriebene Mindestzahl von Praxisstunden, die in der Regel durch eine Hospitation bei einem erfahrenen Sportpsychologen erworben werden. Mit dem Abschluss dieser Ausbildung erhalten die Absolventen eine entsprechende Lizensierung. In Österreich kann eine »Approbation« folgen, die zur Arbeit in den Sportverbänden berechtigt. In Deutschland kann die Aufnahme in die Sportpsychologie-Expertendatenbank des Bundesinstituts für Sportwissenschaft (BISp) folgen. Dies entspricht einer Approbation, weil nur an derart lizensierte Experten aus Bundesmitteln finanzierte sportpsychologische Betreuungsmaßnahmen vergeben werden.

Nähere Informationen zu den Weiterbildungen finden sich auf den Homepages der nationalen sportpsychologischen Organisationen (siehe unten).

Jeder, der sportpsychologische Betreuung sucht, sollte nach einer solchen Lizensierung und einer Mitgliedschaft in den einschlägigen sportpsychologischen Organisationen fragen.

Wie findet man einen qualifizierten Sportpsychologen?

Kontaktportal des Bundesinstituts für Sportwissenschaft

Das BISp hat eine umfassende Expertendatenbank von erfahrenen, in der Sportpraxis tätigen Sportpsychologen zusammengestellt und in das Internet eingestellt (*www.bisp-sportpsychologie.de – Kontaktportal*). Über diese zentrale Anlaufstelle ergibt sich die Möglichkeit zur Auswahl eines mit einem Profil hinterlegten Sportpsychologen (wenn gewünscht sowohl sportartspezifisch als auch problembezogen), der den definierten Qualifikationskriterien entspricht. Mithilfe dieser Datenbank können Trainer, Sportler und alle anderen Interessierten eine schnelle und direkte Kontaktaufnahme mit Sportpsychologen ihrer Wahl initiieren.

Weitere Leistungen des Kontaktportals umfassen Informationen über die gängigen Kosten sowie Tipps über mögliche Finanzierungswege einer psychologischen Beratung/Betreuung und anderer Dienstleistungsangebote der Sportpsychologie.

Erfahrungsberichte

Auch wenn die »individuelle Passung« von Sportpsychologen und Athleten im Einzelfall gegeben sein muss, sind Erfahrungsberichte von anderen Athleten eine wichtige Informationsquelle. Sprechen Sie mit Athleten und Trainern, die bereits mit einem bestimmten Sportpsychologen zusammengearbeitet haben. Fragen Sie, wie hilfreich dies war, welche Trainingsmaßnahmen angeboten und ob Diagnostik eingesetzt wurde, wie systematisch die gesamte Betreuung aufgebaut war (vgl. Kap. 1).

Universitäten mit sportwissenschaftlichen Ausbildungsgängen

Man kann sich auch an Fakultäten und Institute für Sportwissenschaften mit einer sportpsychologischen Professur wenden, um sportpsychologische Beratung und Betreuung zu erhalten. An der Fakultät für Sportwissenschaft der Technischen Universität München gibt es beispielsweise ein Sportpsychologisches Zentrum (*www.sp.tum.de/sportpsychologie*), in dem auch kurzfristig Beratungstermine ausgemacht werden können. Auch wenn man den Weg über eine universitäre Einrichtung geht, sollte man darauf achten, dass es sich um in der Praxis erfahrene Sportpsychologen handelt, die auf der Expertendatenbank des BISp bzw. der asp geführt werden.

Nationale sportpsychologische Organisationen

Auch die nationalen sportpsychologischen Organisationen geben Hilfe bei der Suche nach einem qualifizierten Sportpsychologen.

Arbeitsgemeinschaft für Sportpsychologie in Deutschland (asp)
Vorsitzender: Univ.-Prof. Dr. *Jürgen Beckmann*
Fakultät für Sportwissenschaft
Technische Universität München
Connollystraße 32, 80809 München
Tel.: 0049/ 089/ 289-24540
Fax: 0049/ 089/ 289-24555
E-Mail: juergen.beckmann@tum.de
Internet: *www.asp-sportpsychologie.org*

Österreichisches Bundesnetzwerk Sportpsychologie
Geschäftsführer: Prof. Dr. Günter Amesberger
Rifer Schlossallee 49
5400 Hallein/ Rif
Tel.: 0043/ 0662/ 8044-4857
E-Mail: guenter.amesberger@sportpsychologie.at
Internet: *www.sportpsychologie.at*

Schweizer Arbeitsgemeinschaft für Sportpsychologie
Präsident: Dr. *Hanspeter Gubelmann*
ETH Zürch
Tel: 0044/ 0632/ 5876
E-Mail: gubelmann@move.biol.ethz.ch
Cristina Baldasarre
Eidgenössische Hochschule für Sport Magglingen

Bundesamt für Sport
2532 Magglingen
E-Mail: cristina.baldasarre@baspo.admin.ch
Tel. Sekretariat: 0044/ 032/ 327-6322
Internet: *www.sportpsychologie.ch*

Weiterhin steht für alle Fragen und Belange zur Sportpsychologie im Leistungssport das Bundesinstitut für Sportwissenschaft (BISp) zur Verfügung

Wissenschaftliche Direktorin/Leiterin des Fachgebietes Psychologie
PD Dr. *Gabriele Neumann*
Graurheindorfer Straße 198
53117 Bonn
Tel.: 0049/ 0228/ 99640-9022
Fax: 0049/ 0228/ 99640-9008
E-Mail: gabi.neumann@bisp.de
Internet:
www.bisp.de, www.bisp-sportpsychologie.de

Literatur

Ahmaidi, S., Granier, P., Taoutaou, Z., Mercier, B., Dubouchaud, H., Prefaut, C. (1996). Lactate kinetics during passive and active recovery in endurance and sprint athletes. European Medicine and Science in Sports and Exercise, 28, 450-456.

Alfermann, D. (2006). Karriereübergänge. In M. Tietjens, B. Strauß (Hrsg.). Handbuch Sportpsychologie, 118-125. Schorndorf: Hofmann.

Alfermann, D., Saborowski, C., Würth, S. (1997). Entwicklung und Überprüfung der deutschsprachigen Messinstrumente im Projekt: Soziale Einflüsse auf Karriereübergänge bei jugendlichen Athletinnen und Athleten in Großbritannien und den neuen Bundesländern. Unveröffentlichter Forschungsbericht, Universität Leipzig.

Alfermann, D., Strauß, B. (2001). Soziale Prozesse im Sport. In: H. Gabler, R. Singer, J. Nitsch (Hrsg.). Einführung in die Sportpsychologie. Teil 1, 73-108. Schorndorf: Hofmann.

Alfermann, D., Stambulova, N., Zemaityte, A. (2004). Reactions to sport career termination. A cross-national comparison of German, Lithuanian, and Russian athletes. Psychology of Sport and Exercise, 5, 61-75.

Allmer, H., Niehues, C. (1989). Individuelle Erholungsmaßnahmen nach mentalen Arbeitsanforderungen unter Berücksichtigung der sportlichen Aktivität. In: H. Allmer, H.J. Appell (Hrsg.). Regeneration im Sport – Sport als Regeneration. Aachen: Academia.

Amelang, M., Schmidt-Atzert, L. (2006). Psychologische Diagnostik und Intervention. Berlin: Springer-Verlag.

American Psychological Association (1999). Standards for educational and psychological tests. Washington, D.C.

Antoni, C., Beckmann, J. (1989). An action control conceptualization of goal setting and feedback effects. In U.E. Kleinbeck, H.H. Quast, H. Thierry, H. Häcker (eds.). Work motivation, 41–52. Englewood Cliffs, N.J.: Erlbaum.

Arent, S. M., Landers, D. M. (2003). Arousal, anxiety, and performance: A reexamination of the Inverted-U Hypothesis. Research Quarterly for Exercise and Sport, 74, 436-444.

Armstrong, C. F. (1984). The lessons of sports: class socialization in British and American boarding schools. Sociology of Sport Journal, 1, 314-331.

Arnold, P. J. (1984). Sport, moral education and the development of character. Journal of Philosophy of Education, 8, 275–281.

Gabler, H. (1981). Leistungsmotivation im Hochleistungssport. 3. Auflage. Schorndorf: Hofmann.

Gabler, H. (1986 a). Sportpsychologie als wissenschaftliche Disziplin. In: *H. Gabler, J. R. Nitsch, R. Singer* (Hrsg.). Einführung in die Sportpsychologie. Teil 1: Grundthemen (S. 11–33). Schorndorf: Hofmann.

Gabler, H. (1986 b). Motivationale Aspekte sportlicher Handlungen. In: *H. Gabler, J.R. Nitsch, R. Singer* (Hrsg.). Kapitel 1. S. 7; Kapitel 3, 6. In: *H. Gabler, J. R. Nitsch, R. Singer* (Hrsg.). Einführung in die Sportpsychologie. Teil 1: Grundthemen (S. 64–106). Schorndorf: Hofmann.

Gabler,H., Nitsch, J., Singer, R. (2000). Einführung in die Sportpsychologie. Teil 1: Grundthemen. Schorndorf: Hofmann. (2. Aufl.) Kapitel 1, 4.

Gallwey, T. (1976). Inner Tennis: Playing the game. New York: Random House.

Garlow, S. J., Nemeroff, C. B. (2003). Neurobiology of depressive disorders. In: *R. J. Davidson, K. R. Scherer, H. H. Goldsmith* (eds.). Handbook of affective sciences (pp. 1021–1043). Oxford: Oxford University Press.

Gill, D. L., Deeter, T. E. (1988). Development of the sport orientation questionnaire. Research Quarterly for Exercise and Sport, 59 (3), 191–202. Kapitel 1, 10; Kapitel 2, 18; Kapitel 3, 7.

Glasl, F. (1994). Konfliktmanagement. Bern: Haupt.

Glasser, W. (1976). Positive addiction. New York: Harper & Row.

Gould, D., Damarjian, N. (1996). Imagery training for peak performance. In: *J. L. Van Raalte, B. W. Brewer* (ed.). Exploring sport and exercise psychology, 25–50. Washington, DC: American Psychological Association.

Gould, D., Tuffey, S., Udry, E., Loehr, J. (1997). Burnout in competitive junior tennis players: III. Individual differences in the burnout experience. The Sport Psychologist, 11, 257–276.

Gruber, J. J., Gray, G. R. (1981). Factor patterns of variables influencing cohesiveness at various levels of basketball competition. Research Quarterly for Exercise and Sport, 52, 19–30.

Grawe, K. (1998). Psychologische Therapie. Göttingen: Hogrefe.

Grupe, O. (2000). Vom Sinn des Sports. Schorndorf: Hofmann.

Grüsser, S. M., Poppelreuter, S., Heinz, A. Albrecht, U., Saß, H. (2007). Verhaltenssucht – Eine eigenständige diagnostische Einheit? Nervenarzt, 78, 997–1002. (2007).

Hall, C. R., Mack, D. E., Paivio, A., Hausenblas, H. A. (1998). Imagery use by athletes: Development of the Sport Imagery Questionnaire. International Journal of Sport Psychology, 29, 73–89.

Hall, C. R., Rogers, W.M., Buckolz, E. (1991). The effect of an imagery training program on imagery ability, imagery use and figure skating perforamce. Journal of Applied Sport Psychology, 3, 109–125.

Halliwell, W. (1990). Providing sport psychology consulting services in professional hockey. The Sport Psychologist, 4, 369–377.

Hanin, Y. L. (2000). Individual zones of optimal functioning (IZOF) model: Emotion-performance relationships in sport. In Y. L. Hanin (ed.), Emotions in sport, 65–89. Champaign, IL: Human Kinetics.

Hardy, C. J., Grace, R. K. (1993). The dimensions of social support when dealing with sport injuries. In: *D. Pargman* (Hrsg.). Psychological bases of sport injuries, 121–144. Morgantown, WV: Fitness Information Technology.

Harris, D. V., Harris, B. L. (1984). The athlete's guide to sports psychology. Mental skills for physical people. New York. Leisure Press.

Hardy, L., Fazey, J. (1990). Mental Rehearsal: A Guide for Sports Performance. Leeds, UK: National Coaching Foundation

Hardy, L., Roberts, R., Thomas, P. R., Murphy, S. M. (2010). Test of performance strategies: Instrument refinement using confirmatory factor analysis. Psychology of Sport & Exercise, 11, 27–35.

Hartung, J., Schulte, D. (1994). Action- and state-orientations during therapy of phobic disorders. In: J. Kuhl, J. Beckmann (eds.), Volition and Personality. Action versus State Orientation, 217–232. Seattle: Hogrefe & Huber.

Haselwood, D. M., Joyner, A. B., Burke, K. L., Geyerman, C. B., Czech, D. R., Munkasy, B. A., Zwald, A. D. (2005). Female athletes' perceptions of head coaches' communication competence. Journal of Sport Behavior, 28 (3), 216–230.

Hastie, P. A., Sharpe, T. (1999). Effects of a sport education curriculum on the positive social behavior of at-risk rural adolescent boys. Journal of Education for Students Placed at Risk, 4, 417–430. Kapitel 3, 12.

Hardy, J. (2006). Speaking clearly: A critical review of the self-talk literature, Psychology of Sport and Exercise, 7 (1), 81–97.

Harwood, C., Cumming, J., Hall, C. (2003). Imagery use in elite youth sport: Reinforcing the applied role of achievement goal theory. Research Quarterly of Sport and Exercise, 74, 292–300.

Hatzigeorgiadis, A., Zourbanos, N., Mpoumpaki, S., Theodorakis, Y. (2009). Mechanisms underlying the self-talk-performance relationship: The effects of motivational self-talk on self-confidence and anxiety. Psychology of Sport and Exercise, 10, 186–192.

Hautzinger, M. (2010). Akute Depression. Göttingen: Hogrefe.

Heckhausen, H. (1989). Motivation und Handeln. Heidelberg: Springer (2. Aufl.).

Heishman, M. F. (1989). Pre-performance routines: A test of the schema theory versus the set hypothesis as an explanation for the efficiancy of a pre-service routine in volleyball. Dissertation: University of Virginia.

Hellandsig, E. T. (1998). Motivational predictors of high performance and discontinuation in different types of sports among talented teenage athletes. International Journal of Sport Psychology, 29, 27–44. Kapitel 3, 7.

Hellige, J. B. (1993). Hemispheric asymmetry. Whta's right and what's left. Cambridge, Ma.: Harvard University Press.

Henschen, K. (1993). Athletic staleness and burnout: Diagnosis, prevention, and treatment. In: J. Williams (ed.), Applied sport psychology, 328–337. Mountain View, CA: Mayfield Publishing Company.

Highlen, P. S., Bennet, B. B. (1983). Elite divers and wrestlers: A comparison between open- and closed-skill athletes. Journal of Sport Psychology, 4, 390–409.

Hogg, J. M., Kellmann, M. (2002). Debriefing im Leistungssport. psychologie und sport, 9, 90–96.

Holliday, B., Burton, D., Sun, G., Hammermeister, J., Naylor, S., Freigang, D. (2008). Building a better mental training mousetrap: Is periodization a more systematic approach to promoting performance excellence? Journal of Applied Sport Psychology, 20, 199–219.

Hollmann, W., Hettinger (2000). Sportmedizin – Grundlagen für Arbeit, Training und Präventivmedizin. Stuttgart: Schattauer.

Hollmann, W., Strüder, H. K., Tagarakis, C. V. M. (2005). Gehirn und körperliche Aktivität. Sportwissenschaft, 35, 3–14.

Hüther, G. (2006). Brainwash – Einführung in die Neurobiologie. Müllheim: Auditorium Kapitel 4, 8.

Ievleva, L., Orlick, T. (1991). Mental links to enhanced healing: An exploratory study. Sports Psychologist, 5 (1), 25–40.

Igel, C. (2001) Mentales Training: Zur Wirkung pro- und retrospektiver Vorstellungsprozesse auf das Bewegungslernen. Köln: Sport & Buch Strauß.

Jacobson, E. (1938). Progressive relaxation (2nd ed.). Chicago: University of Chicago Press.

Jäger, R. S., Petermann, F. (1999). Psychologische Diagnostik. Weinheim: PVU.

Jarvis, M. (2006). Sport Psychology. London: Routledge.

Jeannerod, M. (2001). Neural simulation of action: A unifying mechanism for motor cognition. NeuroImage, 14, 103–109.

Jones, G., Hanton, S. (1996). Interpretation of competitive anxiety symptoms and goal attainment expectancies, Journal of Sport and Exercise Psychology, 18, 144–157.

Kähler, R. (1985). Moralerziehung im Sportunterricht. Beiträge zur Sportwissenschaft Bd. 2. Frankfurt a. M.: Harri Deutsch.

Kallus, K. W., Kellmann, M. (2000). Burnout in athletes and coaches. In: Y. L. Hanin (ed.). Emotions in sport, 209–230. Champaign, IL: Human Kinetics.

Katschemba, S. (2003). Erholungs- und Beanspruchungsprozesse. Wissenschaftliche Grundlagen und beispielhafte Anwendung des Erholungs- und Belastungsfragebogen für Sportler im Radsport. Unveröffentlichte Diplomarbeit: Universität Potsdam.

Kellmann, M. (ed., 2002 a). Enhancing recovery. Preventing underperformance. Champaign, IL: Human Kinetics.

Kellmann, M. (2002 b). Psychologische Erholungs- und Beanspruchungssteuerung im Ruder- und Radsport. Leistungssport, 32 (5), 23–26. Kapitel 6, 5, 8.

Kellmann, M., Beckmann, J. (2003). Research and intervention in sport psychology: New perspectives for an inherent conflict. International Journal of Sport and Exercise Psychology, 1, 13–26.

Kellmann, M., Beckmann, J. (2004). Sport und Entspannungsverfahren. In: D. Vaitl, F. Petermann (Hrsg.). Entspannungsverfahren- Das Praxishandbuch, 320–331. Weinheim: Beltz.

Kellmann, M. Beckmann, J., Gröpel, P. (2011). Evaluation und Qualitätsoptimierung der sportpsychologischen Betreuungsarbeit im deutschen Spitzensport. Zeitschrift für Sportpsychologie.

Kellmann, M. Botterill, C., Wilson, C. (1999). Recovery-Cue. Unpublished Recovery Assessment Instrument. Calgary: National Sport Centre.

Kellmann, M., Kallus, K. W. (1999). Mood, recovery-stress state, and regeneration. In: M. Lehmann, C. Foster, U. Gastmann, H. Keizer, J. M. Steinacker (eds.). Overload, fatigue, performance incompetence, and regeneration in sport, 101–117. New York: Plenum.

Kellmann, M., Kallus, K. W. (2000). Der Erholungs-Belastungs-Fragebogen für Sportler. Manual. Frankfurt: Swets Test Service.

Kellmann, M., Kallus, K. W., Günther, K.-D., Lormes, W., Steinacker, J. M. (1997). Psychologische Betreuung der Junioren-Nationalmannschaft des Deutschen Ruderverbandes. Psychologie und Sport, 4, 123–134.

Kellmann, M., Weidig, T. (2010). Der Pausenverhaltensfragebogen (PVF) – Manual. Köln: Sportverlag Strauß.

Kerr, G., Minden, H. (1988). Psychological factors related to the occurrence of athletic injuries. Journal of Sport & Exercise Psychology, 10, 167–173.

Kingston, K., Hardy, L. (1997). Effects of different types of goals on processes that support performance. The Sport Psychologist, 11, 277–293.

Kirkcaldy, B. D., Shephard, R. J., Siefen, R. G. (2002). The relationship between physical activity and self image and problem behaviour among adolescents. Social Psychiatry and Psychiatric Epidemiology, 37, 544–550.

Kleiber, D. A., Roberts, G. C. (1981). The effects of sport experience in the development of social character: An exploratory investigation. Journal of Sport Psychology, 3, 114–122.

Kleiber, D. A., Roberts, G. C. (1983). The effects of sport experience in the development of social character: An exploratory investigation. Journal of Sport Psychology, 3, 114–122.

Klein, N. C. (2001). Healing images for children: Teaching relaxation and guided imagery to children facing cancer and other serious illnesses. Inner Coaching.

Kleine, D., Schwarzer, R. (1991). Angst und sportliche Leistung – eine Meta-Analyse. Sportwissenschaft 21(1), 9–28.

Kleinert, J. (2003). Mental aus der sportlichen Krise: Verletzungen, Formtiefs, Erfolgsdruck und Teamkonflikte bewältigen. München: BLV-Verlag.

Kohn, A. (1986). No contest: The case against competition. Boston: Houghton Mifflin. Kapitel 3, 11.

Kuhl, J. (1983). Motivation, Konflikt und Handlungskontrolle. Heidelberg, Berlin: Springer.

Kuipers, H. (1998). Training and overtraining: An introduction. Medicine and Science in Sports and Exercise, 30, 1137–1139.

Kuipers, H., H. A. Keizer. (1988). Overtraining in elite athletes. Review and directions for the future. Sports. Med., 6, 79–92.

Laios, A. (2005). Communication problems in professional sports: the case of Greece. Corporate Communications, 3, 252–256.

Lavallee, D., Grove, J. R. and Gordon, S. (1997). The causes of career termination from sport and their relationship to post-retirement adjustment among elite amateur athletes in Australia. Australian Psychologist, 32, 131–135.

Lebenstedt, M., Bussmann, G., Platen, P. (2004) Essstörungen im Leistungssport: Ein Leitfaden für Athlet/innen und Trainer/innen, Eltern und Betreuer/innen. Köln: Sport und Buch Strauss.

Leddy, M. H., Lambert M. J., Ogles B. M. (1994). Psychological consequences of athletic injury among high-level competitors. Research Quarterly for Exercise and Sport, 65 (4), 347–354.

Lee, M., Williams, V., Cox, A.-M., Terry, P. (1993). The leadership scale for sport. A modification for use with British children. Paper submitted for the International Pre-Olympic Congress on Sport Medicine and Sport Sciences. Lillehammer, Norway.

Lehmann, M., Foster, C., Keul, J. (1993). Overtraining in endurance athletes: A brief review. Medicine and Science in Sport and Exercise, 25, 854–861.

Lehmann, M., Foster, C., Gastmann, U., Keizer, H., Steinacker, J. M. (1999). Definition, types, symptoms, findings, underlying mechanisms, and frequency of overtraining and overtraining syndrome. In: *M. Lehmann, C. Foster, U. Gastmann, H. Keizer, J. M. Steinacker* (eds.). Overload, fatigue, performance incompetence, and regeneration in sport, 16. New York: Plenum.

Platen, P., Lebenstedt, M., Bußmann, G. (2004). Ess-Störungen im Leistungssport: Ein Leitfaden für Athlet/innen – Trainer/innen – Eltern und Betreuer/innen. Bonn: Bundesinstitut für Sportwissenschaften.

Pummell, E. K. L., Harwood, C. G., Lavallee, D. (2008). Jumping to the next level: Examining the within-career transition of adolescent event riders. Psychology of Sport and Exercise, 9, 427–447.

Puni, A. Z. (1961). Abriss der Sportpsychologie. Berlin: Sportverlag.

Raedeke, T. D. (1997). Is athlete burnout more than just stress? A sport commitment perspective. Journal of Sport and Exercise Psychology, 19, 396–417.

Raglin, J., Hanin, Y. (2000) Competitive anxiety and athletic performance. In: Hanin, Y. (ed.). Emotions in Sport. Champaign, Illinois: Human Kinetics, 93–112, 2000.

Rainey, D. W. (1995). Stress, burnout, and intention to terminate among umpires. Journal of Sport Behavior, 18, 312–323.

Reiser, M. (2005). Kraftgewinne durch Vorstellung maximaler Muskelkontraktion. Zeitschrift für Sportpsychologie, 12, 11–21.

Rethorst, S., Wehrmann, R. (1998). Der TEOSQ-D zur Messung der Zielorientierung im Sport. In: D. Teipel, R. Kemper, D. Heinemann (Hrsg.). Sportpsychologische Diagnostik, Prognostik und Intervention, 57–63. Köln: bps-Verlag.

Rheinberg, F., Krug, S. (2005). Motivationsförderung im Schulalltag (3. Aufl.). Göttingen: Hogrefe.

Roberts, G. C. (1986) The growing child and the perception of competitive stress in sport. In: Gleeson, G. (ed.). The Growing Child in Competitive Sport. Hodder & Stoughton. London.

Roberts, G. C. (ed.). (1992). Motivation in sport and exercise. Champaign, IL: Human Kinetics.

Robinson, T. T., Carron, A. V. (1982). Personal and situation factors associated with dropping out versus maintaining participation in competitive sport. Journal of Sport Psychology, 4, 354–378.

Rogner, O., Frey, D., Havemann, D. (1987). Der Genesungsverlauf von Unfallpatienten aus kognitionspsycho-logischer Sicht. Zeitschrift für Klinische Psychologie, 1, 11–28.

Rosentritt, M. (2009). Sebastian Deisler. Zurück ins Leben. Die Geschichte eines Fußballspielers. Hamburg: Edel.

Rost, J. (1996). Lehrbuch Testtheorie, Testkonstruktion. Bern: Huber.

Ruder, M. K., Gill, D. L. (1982). Immediate effects of win-loss on perceptions of cohesion in intramural and volleyball teams. Journal of Sport Psychology, 4, 227–234.

Rushall, B. S. (1984). The content of competitive thinking. In: *W. F. Straub, J. M. Williams* (eds.). Cognitive Sport Psychology (pp. 51–62). Lansing, NY: Sport Science Associates.

Sachs, M. L. (1981). Running addiction. In: *M. H. Sacks, M. L. Sachs* (eds.). Psychology of running, 116–126. Champaign, IL: Human Kinetics Publishers.

Sack, H.-G. (1975). Sportliche Betätigung und Persönlichkeit. Ahrensburg: Czwalina.

Sack, H.-G. (1980). Zur Psychologie jugendlicher Leistungssportler. Schorndorf: Hofmann.

Sahre, E. (1991). Wer behält die Nerven, wenn es darauf ankommt? Zum Einfluss von Handlungs- und Lageorientierung auf die Spielleistung im Basketball unter psychischer Belastung und physischer Beanspruchung. Sportpsychologie, 5 (4), 11–15.

Schack, T. (1997). Ängstliche Schüler im Sport – Interventionsverfahren zur Entwicklung der Handlungskontrolle. Schorndorf: Hofmann.

Schack, T. (2006). Mentales Training. In: *M. Tietjens, B. Strauss* (Hrsg.). Handbuch Sportpsychologie, 254–261. Schorndorf: Hofmann.

Schack, T., Whitmarsh, B., Pike, R., Redden, C. (2005). Routines. In: J. Taylor, G. Wilson (eds.). Applying sport psychology, 137–150. Champaign, IL: Human Kinetics.

Schlicht, W. (1992). Mentales Training: Lern- und Leistungsgewinne durch Imagination. Sportpsychologie, 6 (2), 24–29.

Schmid, A., Peper, E. (1993).Training strategies for concentration. In: *J. M. Williams* (ed.). Applied sport psychology: Personal growth to peak performance (2nd ed.), 262–273. Mountain View, CA: Mayfield.

Schmid, J., Birrer, D., Kaiser, U., Seiler, R. (2010). Psychometrische Eigenschaften einer deutschsprachigen Adaptation des Test of Performance Strategies (TOPS). Zeitschrift für Sportpsychologie, 17, 50–62.

Schulz von Thun, F. (1997). Miteinander reden (Band 1–3). Reinbek: Rowohlt.

Seidel, I. (2005). Nachwuchsleistungssportler an Eliteschulen des Sports. Analyse ausgewählter Persönlichkeitsmerkmale in der Leichtathletik, im Handball und im Schwimmen. Köln: Sport und Buch Strauß.

Seifriz, J. J., Duda, J. L., Chi, L. (1992). The relationship of perceived motivational climate to intrinsic motivation and beliefs about success in basketball. Journal of Sport and Exercise Psychology, 14, 375–391.

Seiler, R., Stock, A. (1994). Handbuch Psychotraining im Sport. Reinbeck: Rowohlt. Kapitel 1, 7.

Shields, E. W. (1999). Intimidation and violence by males in high school athletics. Adolescence, 34, 503–521.

Shields, D. L. L., Bredemeier, B. J. L. (1995). Character Development and Physical Activity. Champaign, IL: Human Kinetics.

Short, S., Tenute, A., Feltz, D. L. (2005). Imagery use in sport: Mediational effects for efficacy. Journal of Sports Sciences, 23 (9), 951–960.

Singer, R. (2000). Sport und Persönlichkeit. In: *H. Gabler, J. Nitsch, R. Singer* (Hrsg., 2000). Einführung in die Sportpsychologie. Teil 1: Grundthemen, 289-336. Schorndorf: Hofmann. (2. Aufl.).

Singer, R. N., Haase, H. (1975). Sport und Persönlichkeit. Sportwissenschaft, 5 (1), 25–37

Singer, R. N., Janelle, C. M. (1999). Determining sport exercise: From genes to supremes. International Journal of Sport Psychology, 30, 117–150.

Smith, R. E., Smoll, F. L., Curtis, B. (1979). Coach effectiveness training: A cognitive behavioral approach to enhancing relationship skills in youth sport coaches. Journal of Sport Psychology, 1, 59–75.

Smith, R. E., Smoll, F. L., Schutz, R. W. (1990). Measurement and correlates of sport-specific cognitive and somatic anxiety: The sport anxiety scale. Anxiety Research, 2, 263–280.

Smith, D., Stewart, S. (2003). Sexual aggression and sports participation. Journal of Sport Behavior, 26, 384–395.

Sonnenschein, I. (1989). Das Kölner Psychoregulationstraining. Ein Handbuch für Trainingsleiter (3. Aufl.). Köln: Buch und Sport Strauss.

Stambulova, N. (2009). Talent development in sport: The perspective of career transitions. In: *E. Tsung-Min Hung, R. Lidor, D. Hackfort* (eds.). Psychology of sport excellence (pp. 63–74). Morgantown, WV: Fitness Information Technology.

Storch, E. A., Storch, J. B., Killiany, E. M., Roberti, J. W. (2005). Self-reported psychopathology in athletes: a comparison of intercollegiate student-athletes and non-athletes. Journal of Sport Behavior, 28 (1), 86–96.

Storch, M., Cantieni, B., Hüther, G., Tschacher, W. (2006). Embodiment. Die Wechselwirkung von Körper und Psyche verstehen und nutzen. Bern: Huber.

Strack, F., Martin, L., Stepper, S. (1988). Inhibiting and facilitating conditions of the human smile: A nonobtrusive test of the facial feedback hypothesis. Journal of Personality and Social Psychology, 54, 768–777.

Sturzbecher, D., Lenz, H.-J. (1997). Wir woll'n Spaß, wir woll'n Spaß. Freizeitangebote in Brandenburg und ihre Nutzung. In: D. Sturzbecher (Hrsg.). Jugend und Gewalt in Ostdeutschland. Lebenserfahrungen in Schule Freizeit und Familie, 82–110. Göttingen: Verlag für Angewandte Psychologie.

Sundgot-Borgen, J. (1993), Prevalence of eating disorders in elite female athletes. International Journal of Sport Nutrition, 3, 29 40.

Szymanski, B., Beckmann, J., Elbe, A.-M., Müller, D. (2004). Wie entwickelt sich die Volition bei Talenten an einer Eliteschule des Sports? Zeitschrift für Sportpsychologie, 11, 103–111.

Taylor, J., Ogilvie, B. C. (1998). Career transition among elite athletes: Is there life after sports? In: J. Williams (ed.). Applied sport psychology: Personal growth to peak performance (3nd ed.), 429–444. Palo Alto, CA: Mayfield.

Thase, M. E., Jindal, R., Howland, R. H. (2002). Biological aspects of depression. In: I. H. Gotlib, C. L. Hamilton (eds.). Handbook of depression (pp. 192–218). New York: Guilford.

Thomas, P. R., Murphy, S. M., Hardy, L. (1999). Test of performance strategies: Development and preliminary validation of a comprehensive of athletes' psychological skills. Journal of Sports Sciences, 17, 697–711.

Thomassen, T. O., Halvari, H. (1996). Achievement motivation and involvement in sport competitions. Perceptual and Motor Skills, 83, 1363–1374. Kapitel 3, 6.

Urhausen, A., Kindermann, W. (2002). Übertraining. Deutsche Zeitschrift für Sportmedizin, 4, 121–122.

Vanden Auweele, Y., De Martelaer, K., Rzewnicki, R., De Knop, P., Wylleman, P. (2004). Parents and coaches: A help or harm? Affective outcomes for children in sport. In: Y. Vanden Auweele (ed.). Ethics in youth sport. Leuven, Belgium: Lannoocampus.

Vaitl, D. (2004). Neurophysiologie der Entspannungsverfahren. In: Vaitl, D., Petermann, F. (2004). Entspannungsverfahren: das Praxishandbuch, 34-58. Weinheim: Beltz.

Veale, D. (1987). Exercise Dependance. British Journal of Addiction, 82, 735–740.

Veale, D., Le Fevre, K. (1988). A survey of exercise dependence. Paper presented at the Sport, Health, Psychology and Exercise Symposium, Bisham Abbey National Sports Centre.

Vealey, R. S., Garner-Holman, M. (1998). Applied Sport Psychology: Measurement Issues. In: J. L. Duda (ed.). Advances in sport and exercise psychology measurement, 433–446. Champaign, IL: Human Kinetics.

Waldenmayer, D., Ziemainz, H. (2007). Bestands- und Bedarfsanalyse sportpsychologischer Betreuung im Raum Nordbayern. Zeitschrift für Sportpsychologie, 14 (4), 162–166.

Warriner, K., Lavallee, D. (2008). The Retirement Experiences of Elite Female Gymnasts: Self Identity and the Physical Self. Journal of Applied Sport Psychology, 20 (3), 301–317.

Webb, H. (1969). Professionalization of attitudes toward play amog adolescents. In: G. Keynon (ed.), Aspects of contemporary sport sociology (pp. 161–179). Chicago: Athletic Institute.

Weinberg, R. S., Seabourne, T. G., Jackson, A. (1981). Effects of visuo-motor behavior rehearsal, relaxation, and imagery on karate performance. Journal of Sport Psychology, 3, 228–238.

Weinberg, R. S., Smith, J., Jackson, A., Gould, D. (1984). Effects of association, disassociation and positive self-talk strategies on endurance performance. Canadian Journal of Applied Sport Sciences, 9 (1), 25–32.

Weiner, B. (1986). An attributional theory of motivation and emotion. New York: Springer.

Weiss, M. R., Troxel, R. K. (1986). Psychology of the injured athlete. Athletic Training, 21, 104–109, 154.

Wenhold, F., Elbe, A.-M., Beckmann, J. (2009). Volitionale Komponenten im Sport (VKS) – Manual. Köln: Sportverlag Strauß.

Wheeler, G. D., Malone, L. A. Van Vlack, S., Nelson, E. R., Steadward, R. D. (1996). Retirement from disability sport: A pilot study. Adapted physical activity quarterly, 4, 382–399.

White, S. A., Duda, J. L. (1994). The relationship of gender, level of sport involvement, and participation motivation to task and ego orientation. International Journal of Sport Psychology, 25, 4–18.

White, A., Hardy, L. (1995). Use of different imagery perspectives on the learning and performance of different motor skills. British Journal of Psychology, 86, 191–216.

Williams, J. M., Krane, V. (2000). Psychological characteristics of peak performance. In J. M. Williams (ed.). Applied Sport Psychology: Personal Growth to Peak Performance (4th edition) pp. 162–178.

Wippert, P.-M., Vogt, M., Schenk, S., Wippert, J., Maguire, A., Hoinacki, C., Weis, K. (2006). Belastungsgrad, Intervention und Gesundheitsprävention beim Karriereübergang, In: BISp-Jahrbuch – Forschungsförderung 2005–2006, 267–272.

Wolpe, J. (1958). Psychotherapy by reciprocal inhibition. Stanford: Stanford University Press.

Wottawa, H. (1980). Grundriss der Testtheorie. München: Juventa.

Würth, S., Saborowski, C., Alfermann, D. (1999). Trainingsklima und Führungsverhalten aus der Sicht jugendlicher Athleten und deren Trainer. Psychologie und Sport, 4, 146–157.

Yerkes, R. M., Dodson, J. D. (1908). The relation of strength of stimulus to rapidity of habit formation. Journal of Comparative and Neurological Psychology, 18, 459–482.

Ziemainz, H., Neumann, G., Rasche, F., Stemmler, M. (2006). Zum Einsatz sportpsychologischer Diagnostik in der Praxis des Leistungssports. Zeitschrift für Sportpsychologie, 13, 53–59.

Sachregister

A
Abwärmaktivitäten 117
Aktivierung 48, 50, 68 ff.
– Regulationsstrategien 84 ff.
Angst, Angstbewältigung 131, 140, 143, 146 ff., 155, 159 ff.
Anorexia athletica 147
Anorexia nervosa 147
Atementspannung 30, 68, 71 f., 85 f., 105
Attribution 90 f.
Aufbautraining nach Verletzungen 137 ff.
Aufmerksamkeitsregulation 30, 83, 98
autogenes Training 30, 68 f., 73, 100

B
Belastung 31, 35, 45 ff., 115 ff.
– belastende Ereignisse 156, 162
Befunde
– neurowissenschaftliche 21 f.
– Interpretation der Befunde 41 ff.
– Befunde zur Selektionshypothese 59
– Befunde zur Sozialisierungshypothese 60
– wissenschaftliche Befunde 62 f.
Beruhigung 86
Betreuung, sportpsychologische 17, 19 ff., 121, 166
– Grundvoraussetzungen 23 f., 75
– problembezogene Diagnostik 29
– Qualitätsmanagement und Trainingsplan 27
Bulimie 147
Burnout 142 f.

C
Caddy, innerer 96 f., 163
Centering-Technik 99
Code, interner 132 f.

D
Debriefing 117 f.
Denken, positives 162
Depression 13, 126, 131, 134, 143 ff., 152
Diagnostik 12, 28
– „Action-Research"-Ansatz 28 f.
– allgemeine und sportspezifische 25 f.
– problembezogene 29
– Diagnostikinstrumente 29 f.
    – Auswahlkriterien 40 f.
    – Qualitätskriterien 39 f.
– im Hochleistungssport 37 f.
– Integration in den Betreuungsprozess 42
– Motivdiagnostik 37
– Verfahren und Grundprinzipien 35 f.
– zur Evaluation der Intervention 42
Dialog, innerer 94 f.
Druck 101 f.

E
Embodiment 83, 93, 100 ff., 112, 132, 164
Emotionsregulation 106, 158, 162
Entspannungsverfahren 12, 30, 67 ff., 73 ff., 81, 85, 105 ff., 118, 140, 165
– Grundposition 69 ff.
– Rücknahme 70 f.
– Voreinschlafzustand 70

– Ziele 84 ff.
Erholung 112 ff.
– Einflussfaktoren 78 f., 118 f.
– mangelnde 125 ff.
– Monitoring 127 ff.
– Persönlichkeitsfaktoren 127
– Strategien 165
Erholungs-Belastungs-Fragebogen
Sport (EBF-Sport) 31, 35, 45 ff., 51, 119 f., 165
Erholungsverlaufsprotokoll 121
Ess-Brech-Sucht 147
Ess-Störungen 147 ff.

F
Fertigkeitstraining 27 ff., 35, 52, 67 f., 83 ff.,
  90 ff, 102 ff., 131
Fragebogen zur Bestimmung der sportlichen
Leistungsorientierung (SOQ-deutsch) 50
Furcht
– am Start 156, 159
– vor etwas Speziellem 161
– vor Misserfolg 50, 59

G
Grundlagentraining 12, 31 ff., 67 ff., 75 ff., 83

H
Habituation 160
Handlungsorientierung im Sport (HOSP) 31, 50

I
Imagination 21, 69, 83, 86, 93 ff., 102 ff., 109,
  138 f., 164

J
Jugend 146

K
Karrierebeendigung 141, 151 f.
Kohäsion 76 ff., 80, 135 f.
– Einflussfaktoren 78 f., 118
– Stärkung 76
Kommunikation 131 ff., 140
Kommunikationsbarrieren 133
Kommunikationsstörungen 131 ff.

Konflikte 13, 30 f., 48, 80, 120 ff., 131, 135 ff.
Konfliktlösung 136 f.
Konfrontation 137
Konzentrationsstörung 47 ff., 97 f., 161, 164
Konzentrationstraining 97 ff.
Kooperation 44 ff., 60 ff.
– Sportler 45 f.
– Trainer 44 f.
Kopf frei atmen 111, 161
Krisenintervention 30 f., 131 ff., 136 ff.

L
Leadership Scale Sport (LSS) 51

M
Magersucht 147 ff.
Misserfolgsmotivierte 91 f.
Monitoring 115, 118 ff., 121 ff., 127
Motivation 13, 19 ff., 29, 37 ff., 45 ff., 51, 57 ff.,
  67, 84 ff., 90 ff., 100 ff., 122, 138, 143 ff.
Muskelrelaxation, progressive 68, 73 f.

N
Neurowissenschaft 13, 21 ff.

P
Pausenverhaltensfragebogen (PVF) 51
Perceived Motivational Climate Sport (PMC) 51
Persönlichkeit 12 ff., 24, 29 ff., 38, 46 ff., 55 ff.
– Eigenschaften 46
– Selektionshypothese 58 ff.
– Sozialisierungshypothese 58 ff.
– Zusammenhang mit Sport 38, 57 ff.
Persönlichkeitsentwicklung 12, 55 ff., 62 ff.
Perspektiven, sportpsychologische 17 ff.
Postroutine 112 f.
Präroutine 111
Probleme, psychische 142 ff.
Psyching-up 74 f., 85 ff.
Psychoregulation 75 ff.

R
Reset 100, 156, 162 ff.
Rituale 77, 110, 162 f.
Routinen 83, 99, 110 ff., 161 ff.

S

Selbstgesprächsregulation 19 ff., 30, 83 ff., 94 ff.
Selbstvertrauen 159 ff.
— mangelndes 148, 164
Speicher, externer 156 ff.
Sportpsychologie, Definition und Inhalte 19 f.
Sportspezifisches Leistungsmotiv (AMS-Sport) 50 f.
Sportsucht 149 ff.
Stärke, mentale 18 ff.
Stärken-Schwächen-Profil 29
Stoppen negativer Gedanken 98
Stopp-to-go-Technik 164

T

Tarnkappe 164
Task and Ego Orientation in Sport Questionnaire (TEOSQ-deutsch) 50, 60
Teambuilding 30 f., 75 ff., 137
Teamrituale 77
Test of performance strategies (TOPS) 47
Tests, standardisierte 39 f.
Tipps für die Durchführung von mentalem Training 105

U

Übertraining 13, 47, 115 ff., 125 ff.
Untererholung 119, 125, 129
Ursachenzuschreibung 90 ff.

V

Verankerung 165
Verletzungen 30 f., 69, 126, 137 ff., 146, 150 ff.
— Psychologisches Aufbautraining nach Verletzungen 137
Vertrauensbildung 43 f., 133
— Übungen 81
Volitionale Komponenten-Sport (VK-Sport) 49
Vorstellungstraining 83 ff., 102 ff., 138 ff., 160 ff.

W

Werkzeugkasten, mentaler 155 ff.
Wettkampfangst-Inventar-State (WAI-S) 47
Wettkampfangst-Inventar-Trait (WAI-T) 49

Z

Zielsetzungstraining 87 ff., 138
— Mannschaftsziele 89

Kompakt und praxisnah – Fachbücher von Spitta

Friedrich, Wolfgang
Optimale Regeneration im Sport
Der Schlüssel zum Erfolg für Freizeit- und Leistungssportler
1. Auflage 2011
Broschur, 193 S., 44 Abb., 47 Tab.
24,80 Euro[D] / 25,50 Euro[A] / 37,90 CHF
Alle Preisangaben in CHF sind unverbindliche Preisempfehlungen
ISBN 978-3-938509-95-1

„Optimale Regeneration im Sport" wendet sich an Trainer und Sportler, die ihre Leistung durch erfolgreiche Regenerationsmaßnahmen verbessern wollen. Dabei werden nicht nur Trainer und Sportler des Hochleistungssports angesprochen, sondern auch Breitensportler, die selten auf ein entsprechendes Betreuerteam und trainingswissenschaftliches Know-How zurückgreifen können.

Freiwald, Jürgen
Optimales Dehnen
Sport – Prävention – Rehabilitation
2009
Broschur, 393 S., 159 Abb., 70 Tab.
34,80 Euro[D] / 35,80 Euro[A] / 49,90 CHF
Alle Preisangaben in CHF sind unverbindliche Preisempfehlungen
ISBN 978-3-938509-19-7

Dieses umfassende und reich illustrierte Grundlagenbuch beschäftigt sich mit allen relevanten Aspekten zur Thematik „Dehnen" und ist in dieser Ausführlichkeit bisher einzigartig im deutschsprachigen Raum. Prof. Jürgen Freiwald geht dabei ausführlich auf die wissenschaftlichen Fakten ein und wirkt auf diese Weise so mancher Legendenbildung entgegen.

Der Autor geht auch ausführlich auf die Trainingsplanung und die Planung von Dehnprogrammen ein.

Mehr Informationen und Leseproben finden Sie im Internet unter **www.sport.spitta.de**

Spitta Verlag GmbH & Co. KG
Ammonitenstraße 1
72336 Balingen
Tel.: 07433 952-0
Fax: 07433 952-111

Kompakt und praxisnah – Fachbücher von Spitta

Clasing, Dirk (Hrsg.)
Doping und seine Wirkstoffe
Verbotene Arzneimittel im Sport
2., überarbeitete und erweiterte Auflage, 2010
Broschur, 325 S., 37 Abb., 40 Tab.
32,80 Euro[D] / 33,70 Euro[A] / 46,90 CHF
Alle Preisangaben in CHF sind unverbindliche Preisempfehlungen
ISBN 978-3-938509-90-6

Im Buch werden das Dopingreglement, alle Dopingmittel und ihre Substanzen, ihre Wirkung und Probleme ausführlich beschrieben. Weiterhin beinhaltet es die Durchführung der verschiedenen Dopingkontrollen und -bekämpfung sowie rechtliche Grundlagen. Ein gesondertes Kapitel behandelt die Dopingkontrollen für Tiere.

Interessant nicht nur für Sportwissenschaftler, Ärzte und Apotheker, sondern ebenso für Sportler und ihre Betreuer.

Friedrich, Wolfgang
Optimale Sporternährung
Grundlagen für Leistung und Fitness im Sport
2. Auflage, 2008
Broschur, 202 S., 40 Abb., 80 Tab.
29,80 Euro[D] / 30,60 Euro[A] / 43,50 CHF
Alle Preisangaben in CHF sind unverbindliche Preisempfehlungen
ISBN 978-3-938509-73-9

Die „Optimale Sporternährung" erläutert anschaulich die Grundlagen einer optimalen Ernährung für Sporttreibende und fasst neue und wichtige Erkenntnisse aktueller wissenschaftlicher Studien aus dem Ernährungsbereich für Sie kompakt zusammen. Die Ergebnisse von zum Teil noch unveröffentlichten Studien stellt es in aufbereiteter Form dar. Zahlreiche Tabellen, Übersichten, Empfehlungen und Ernährungspläne vervollständigen das Buch und geben Ihnen ein kompaktes Werk an die Hand.

Mehr Informationen und Leseproben finden Sie im Internet unter **www.sport.spitta.de**

Spitta Verlag GmbH & Co. KG
Ammonitenstraße 1
72336 Balingen
Tel.: 07433 952-0
Fax: 07433 952-111

Kompakt und praxisnah – Fachbücher von Spitta

Weineck, Jürgen
Optimales Training
Leistungsphysiologische Trainingslehre unter besonderer Berücksichtigung des Kinder- und Jugendtrainings
16., durchgesehene Auflage 2009
Hardcover, 1098 S., 595 farbige Abb., 114 farb. Tab.
62,80 Euro[D] / 64,60 Euro[A] / 89,00 CHF
Alle Preisangaben in CHF sind unverbindliche Preisempfehlungen
ISBN 978-3-938509-96-8

„Optimales Training" ist der Klassiker der Trainingslehre und macht die verschiedenen Trainingsmethoden unter dem Aspekt der sportmedizinischen und leistungsphysiologischen Begründbarkeit transparent und ihren Einsatz verständlich. Dem Autor gelingt es, das komplexe Themengebiet in verständlicher Weise zu beschreiben. Sein großes Fachwissen und seine prägnante Art der Darstellung ergänzen sich zu einem Werk, das alle zentralen Themen der Trainingslehre beinhaltet.

Weineck, Jürgen
Sportanatomie
18., überarbeitete und erweiterte Auflage 2008
Hardcover, 396 S., 271 farbige Abb., 13 Tab.
39,80 Euro[D] / 40,90 Euro[A] / 56,90 CHF
Alle Preisangaben in CHF sind unverbindliche Preisempfehlungen
ISBN 978-3-938509-24-1

Die „Sportanatomie" ist als Standardwerk zur funktionellen Anatomie ein wahrer Klassiker. Weineck gelingt mit seinem Buch eine systematische, auch für den Laien sehr gut verständliche Darstellung. Die 18. Auflage wurde um über 100 Seiten erweitert. Viele Grafiken und Farbabbildungen veranschaulichen die Materie. Neu sind die durch Daumenregister gekennzeichneten Seiten zu den typischen Sportverletzungen und Überlastungsschäden der jeweiligen Körperbereiche.

Mehr Informationen und Leseproben finden Sie im Internet unter **www.sport.spitta.de**

Spitta Verlag GmbH & Co. KG
Ammonitenstraße 1
72336 Balingen
Tel.: 07433 952-0
Fax: 07433 952-111

Kompakt und praxisnah – Fachbücher von Spitta

Weineck, Jürgen
Sportbiologie
10., überarbeitete und erweiterte Auflage 2009
Hardcover, 1142 S., 548 farbige Abb., 154 Tab.
59,80 Euro[D] / 61,50 Euro[A] / 84,90 CHF
Alle Preisangaben in CHF sind unverbindliche Preisempfehlungen
ISBN 978-3-938509-25-8

Das Buches informiert über die Auswirkungen sportlicher Belastungen auf den menschlichen Organismus. Alltägliche Probleme wie Muskelkater, Muskelkrampf, Seitenstechen, toter Punkt u. ä., sporthygienische Fragen wie Ernährung, Substitution, Doping und Auswirkungen von Zigarettenrauchen und Alkoholkonsum auf die sportliche Leistungsfähigkeit werden ebenso dargestellt wie die Anpassungsphänomene der verschiedenen Organsysteme an ein sportliches Training.

Wick, Dietmar
Biomechanik im Sport
Lehrbuch der biomechanischen Grundlagen sportlicher Bewegungen
2., überarbeitete und erweiterte Auflage 2009
Broschur, 295 S., 210 farbige Abb., 25 Tab.
36,80 Euro[D] / 37,80 Euro[A] / 51,90 CHF
Alle Preisangaben in CHF sind unverbindliche Preisempfehlungen
ISBN 978-3-938509-59-3

Anliegen dieses Lehrbuches ist es, mechanisches und biomechanisches Grundwissen über die sportlichen Bewegungen zu vermitteln. Diesem Grundsatz entspricht der formale Aufbau des Buches. Es werden zu jedem Thema Texte formuliert und wesentliche Erkenntnisse als Merksätze gekennzeichnet. Die Abschnitte und Kapitel schließen mit Fragestellungen und Aufgaben zum Inhalt.

Mehr Informationen und Leseproben finden Sie im Internet unter **www.sport.spitta.de**

Spitta Verlag GmbH & Co. KG
Ammonitenstraße 1
72336 Balingen
Tel.: 07433 952 - 0
Fax: 07433 952 - 111

Kompakt und praxisnah – Fachbücher von Spitta

Lange, Harald / Sinning, Silke
Handbuch Sportdidaktik
2. Auflage 2009
Broschur, 459 S., 30 farb. Abb.
34,80 Euro[D] / 35,80 Euro[A] / 49,90 CHF
Alle Preisangaben in CHF sind unverbindliche Preisempfehlungen
ISBN 978-3-938509-83-8

Die umfang- und facettenreichen Wissensgrundlagen der Sportdidaktik werden im vorliegenden Handbuch von mehr als 25 führenden Sportwissenschaftlern übersichtlich und zugleich tiefgehend aufgearbeitet. Dabei wird das relevante Spektrum sportdidaktischen Wissens in eine Struktur überführt, die ein umfassendes und pointiertes Studium erlaubt.

Knobloch, Karsten
Aus nach Sportverletzung?
Moderne Diagnostik, Therapie und Präventionsmöglichkeiten
2., erweiterte Auflage 2011
Broschur, 212 S., 90 Abb., 35 Tab.
29,80 Euro[D] / 30,60 Euro[A] / 43,50 CHF
Alle Preisangaben in CHF sind unverbindliche Preisempfehlungen
ISBN 978-3-941964-29-7

Dieses Buch soll dem interessierten Leser Hintergrundinformationen über verschiedene Akutverletzungen, aber auch über die immer wichtiger werdenden chronischen Überlastungsschäden im Sport und deren Verletzungsumstände geben. Exemplarisch stellen die Krankheitsbilder das heutige Wissen zur Verletzungsentstehung, der modernen Diagnostik und Therapie und vor allem die aktuellsten präventiven Ansätze dar.

Mehr Informationen und Leseproben finden Sie im Internet unter **www.sport.spitta.de**

Spitta Verlag GmbH & Co. KG
Ammonitenstraße 1
72336 Balingen
Tel.: 07433 952-0
Fax: 07433 952-111

Kompakt und praxisnah – Fachbücher von Spitta

Friedrich, Wolfgang
Optimales Sportwissen
Grundlagen der Sporttheorie und Sportpraxis
2. Auflage 2007
Broschur, 277 S., 92 farb. Abb., 46 farb. Tab.
16,90 Euro[D] / 17,40 Euro[A] / 25,90 CHF
Alle Preisangaben in CHF sind unverbindliche Preisempfehlungen
ISBN 978-3-938509-44-9

„Optimales Sportwissen" ist ein Lehr- und Lernbuch für Schüler der gymnasialen Oberstufe, aber auch Sportstudenten im Grundstudium und Sporttreibende werden es mit Gewinn lesen. Auf verständliche Art bringt es dem Leser die aktuellen wissenschaftlichen Erkenntnisse aus den Bereichen Sportbiologie, Trainingslehre und Sportmedizin nahe. Berücksichtigt werden dabei sowohl der Breiten- und Gesundheitssport als auch der Leistungssport.

Weineck, Jürgen
Optimales Fußballtraining
4. Auflage 2004
Hardcover, 624 S., 436 Abb., 72 Tab.
35,80 Euro[D] / 36,80 Euro[A] / 50,90 CHF
Alle Preisangaben in CHF sind unverbindliche Preisempfehlungen
ISBN 978-3-934211-57-5

Das Buch gibt in verständlicher und wissenschaftlich fundierter Weise die Grundlagen des Trainings für Fußballspieler wieder. Neben zahlreichen theoretischen Erläuterungen enthält es zahlreiche praktische Übungsbeispiele für alle Leistungs- und Altersstufen.

Die optimalen Trainingsmethoden und -inhalte werden dargestellt, in ihrer komplexen Wirksamkeit und gegenseitigen Wechselwirkung diskutiert und ihr Einsatz begründet.

Mehr Informationen und Leseproben finden Sie im Internet unter **www.sport.spitta.de**

Spitta Verlag GmbH & Co. KG
Ammonitenstraße 1
72336 Balingen
Tel.: 07433 952-0
Fax: 07433 952-111